芸能の力

言霊の芸能史

笠井賢一

藤原書店

はじめに

命と引き換えにできるほどの芸能

明治の自由民権論者で、東洋のルソーともいわれた中江兆民（一八四七―一九〇一）が、余命一年半を宣告されたのち、書いた遺著『一年有半』の最後は、以下のように締めくくられています。

「近日東西の新聞一も興味の事有る無し、……余の期待する所は、一葉落ち涼風生ずる後、大坂堀江明楽座と御霊文楽座と開場するに及び、幸にして余猶ほ往来するを得て、今両三回大隅太夫、越路太夫の義太夫を聴き、玉造、紋十郎の人形を視て、以て暇《いとま》を此娑婆世界に告ぐるを得んこと至願也……此等傑出せる芸人と時を同くするを得たるは真に幸也」（傍点筆者）と。

命と引き換えにできるほどの芸能――。長年芸能の現場に携わってきた者として、この言葉に出合った時の深い感動は忘れられません。

義太夫、文楽の芸はこの本が出版された明治三十四（一九〇一）年当時、最高を極めていました。そこまで到達しえたのは、竹本義太夫と近松門左衛門が創り上げた義太夫節が、同時代の様々な芸能を取り込み、その時代の観客に受け入れられ、流行し、さらに劇作術が飛躍して、新たな世界が生みだされる。演者も厳しい稽古を重ねることでさらに濃密な世界を創りあげ、名作が繰り返し上演されることで細部まで磨かれていくという、芸能の豊かな土壌がこの時期まで長く持続していたからです。

杉山其日庵《そのひあん》（一八六四―一九三五。明治の玄洋社の中心人物で、作家夢野久作の父であり、インド緑化の父といわれる杉山龍丸は孫）は義太夫狂いで、兆民が畏敬した文楽の芸人大隅太夫や越路太夫といったその時代を代表する名人に稽古を受け、その芸談を聞き書きにした『浄瑠璃素人講釈』（岩波文庫）を著しました。そこには「義太夫節が満天下に流行することで、名人が生まれ、その芸の妙味が拡大し、修行が激しくなってきた、しかしその修行が緩めば芸は衰退する」と、恐ろしいほどの修行の果てに到達し得た芸の高みが記されています。そのような時代に兆民が目の当たりにした芸能の力はいかほどのものだったのでしょうか。命と引き換えにできるほどの芸を私たちの時代は持ちうるのでしょうか？

「芸能の力」とは何か

今、「芸能の力」を見直さなければなりません。災害と戦乱と難民があふれている時代、いかに芸能が無力に見えても、死せる魂を鎮め、生の喜びを寿ぐ芸能の力は必要です。

人類のはじまりから、芸能はともにありました。そして「鎮魂」と「祝言」をつかさどるものでした。人間にとって避けられない死。その死者を弔い、魂を鎮め慰撫する「鎮魂」。生の喜び、五穀豊穣への祈り、平安への祈りとしての「祝言」。その二つはそれぞれに、歌や舞や踊りを産みました。芸能は、鎮魂と祝言の二つの極をつなぎ往還するのです。

芸能の力は言葉の源に溯ることで、より明確になります。言葉にはその民族の経験が凝縮、蓄積されているからです。

たとえば、「俳優」という言葉を遡ると「わざおぎ」という大和言葉に至ります。「わざ」は、隠れている神意の事であり、それを招き寄せる行為が「わざおぎ」。漢字では「俳優」という文字が当てられます。「俳」は「おかし」と訓読みし、喜劇的なしぐさと笑いをもたらし、「優」は憂いという悲劇的な役割、その双方を体現するのが俳優です。

本書に「言霊の芸能史」という副題を付けたのは、言葉の源に遡ることで、その言霊の精妙な働きと、そこに込められた歴史も見えてくるからです。当たり前に使っている「稽古」や「幽玄」、「鎮魂」といった言葉も、その源に遡ることで、蓄積された歴史性が明らかになります。

芸能の始原とその歴史

私は演出家、能狂言のプロデューサーとして仕事を五十年近く続けてきました。その仕事のなかで、自らの携わる演劇とは何か、能・狂言とは何かと自問し続けてきました。そして芸能の源に遡ろうと常に実践してきました。そのような探求の中で『古事記』の上つ巻を戯曲にした『古事記――俳優《わざおぎ》の始原《ふるさと》へ』を上演する過程で、芸能のはじまりを三つ見出しました。これは世界の芸能にも共通する普遍性を持っています。

一、**「死と再生への祈り」** 太陽神アマテラスオオミカミが天岩戸に隠れ、世界が闇になり、アメノウズメの踊りで太陽が再生する冬至の祭りであり、これは生の喜び、五穀豊穣への祈りにもなる。

二、**「死者の鎮魂儀礼」** 鎮魂のための芸能で『古事記』ではアメワカヒコの鎮魂のために日《ひ》八日夜八夜《やかよやよ》、歌舞を尽くす。

三、**「服従儀礼」** ウミサチヒコとヤマサチヒコの物語で、ウミサチヒコの末裔である隼人族が服従の証しとして隼人舞を舞う由来譚。

このような世界に共通する芸能の始まりは、神話語りや、叙事詩の語りとして表現されるのです。

日本の芸能の大きな流れの見取り図を作れば、古代には当時の先進国中国から渡来した芸能を受容する過程で、日本独自の世界を作り上げていくのが、中世の能・狂言の世界です。世阿弥は『平家物語』から実に多くの題材を得て能を創りあげました。源平の武将のことならば平家の物語のままに書くべきといい、多くの今も上演され続けている能を書きました。そこで描かれる世界は死というフィルターを通してみる生の姿であり、生と死がくっきりと立ち現れてきます。戦国大名が多く能・狂言を愛好し自ら舞ったのは、生と死を日々目前にしていたからなのです。さらに近世の近松門左衛門はその世界を、乱世から太平の世に相応しい近世の劇世界に作り替えて行きます。

そして明治維新を迎えると、当時の先進国欧米の洋楽・演劇を受容していくのです。その結果、伝統芸能と、洋楽と新劇―現代劇が並存する時代になります。

古典芸能と現代にどう生かすか

私にとって現代劇の演出の仕事と並行して、歌舞伎、文楽から能・狂言という日本の古典芸能に題材をとった仕事が常にあり、常に古い時代に遡ることが必要でした。古典の権威主義とは離れたところで、古典芸能が蓄積してきた優れた技法・方法を現代に生かすことを、演出家、劇作家として実践してきました。古典を現代劇として生かすべく、能・狂言を、『平家物語』を、近松門左衛門を見直し、作品を創ってきました。世阿弥にしても近松門左衛門にしても、先人が積み上げてきた世界を、いかに自分の時代の表現にするかという苦闘の果てに新たな時代を切り拓いたのです。

「今様、婆娑羅《ばさら》、傾奇《かぶき》」に書いたように、「今様」は古代王朝が凋落し武士の時代にとってかわられる時代を、「婆娑羅」は動乱の中世を、「傾奇」は戦国時代が徳川の長期安定政権に代わる過渡期を、それぞれ象徴する芸能のキーワードです。「今様」は旧時代の価値を揺さぶり、新たな時代の先駆けとなるものであり、その意味ではどの時代も「今様」をもつのです。若き室町将軍足利義満には、祖父足利尊氏や父義詮が愛好した田楽よりも猿楽の方が自分にとっての「今様」であり、「傾奇―歌舞伎」も江戸時代の民衆には「今様」であったのです。芭蕉は『おくのほそ道』の旅で、新味――「今様」のこと――を求めて変化を重ねていく流行性こそが、変わらない真実である不易となっていくという、「不易流行」という考えに到達します。つまりは古典と現代（今様）の緊張関係が新たな創造を生むということなのです。

このような演劇の実践的な活動の渦中で書きついできたのが、この一連の文章なのです。

芸能の力　目次

四　翁猿楽への道

五　脇能・修羅能・鬘能

六　能と狂言の表現方法

六　現代へ

芸能の力

——言霊の芸能史

第Ⅰ部　芸能のはじまりから中世まで

一　芸能のはじまり

まず、日本を知る

芸能に携わるものとして、芸能とは何であり、如何なる意味を持つかをずっと考え続けてきました。日本にはさまざまな古典の芸能から現代の演劇まで、さらに音楽の領分でいえば声明《しょうみょう》から美空ひばり、そしてそのあとの和製ポップスにいたるまで、数限りないジャンルの芸能が生きています。

古典芸能の世界にしても、神話時代からの痕跡をもつ神楽《かぐら》、仏教の伝来とともにもたらされた声明、奈良朝に輸入され宮中の式楽となった雅楽、古代末から中世にかけて興隆した平家琵琶、中世に完成され江戸幕府の式楽となった能・狂言、近世を代表する町人の文化、人形浄瑠璃、歌舞伎、舞踊。これほど多様な芸能が独立して残っているのはまれなことです。ヨーロッパで、こと演劇に関して中世、近世、現代の芸能が併存しているという状況は考えられません。

雅楽は中国から来ましたが、その本家中国では雅楽は途絶え、残っているのは日本と韓国だけなのです。このような不思議な東洋の日本国に私たちは住んでいるのです。

今日グローバル化の時代、日本のビジネスマンがヨーロッパに行って、能や歌舞伎のことを質問され、自国の文化のことを知らず、恥ずかしい思いをしたという体験談はよく聞く話です。自国の文化の歴史、古典を知らないままでは本当の国際的な交流は実現しません。

クラシックという言葉は、古典であり規範とすべきものを意味します。私たち日本人にとってのクラシックが西洋音楽であっては困るのです。やはりそれは能・狂言であったり、歌舞伎、文楽であるべきでしょう。これは単なるナショナリズムではありません。自国の文化歴史を熟知してそのうえで、外国の文化の魅力を知り、違いと、さらにその共通点も理解できるのです。自らを省みても、演劇の世界に志したおり、まわりは西洋一辺倒でした。そんな時代に自らの基盤を探し求めて歌舞伎、文楽、そして能・狂言の世界に出会いました。日本の古典芸能のもつ奥深い表現力と世界観に深い影響をうけ、能のプロデュースの仕事に携わるようになりました。

そんな中で私が演出した作品にモンテヴェルディのバロックオペラの傑作『オルフェーオ』の短縮版があります。リュートの名手つのだたかしさんを中心にしたバロック古楽器の小編成の演奏で、金沢の石川県立能楽堂と東京青山の銕仙会の能舞台で上演しました。

歌手はオルフェーオには牧野正人さん、音楽の女神を波多野睦美さん、そして、羊飼いに米良美一さん、ほかのメンバーでした*。

ギリシャ神話に由来する、オペラの歴史の最初にして最高の傑作です。オルフェーオが急死したエウリディーチェを求めて冥界に行き、冥界の王から、決して振り返らないという約束でエウリディーチェを連れ戻すことを許されるのですが、オルフェーオは途中不安に駆られ、ついに振り返り見てしまい、二人は生と死に分かたれるというオペラです。

これは『古事記』の神話のなかにある、イザナギとイザナミの黄泉《よみ》の国の物語とほとんど同じ物語です。人間にとって根源的な生と死の物語は多くの神話と同じ根をもち、能が描く世界と共通しています。その意味でも能舞台で上演されるにふさわしい作品でした。

それ以来私の課題として、日本の神話のイザナギ、イザナミの冥界譚を能にして、『オルフェーオ』と同時に上演したいと思っています。

オペラの歌い方と能の謡い方の違いは明らかです。根源においては共通する物語を、異なる文化の歴史のなかで形成してきた方法と美意識で形にし、対比することで、多くの発見があるに違いありません。

そのためにもまず日本のことを知らなければなりません。芸能には生と死の根源、人間の根を問い掛ける力があります。と同時に命、生命力への限りない賛歌もあります。そして古典が生きているといえることは、古いという価値を超えて現代人を感動させなければなりません。

次は芸能にとって根源的な「命」という言葉と、「花」という言葉について考えてみましょう。

＊『オルフェーオ』は一九九六年二月二十三日、金沢の兼六園に隣接する石川県立能楽堂にて上演。オルフェーオ＝牧野正人（バリトン）、エウリディーチェ・ムジカ＝波多野睦美（アルト）、羊飼い＝米良美一（カウンターテナー）、語り＝中嶋しゅう、リュート＝つのだたかし、他。構成・演出＝笠井賢一。『オルフェーオの嘆き――能舞台によみがえるバロック・オペラの輝き』――同年六月八日・九日、東京青山・銕仙会能楽研修所。この再演には染め絵の望月通陽（衣裳・小道具担当）が全面的に参加。制作はつのだたかし。

二〇〇七年十一月五日・七日、北とぴあ・さくらホールにて、プロローグと五幕全曲『オルフェーオ』をイタリア語上演。指揮＝寺神戸亮、古楽器オーケストラ＝レ・ボレアード、演出＝野村四郎（能役者）・笠井賢一で上演された（北とぴあ国際音楽祭）。

生命力の発露

いのちとは何でしょう。いのちは大和言葉では、「生《い》のち」あるいは「息《い》のち」のことで、息きも生きも呼吸する生命体であり、そのチなのです。チは雷のいかずちとか、大蛇のおろち、生命体を流れる血などと同じ言葉で、不可思議な勢力・霊力を秘めているものです（白川静『字訓』による）。

漢字の「命」は古くは「令」と書かれ、神官が礼帽を戴《いただ》き跪《ひざまず》いて神託を受ける形で、その神意を令といった。そこから神意によってもたらされる令は、寿命を意味するようになりました（白川静『字統』による）。

花とは何でしょう。花とは命のはな（端）、命の息吹がその生命体の先端に息づき開くものです。はなという大和言葉は「先端」を意味します。

そんなことは端《はな》から知っていましたか？　このはなは「最初から」の意味、また顔にある鼻も「先端に突起した物」で同じ語源です。「花の命は短くて……」などと言います。花と命は芸能にとって非常に重要な言葉です。総《すべ》ての芸能は人間の生命力の発露であるといってもいいのです。

命の賛歌も、命の危機も芸能たりえます。「いのち」にかかる枕詞は「たまきはる」で、この言葉は「魂が極まった」という意味です。

「直《ただ》に会ひて 見てばのみこそ たまきはる 命に向かふ 我が恋止まめ」（『万葉集』六七八）

この和歌は中臣女郎《なかとみのいらつめ》が大伴家持に送った相聞歌（恋の歌）で、「貴方にじかに会って抱きしめないかぎり、私の命がけの恋は終わることは無い」という、万葉人の大胆にして直《す》ぐなる恋歌です。このような歌を詠みかけられたら、どうしますか？

魂が極まった世界が芸能の基本舞台なのです。

恋が花開くなどと生易しいものではありません。花は生殖器でもあるのです。人を誘う美しさをもつと同時に、生殖という生命の維持と連続性への罠、仕掛け。それ故に花は危険に満ちて美しいのです。

六百年前、能を大成させた世阿弥（一三六三?—一四四三?）は生涯にわたって芸道の教えを書き残しました。『風姿花伝』『花鏡』などの伝書です。そのなかで世阿弥は花という言葉をキーワードにして芸道論を書き続けました。「秘するが花」「花は心、種は態《わざ》」「老い木の花」「年々去来の花」と、思いつくままに書き出してみましたが、どこかで聞いた言葉もあるでしょう。世阿弥が芸について考え抜いた思考過程の結実した言葉が「花」なのです。

「そもそも花といふに、万木千草に於《おい》て、四季折節に咲く物なれば、その時を得て珍しきゆへに、もてあそぶなり。申楽《さるがく》（能のこと）も、人の心に珍しきと知る所、すなはち面白き心なり。花と面白きと珍しきとこれ三つは同じ心なり」（『風姿花伝（第七・別紙口伝）』）

実に明快ではありませんか。注釈なしでストレートに伝わってくる言葉です。言葉の姿が美しい。もしわかりにくかったら声に出して読んでみて下さい。身体に入ってきます。

世阿弥はそのあとに続けて、「いづれの花か散らで残るべき。散るゆえによりて、咲く頃あれば珍しきなり。能も住《じゅう》する（一つ所に留まること）所なきを、まづ花としるべき。住せず、余の風体（新たな表現）に移れば、珍しきなり」と書いています。

世阿弥は芸能の美は自己の修業だけで完結するのでは無く、見る側である人の心の内に花開くのだと考えていたのです。

さまざまな思いと価値観、美意識を持った不特定多数の人々に、命がけで向かい合うのが芸能者の宿命です。と同時に、見る人の思いと演者の心が一つになった時の感動は、双方に深い感動をもたらすものです。世阿弥はそれを一座建立《こんりゅう》と呼びました。

私も読者の方たちとの一座建立を願って語り続けていきましょう。いよいよ芸能の始まりから見ていきます。

芸能のはじまり

芸能のはじまりは何であったか。神話の世界まで遡ってみます。『古事記』は、『日本書紀』とともに八世紀前半に纏《まと》められた「日本」初めての歴史書です。

もちろん、これらの書物について歴史学の観点から見ての批判があるのは当然のことです。これらの書物は歴史的事実を記述することが目的ではありません。天武天皇が編纂を命じ、持統天皇が六八九年に施行した「飛鳥浄御原律令《きよみはらりつりょう》」ではじめて打ち出された、それまでの倭《わ》の国という国名にたいして日本という新しい呼称をもって、大国中国に対等に渡り合おうという国家意思が、これらの二つの書には投影されているのです。

天皇を中心とした日本の統一の源を書物として纏めあげさせたもの、というのが現在では定説となっています。

『古事記』はまず神話から始まります。芸能の源を考えるにはうってつけの材料です。

まず天地創造の物語。イザナギノミコト（伊邪那岐命）、イザナミノミコト（伊邪那美命）の二柱の神が「みとのまぐあい」をして次々と神々を生み、ついに火の神を生んでイザナミは死に、黄泉《よみ》の国におもむく。

イザナギは妻のことが忘れられず、黄泉の国を訪ねるが、イザナミの「見るな」という禁忌を破って妻の姿を見てしまう。それは蛆《うじ》虫がたかる、腐敗した死の姿であった。驚き恐れる夫は逃げ、無残な姿を見られた妻は夫を追い掛け、生と死の世界がキッパリと分かれてしまった。そのとき死の世界に属するイザナミが一日に千人を縊《くび》り殺すといえば、イザナギは一日に千五百人を産むとそれぞれ宣言する。

天地創造から、生の世界と死の世界の分離という、壮大にしてドラマチックな神話世界です。そのあとイザナギは身を浄め、その折に、アマテラスオオミカミ（天照大神）、ツキヨミノミコト（月読命）、そしてスサノオノミコト（須佐之男命）を産む。

やがてスサノオは、母のいる根の国を求めて泣き暮らし、ついには乱暴狼藉《ろうぜき》をはたらく。アマテラスは怒り嘆き、天の岩戸に籠ってしまう。世界は闇に包まれ、悪しき病が蔓延する。

そこで八百万《やおよろず》の神々が集まり、知恵を絞り、アメノウズメノミコト（天宇受売命）が呼び出される。まず舞台が設定されます。

天の岩戸の前に榊《さかき》の木を根こそぎ持ってきて、背景として立て、その上方には勾玉《まがたま》を飾り、中ほどには鏡を、下枝には白と青の幣《ぬさ》を下げる。

その前に桶を伏せて舞台とする。舞手のアメノウズメは笹の葉を手に、桶踏み鳴らし、胸の乳も露わに、裳《も》の紐を陰部まで押し垂らして、神懸かりして舞い踊った。

その有り様に八百万の神々はどよめき笑った。岩戸の中のアマテラスは不思議に思い、岩戸を少し開けて「私が籠っているので世界は闇のはずなのに、なぜ笑い踊るのか」と問う。アメノウズメは「貴方様より立派な神様がいられるからです」と答え、鏡をかざす。それに映った我が姿をよく見ようとさらに戸を開けて出るアマテラスの手を、脇に隠れていた怪力のアメノタヂカラオノミコト（天手力男神）が取って外に引き出し、世界は再び照り輝いた。後代の解釈によると、「このとき神々の顔の面が白く輝いたのが面白いという言葉の始まりであり、アメノウズメの舞が神楽の始めである」という。これがよく知られた天の岩戸隠れの神話です。

この神話は世界に共通するものだといいます。農耕の中心となる太陽神が隠れることは、冷害をもたらす。また冬至に向かって日照時間が短縮し、太陽が衰弱する。

その太陽の力の甦りを願う儀礼、冬至の祈りとしてこの神話があるとされます。その意味では農耕民族に共有の神話なのです。このアメノウズメの舞は芸能の始原の神話であり、今日まで脈々と続く芸能の本質が読み取れます。まず舞台として桶を逆さにして踏みとどろかす、という行為は大地を音をたてて踏むことで、地霊を呼び覚まさせるのです。

これは、五穀豊穣の祈りとしての働きかけであり、田楽、翁《おきな》、三番叟《さんばそう》の芸に引き継がれ、笹を手に神懸かりして舞い踊るということは、能の狂女ものに引き継がれてゆきます。

芸能は大地に働きかける神聖な祈りであり、そのことを忘れてはならないのです。

神を慰める

まず、神《かみ》という言葉の源に遡ってみましょう。

日本の国語は、日本古来からの大和言葉と中国から来た漢字文化が融合して出来ています。

神という漢字と、かみという大和言葉のように、音読みは漢語から、その漢語に訓読みとしての大和言葉をあてはめたという二重構造をもっています。

神は、神聖にして強い霊力を持つものをさし、それは樹木や巨石といった自然物であったり、雷（神鳴りとも書きます）や大風のような自然現象もふくみます。アイヌ語の神を意味する「かむい」と同源の言葉だと考えられています。

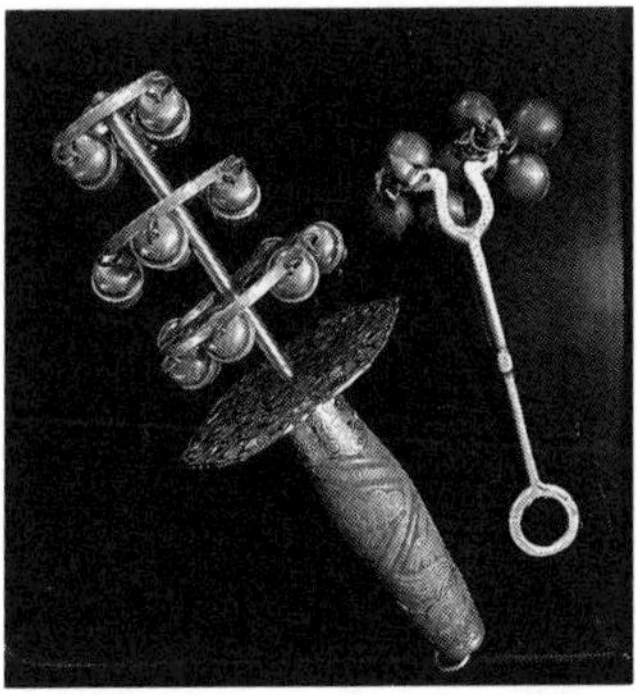
三番叟の鈴（左）と韓国の巫女の鈴
（著者蔵）

漢字の「神」は、もともとは「示」と「申」とが一体になったもので、申は電光が屈折して走る形であり、示は神に捧げ物をする祭卓のことなのです。

このような底知れぬ威力を持つ神を慰める行為として、神に芸能を見せることが神楽の原点なのです。

「楽」という漢字の旧字は「樂」であり、木の握りの付いた鈴（これは韓国のシャーマンや日本の三番叟《さんばそう》の鈴と同じです）をもち、それを振って神霊を楽しませるものでした。

孔子は『論語』のなかで「詩に興り、礼に立ち、樂に成る」と樂を人間としての最高位、完成として大切にしています。

この神と樂が一緒になった言葉が神楽《かぐら》です。神楽と呼ばれる芸能は、神を祭るために神前で演奏する舞楽なのです。神楽は大和言葉では神座―かみくらがつまって「かぐら」になったといいます。こうした神楽には大きく二つの系譜があります。

一つは御神楽《みかぐら》と呼ばれる、皇室及び皇室と縁の深い神社での歌舞。もう一つは里神楽《さとかぐら》と呼ばれる、民間の神社で伝えられてきた歌舞です。

宮中の御神楽は千年程前に始まったとされますが、これは公開されておらず、見ることが出来ません。しかし、その宮中のよりさらに百年程古くから始まった石清水八幡の御神楽は、映像に記録され、見ることが出来るようになりました（『大系　日本歴史と芸能』第一巻、平凡社）。

それは深い闇のうちに庭燎《にわび》が焚かれるなかで、舞人の長である人長《にんじょう》が笛、篳篥《ひちりき》、和琴《わごん》の各役を召し、演奏と舞がおこなわれる厳かな秘儀なのです。

これはあくまで、神を楽しませ、神を遊ばせる行為であって、ここには観客は存在しません。

もう一方の里神楽は私たちに馴染み深いものです。日本中の神社にはたいがい神楽殿が有り、さまざまな神楽が残っています。アメノウズメの系譜である巫女《みこ》舞。『古事記』の神話や伝説を題材にした里神楽。私の故郷高知にも土佐九神楽と呼ばれる、国の重要無形文化財に指定された芸能が残っています。

千年以上前から続くといわれる津野山神楽には、『古事記』に由来する天の岩戸の演目があるのです。

芸能の根本は、神への祈りと、神を供応し、楽しませ、遊ばせるということなのです。だから芸能の始まりにはいわゆる観客は存在しません。あくまで見るのは神様であり、それが終わってから、直会《なおらい》（なおりあいという意味で、物いみ（斎戒）が終わって常に戻り、お神酒・神饌《しんせん》を分かち合って頂くこと）になって、はじめて人々は芸能を楽しんだのです。

神楽のもう一つの重要なファクターに神懸かりという行為があります。神懸かりは「神憑り」とも書きます。狐憑《つ》きと同じです。

神や人や動物が人に乗り移り、憑いて狂乱させ、常とは違った状態になることです。憑という漢字は、木を三つ書いて森となるのと同じに馬を三つ重ねて書いた字が元で、群馬が狂奔することからきた文字だといいます。この憑くということの根本は、神が巫女《みこ》または男巫《おとこみこ》に憑いて神のお告げを託宣するということなのです。

呪術的宗教の巫女であった卑弥呼は、そのような神憑りによる託宣によって女王たりえたのでしょう。今も神憑りという行為が神楽の中心になっている、島根県の大元神楽を次に見てみましょう。

神楽

島根県石見国小田の大元《おおもと》神楽の御神体は、蛇体の姿で表されます。

この神楽は七年、十三年といった式年ごとに行われるものです。蛇は執念深いと恐れられると同時に神性を持ち、神のつかわしめとされるという両義的な存在です。

蛇、竜の系譜は水の神として祭られることも多くあります。この大元というのは祖先神であり、それが世界の根源としての存在である蛇体で象徴されるのです。

この蛇体は七尋《ひろ》半（一三メートルほど）の長さで、その年の新藁《にいわら》を各戸が供出して縄に綯《な》い、それで蛇をつくり、とぐろを巻いた姿で森の中にある大元様の祠《ほこら》の前におきます。

その御神体であるとぐろをまいた蛇を神主が迎え、八幡神社に勧請《かんじょう》する。その拝殿には新たな畳が舞所として敷かれ、その天井には二間四方を五色の紙で飾られた天蓋《てんがい》が吊されています。

神事の始まりに湯立てといって大釜で湯が沸かされ、その熱湯を榊《さかき》と幣《ぬさ》で四方に飛ばしかけ、場を浄めます。

そのあと祭典が続き、神楽能が舞われる。『磐戸（岩戸）』と『弓八幡《ゆみやわた》』という、岩戸隠れの神話と、八幡神の神徳を描くものです。

さらに舞が続いた後、天蓋引きといわれる神事がおこなわれます。神職たちが天蓋の紐を最初はゆっくりと、やがて激しく上下させます。五色の切り紙が生き物のように飛び跳ねる、大元神楽のクライマックスです。

古来はこの激しく飛び交う天蓋のなかを、刀を持った男巫《みこ》（託《たく》大夫《たゆう》と呼ばれる家系の男性）が舞うなかで神懸かったといいます。

今はこの神懸かりは儀礼化していることが多く、天蓋引きの後に何曲かの神楽能が奉納されたあとに、神職全員で七尋半の蛇体をのたうち回るように引き廻《まわ》す中で神懸かりになる段取りが通例だといいます。

大元神楽

（和歌森太郎編『西石見の民俗』吉川弘文館、1962年より）

ところが一九八〇年に映像が収録された時は託大夫が、天蓋引きの真っ最中に本当に神懸かってしまいました。天蓋の互いに紐が絡みあうと不吉であると考えられていて、その時は激しく天蓋が飛び交ううちに絡んでしまったのです。

こうなると、手を使って絡んだ紐を解くことは許されないのです。神職や祭に参加した人々全員が、紐が自然に解けるのを固唾を呑んで見ているうちに、突然託大夫が神懸かって飛び出し、天冠の紐を固く握って暴れ出したのです。

紐が絡まったという危機感が神懸かりを誘発したような

のです。神職たちは慌てて、激しく飛び上がろうとする託大夫を押さえつけ、急遽予定を変更して蛇綱が引き出され、託大夫を蛇綱に寄り掛からせて、神の託宣をはじめます。急ぎ洗米を撒《ま》き、場を浄め、この神楽の司祭である注連主《しめぬし》が、「大元様に御伺い申し上げます。今宵の神楽は如何《いかが》おぼしめしましたか」と問う。

託大夫は「うう—、うう—」と言葉にならないお告げ。注連主は「有難うございました。今年、来年、向こう七年間の作柄は如何でしょうか」と問う。

やはり答えは激しくうめくような声のみ。いくつかの質問ののち、注連主は「有難うございました。どうぞ元山にお帰りください」と答えて神の託宣を終えます。

私はこの時の映像を見ましたが、実に迫力のある映像で、神懸かりをまのあたりにすると人生観が変わるという人がいるのが納得出来ます。都会化の波が押し寄せた地方ではいまや稀にしか見られないことなのでしょうが、卑弥呼のようなシャーマンが神の告げを媒介することで、マツリゴトがおこなわれていた太古の頃がまだ生きてはいるのです。

能『巻絹《まきぎぬ》』等の神楽を舞う能で、舞が終わる時に「狂い覚めて、神は上がらせたまう」と神懸かりしていた巫女が御幣を投げ捨てる演出があるのです。

まさに神懸かりは狂いその物です。しかし、時代とともに神懸かりにリアリティーを感じられなくなり、神が憑《つ》く作品より、恋に狂うとか、我が子を失って狂うといった人間的な主題のほうに芸能は移っていきます。

遊び

神楽について書くなかで神遊びのことに触れました。神楽と神遊びは同じことと考えられている場合が多いのです。遊びという言葉も芸能にとって重要なものです。

白川静『字統』によれば、中国では「遊」ははじめは「游」と書かれ、旗をもった人の形で、人が居住する地を離れて他所に赴くときは、自分の氏族の印の旗を立てて行動しました。自在に行動し、移動するものを遊といいました。日常から離れるということが遊びの根底にあるのです。遊びは神霊との交わりであり、鳥獣も神の化身と考えられていた古代では、狩猟もまた遊びでした。

孔子の『論語』には「仁に依り、芸に遊ぶ」とあり、孔子は、先に引用した「楽に成る」と同じく、「遊」を人の到達すべき至高の境地と考えていました。

大和言葉の「あそび」は、足の別称「あそ」がバ行に活用したものともいわれます。もともとは祭祀に関わる言葉であり、神遊びがその根元にあるのです。「ごめんあそばせ」という敬語もそこから生まれたとされます。いまこの言葉遣いをすると、嫌みで気取っているとしか思われないでしょうが、言葉のルーツまで遡れば納得出来ます。

古代に語部《かたりべ》（儀礼のおり旧辞や伝説を語ることを職業とする人々）とか、物部《もののべ》（軍事や警察、裁判を担当した部族）などと並んで遊部《あそびべ》がありました。これらは品部《しなべ》とよばれる、世襲的な職業で大和朝廷に仕えた、特殊技術をもった部族のことです。

物部氏は古代の有力な豪族でしたが、大和朝廷の仏教受容に反対して物部守屋が蘇我馬子に討たれたことはよく知られています。

遊部は天皇の葬儀に奉仕した職能者で、葬送、招魂の技をよくしました。『古事記』のオオクニヌシノミコト（大国主命）の国譲り物語――葦原中つ国、すなわち地上界を治めるスサノオの子オオクニヌシが、高天原《たかまがはら》から降臨したニニギノミコト（瓊瓊杵尊）に国を譲る神話――の中で、高天原から遣わされたアメワカヒコ（天若日子）がオオクニヌシを従えるべき義務を忘れ、オオクニヌシの娘シタテルヒメ（下照姫）を娶《めと》り、八年もの間復命しない。そこで高天原からそのことを諫《いさ》める使者キギシ、ナハナキメ（鴙《きぎし》、名は鳴女《なきめ》）が遣わされる。アメワカヒコはこの使いを射殺す。その矢は高天原にまで届くが、その矢は高天原から投げ返されアメワカヒコの胸に当たって死ぬ。

その時の葬送の模様を「そこに喪屋をつくりて、……日八日夜八夜《ひやかよやよ》をもちて遊びき」といっています。八昼夜にわたって遊ぶというのは大変なことです。『日本書紀』には「喪屋を造りて殯《もがり》す」とあります。この遊びとはまさに、鎮魂の術を尽くすことなのです。

おおむね歌舞音曲の芸能の起源はこの鎮魂の遊びから始まり、鎮魂としての芸能の力は、能に至るまで脈々と続いているのです。

柿本の一族もこの遊部であり、柿本人麻呂が多くの挽歌（死者の弔いの歌）を詠んでいるのはその出自によるのでしょう。和歌もまた鎮魂の芸能だったのです。

殯は死者を一定期間仮屋に安置しておくことで、高貴の人ほどその期間が長かったのです。もがるという言葉は、この殯からきているのではないかと私は思います。さからうという意味で使われ、それが強請という字をあて、いいがかりをつけてたかるという意味になり、近松門左衛門や泉鏡花に出てきます。実際は死んでいるのに猶予期間を設ける殯は、負けが決まっているのに、屁理屈をいって、さからい引き下がらないことと同じではありませんか。

『千年の修羅』

『古事記』の神話の世界は、底知れない魅力に満ちています。演劇に携わるものとして、実にさまざまなインスピレーションを受けてきました。前にも書きましたが、イザナギ、イザナミの神話は、能・狂言でこそ表現出来る世界であり、この生と死の根源の物語を新作能に創りあげ、『オルフェーオ』と組み合わせて上演したいと思っています。

また、今から十数年前に出雲にある古墳の丘古曽志公園（実際の古墳遺跡を損なわないように整備した公園）の野外劇場で、『古事記』の国生みからイザナギ、イザナミが生と死に分かたれるまでを、二人の男女の役者で「『古事記』による創生の韻と舞」というタイトルの音楽劇として上演しました。

それは木と金属と石（サヌカイト）の楽器の組み合わせのパーカッションのダイナミックな演奏と、古墳という場の力で、神話の世界を表現するというものでした。

また、オオクニヌシの国譲りの物語は、千葉県富津市の佐貫の浜のすぐそばにある森の劇場（楕円形で木立に囲まれ、一メートル程低くなった平場に舞台と客席、舞台の後は小舟が浮かべられる池、客席は土手の斜面にもある）で、同じ頃に上演しました。これは仮面劇のスタイルでした。また、同じ森の劇場で、ギリシャ劇のトロイア戦争で捕虜となったトロイアの女の物語、能の『屋島』（義経が主役の源平屋島の合戦を描いた曲）、そしてオオクニヌシの国譲りを構成し、『千年の修羅』という題で上演しました。東西の戦いを修羅という言葉で繋げてタイトルにしました。

修羅は梵《ぼん》語の「ＡＳＵＲＡ」に漢字を当てた「阿修羅」の略で、古代インドで帝釈天に戦いを挑む悪神で、絶えず闘争にあけくれる存在。仏教では人間が死んで後、経巡らなければならない六道、すなわち、天上・人間・修羅・畜生・餓鬼・地獄の六つのなかの一つです。

能の『屋島』は義経の活躍を描いた能で、勝ち戦であったことから勝修羅《かちしゅら》と呼ばれることもあります。しかし、実際は戦いの空しさ、勝つ者もやがては滅ぶということを教えてくれる、修羅道の苦しみを描いた能の傑作です。

オオクニヌシの物語も、先住民族に対する後進の異族との戦いが秘められています。トロイアの女は、自国が戦に破れ、奴隷と同じように敵地アテネに連れてこられたのです。

「海がある　その海を誰が汲み尽くしえよう／森がある　その深さを誰が計りえよう／人は千年の昔から憎み、争い、哀しみ、愛《いと》おしむ」

『千年の修羅』は、左記の詩の、地を這うような声での朗唱からはじめました。

エピダウロス劇場
（撮影：Carole Raddato）

役者たちは小舟に乗り、舞台奥の池の遠くから、闇のなかを松明《たいまつ》の灯をともしてこの詩を朗唱しつつ舞台にあらわれたのです。国譲りの神話を中心にしたこの『千年の修羅』の作品を、本拠地出雲大社で上演するという企画も実現したいと考えています。（二〇一六年にギリシャのエピダウロスの古代円形劇場で、ホメロス『オデュッセイア』による新作能『冥府行』を上演した折、その能本の最後にこの詩を挿入しました。）

不幸なことに古代から現代まで、修羅道は続いています。そのなかで芸能には戦を停める力はありません。その意味では全く無力です。しかし、戦で損なわれた人々の満たされなかった思い、見果てぬ夢を語り、残された人々と嘆きをともにし、敵味方、勝ち負けを問わず、戦の愚かしさを訴え、浮かばれぬ魂を鎮めるのです。

これこそ遊部の末裔である、私たち芸能に携わる者が発揮できる芸能の力なのです。

俳優――わざおぎ

『古事記』を通して芸能の始原を考えてきましたが、『古事記』のなかでも名高い、ウミサチヒコ（海幸彦）、ヤマサチヒコ（山幸彦）の物語を見てみましょう。

これは俳優――わざおぎの始まりを物語っていて、アメノウズメの神楽の始めの物語と好一対のものです。

この物語は国譲り、天孫降臨に続きます。日向の高千穂に天下ったニニギノミコトは、在地の山の神オオヤマツミ（大山津見）から二人の娘を献ぜられます。

姉のイワナガヒメ（石長比女）と妹のコノハナサクヤヒメ（木花咲久夜比女）です。

しかし、イワナガヒメはあまりに醜かったので拒否され、美しいコノハナサクヤヒメだけを娶《めと》ります。このことが代々の天皇が命短い訳だといいます。醜いイワナガヒメには、それと引き換えに岩の永遠の命があり、美しいコノハナサクヤヒメは美の代償としてはかなく散ってしまうからなのです。

コノハナは桜の花を指すといいます。やはり美しいものは永遠ではないのです。

そのコノハナサクヤヒメが妊《みごも》り、出産をします。その時生まれた兄がホデリノミコト（火照命）すなわち海で釣り針という幸《さち》を使う漁をするウミサチヒコ、弟がホヲリノミコト（火遠理命）すなわち山で弓矢という幸を使って狩りをするヤマサチヒコで、それぞれ漁と狩りをするのですが、或《あ》る時、ヤマサチヒコは兄に互いの道具（幸）を交換しようと提案し、兄の釣り針を持って海に行くが、魚が釣れないばかりかその釣り針も取られてしまう。

兄はどうやっても弟を許さず、もとの釣り針を返せの一点張り。仕方なく、弟が浜辺で泣いていると、シオツチノカミ（塩椎神）が現れ、教えられるままに船に乗り、ワタツミノカミ（綿津見神）の宮に至り、その娘トヨタマヒメ（豊玉比女）と出会い、結ばれる。

海の神から失った釣り針を返してもらい、さらに兄を懲らしめる策を教わり、塩満珠《しおみつたま》と塩乾《ひる》珠の潮の満ち引きを自由に出来る宝珠を貰《もら》い、ワニに乗って地上に戻る。

そこで兄と対面。海の神の言う通りにすると、兄は貧しくなり、ついに弟を攻める。その時、塩満珠で溺《おぼ》れさせ、兄が許しを乞えば塩乾珠で助けることをくり返し、苦しめた。

兄は「今より後、いまし（あなたの）命の昼夜の守護人《まもりびと》となりて仕えまつらむ。かれ、今に至るまでに、その溺れし時の種々《くさぐさ》の態、絶えず仕へまつるぞ」と降参するのでした。

『日本書紀　神代下』ではよりリアルに描かれています。

「（兄は顔を赤く塗って、弟に向かって言うには）吾、身を汚すことかくの如し。ひたぶるに汝《いまし》の俳優人《わざおぎびと》たらんとまうす。すなはち足をあげて踏みて、その溺苦《くるし》びし状《かたち》を学《なら》う」とあり、続けて、潮が足首、膝、股、腰、脇、首と満ちてくるにしたがって、無様で、滑稽な振りを見せるのです。例えば首まで来たときには、「手を挙げてたひろかす」とあります。「たひろかす」は手の掌《たなごころ》をひらひらと振る仕草のことです。古老の方、漁業関係者ならば、「たびらかす」という言葉をご存じかと思います。これは船を大きく揺することなのですが、もとは同じです。

このように芸能の始まりは服従の儀礼からであり、大和朝廷の天皇の即位式大嘗祭《だいじょうさい》にはウミサチヒコの末裔である隼人族が隼人舞を演じることのルーツが神話化されているのです。「わざ」は隠れている神意のことで、それを招《お》き求める者が「わざおき」であり、俳優《わざおぎ》と呼ばれ、滑稽なしぐさで神を喜ばす人をわざおきびとと呼ぶのです。

言霊の幸《さきは》ふ国

言霊《ことだま》とは、言葉に宿る不可思議な霊力をいいます。

言《こと》は事《こと》であり、発された言葉によって、その通りの事が起きると考えられていたのです。

我が国は、言霊の霊妙な働きによって幸福が訪れてくる「言霊の幸《さきは》ふ国」でした。

私は常に言葉について考えてきました。なぜなら言葉には、その民族の経験が総《すべ》て凝縮され、蓄積されているからです。

我が国の言語は、文字を持たなかった大和言葉に、先進国中国の漢字をあてはめて形成されてきました。奈良時代の『万葉集』の表記は、万葉仮名といわれるもので、漢字の意味を離れ、音を借りて表記したものです。真仮名《まがな》、男仮名とも呼ばれました。平安初期になると、平仮名と片仮名がつくられました。例えば「以」の草書（くずした書き方）から「い」という平仮名が生みだされ、「伊」という漢字の一部を取って「イ」という片仮名が作られました。

平仮名は女性がおもに遣《つか》ったので女手と呼ばれ、和歌や日記、物語の表記に使われ、女房文学を生みだしました。

ちなみに、十世紀はじめ、紀貫之が編纂した『古今和歌集』には、貫之の、日本初の歌論である「仮名序」が書かれていますし、『土佐日記』は女性に仮託して貫之が仮名で書いた日記文学です。

公式文書は漢文で書かれ、和歌や物語は仮名で書かれていたのです。それが室町時代になって、漢字と仮名を交じえて書く、今日に近いかたちになりました。

言葉の根元を知ることがいかに大切か、ということを教えてくれたのは白川静先生（一九一〇―二〇〇六）です。白川静先生は二〇〇四年、文化勲章を受けられたので、ご存じの方も多いと思いますが、中国文学、漢字学の大家です。本当の学者はこういう方のことです。

『字訓』は大和言葉の語源と、それにどのような漢字を当てはめたかについての辞書であり、『字統』は漢字の語源を金文、甲骨文字にまで遡って考察した辞書です。

さらに、それらを総合する『字通』という辞書も書かれました。前人未踏の知的世界を切り開かれたのです。本書でもこれまで度々、『字訓』『字統』を引いてきました。この二つの辞書は私にはバイブルです。まさに座右の書です。いやもっといえば、歩右の書にしたいぐらいです。

歩右の書という表現は、三島由紀夫が戦争中、冨山房百科文庫の『上田秋成全集』を日々持ち歩いたことから使った言葉です。実に良い言葉です。皆さんのなかにもきっと、何冊かの歩右の書があるのではないでしょうか。文庫本というものがそれを可能にしました。もう何十年も前、私にとっては岩波文庫の星一つのランボーの『地獄の季節』（小林秀雄訳）であり、世阿弥の『風姿花伝』でありました。星一つが五十円の頃です。

ふっと読みたくなると、旅先で買ったりして、いつの間にか何冊も本棚にありました。それをまた持ち歩き、いく先々で人にあげたりしました。

ヨーロッパ放浪の旅をしていて、スペインからモロッコに渡ったとき、私をずっと案内してくれた、モハメッドという名前の少年に『風姿花伝』をあげてしまいました。地中海の輝く日差しの中で世阿弥の言葉がどう変容したかと、ふと想うことがあります。

現代では『広辞苑』をはじめ、何十冊もの事典を電子辞書として五〇グラム程の軽さで持ち歩けます。『字通』はCD―ROMになっていますが、『字訓』と『字統』も早くCD―ROMとか電子辞書にして欲しいものです。

文字の根源

白川漢字学の最も大きな業績は、それまでの本家中国でも充分に採り入れられていなかった、金文や甲骨文字の考古学的な発見の成果を、漢字学に導入されたことです。

それまでの、後漢の許慎が紀元一〇〇年に完成した『説文解字《せつもんかいじ》』の字源学のレベルを、批判的に乗り越えました。

例えば口という漢字は、『説文解字』では人間の口の象形からしか説明されていなかったのに対し、白川静先生は「口は口にあらず、𠙵《さい》という神への祝辞、神への申し文を入れる器である」ことを発見されました。

これによって、これまで解釈出来なかった文字の根源が、次々と明らかになったのです。

言という文字は、𠙵に辛という文字を組み合わせたもので、神に告げる祈りで、辛は入れ墨に用いる針の形であり、針を置くのは、神への誓いを破れば入れ墨の刑をうけてもいいという意味です。そうした言の攻撃的な性格に対して、語は防御的な意味を持つといいます。吾は𠙵の上に×形に組んだ木を置いて𠙵を守ることをいいます。

音という言葉は、言を神に捧げ、その器すなわち𠙵に神意の反応が含まれていることを日という形で表現する、神意の音ない、音づれなのです。また可は、願い事を成就させるべく、𠙵を捧げ木の枝で叩き強く祈ることであり、その願いが叶うことから可能という意味も派生します。

可を二つ重ねると哥となり、この文字がうたの意味になり、さらに、それに大きく口を開けた人のことを意味する欠が付いて、歌という文字になります。

古という文字の十は盾の形で、𠙵に納められている神への言葉を永続的に守るということから、古い、いにしえ、という意味が生まれます。

稽は禾と尤《ゆう》と旨《けい》から成り、軍門の聖所である禾の下に尤、すなわち犬の犠牲を埋め、そこに神霊が詣《いた》ることを願うという字です。神意が留まることを願い、考えるという意味になります。『古事記』の序にある「古《いにしへ》を稽《かんが》へ、今を照らす」ことなのです。

世阿弥は「稽古は強かれ情識はなかれ」（『風姿花伝』）と言いました。これは稽古は集中してやり、自己主張を外に出すなということなのです。まずは先人が積み上げて、定着させた型を身に引き受け、その依って来る根拠をよく考え理解し、その後自分の独自の表現を見つけ出す、ということです。これはあらゆる稽古に共通する真実です。

言霊は文字に書き留められて、一層その霊力を強めます。中国の漢字は三千年以上の歴史を持ちます。中国が絶対王朝を形成し、自らの権威を異民族、領民に誇示するためには自らが神であり、神と交信出来る存在でなければならない。それが文字を生み出したと白川先生は考えます。

『古事記』の序には、まだ国語の表記が流動的であった頃の試行錯誤が見て取れます。

「全て漢字の訓を用いて記すと、漢字の意味と訓読みのことばの意味とが一致しないことがあり、全て漢字の音を用いて書くと長々しくなる。そこで一句の中に、あるときは音と訓を交じえて書き、またあるときは訓のみを用いて書き、その結果、分かりにくい場合は注釈をつけるということにした」と書かれています。

日本語にはこのように先人たちの苦闘の跡が込められているのです。

「稽古照今《しょうこん》！」

二　日韓芸能交流の現場

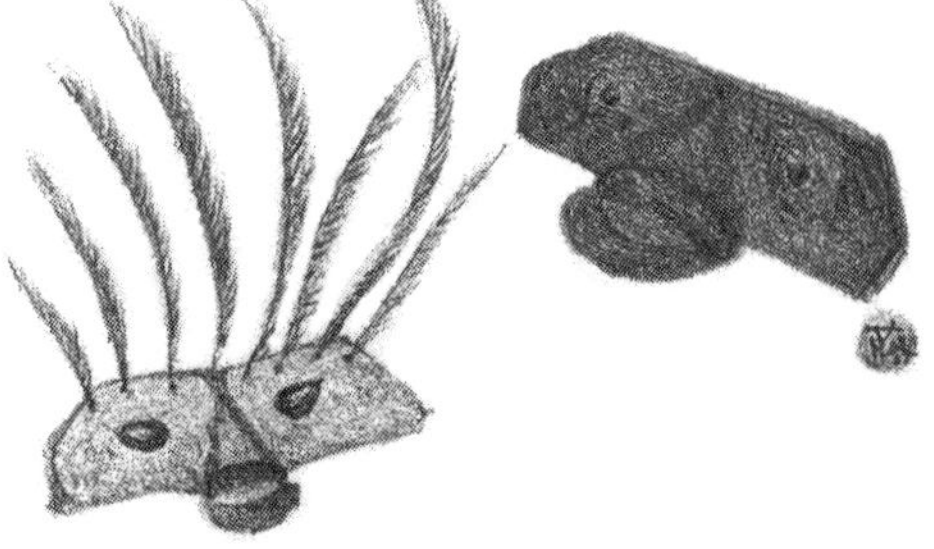

羽衣伝説

私はこれまで演出家として、能・狂言、その他の古典芸能を、現代の演劇に結びつける仕事をしてきました。

もう一つ、私の根本の仕事に能・狂言のプロデューサーとしての仕事があります。それは、能の継承と普及をはかることです。そのために能・狂言を外国で公演することもあります。

二〇〇五年は外国公演が重なり、九月にはニューヨークのジャパン・ソサエティーで能『鷹姫』(能の研究者である横道萬里雄作の新作能で、アイルランドの劇詩人、イエーツが能の影響をうけて創った詩劇『鷹の井戸』をもとにした作品)の公演があり、十月には韓国のソウルでの公演と、安東《あんどん》という古都で開かれている仮面劇フェスティバルの特別ゲストとして公演がありました。

その打ち合わせのために韓国に来ていて、今、私がこの原稿を書いているのは、韓国、ソウルの楽古斎《らっこちぇ》という韓国の伝統的な家です。私の友人の安英煥《あんよんふぁん》氏が建てたゲストハウスです。

今、韓国ではほとんど、漢字の表記は町からは消えています。そんななかで、伝統的で文人的な漢字の名の宿にいるのです。古は前項で書いたように、古くから守られている真実のこと、それを楽しむ斎なのです。

斎は斎戒沐浴などというように、身を清く保つことであり、斎《ものいみ》を意味し、そこからものいみのための場所も意味するようになりました。

私たちは一九九九年に韓国のソウル・安東・全州《ちょんじゅ》の三カ所で能・狂言の公演をしました。安さんはその時の韓国側のプロデューサーとして、全てをしきってくれました。

ソウル以外は能の公演は初めての所であり、しかも安東、全州は野外で薪能という過酷な条件でした。二年程前から準備にかかり、度々韓国に行き、また彼も日本に来て、公演実現の準備をすすめました。

その時の番組は、能『羽衣』、狂言『伯母ヶ酒《おばがさけ》』、能『石橋《しゃっきょう》』でした。この曲目にしたのは、羽衣伝説や獅子舞が韓国にもあるからです。

白鳥などの動物が女性の姿で現れ、人間の男性がその衣を奪って妻にするが、女性はその衣を取り返し、去っていくという伝説は「白鳥処女説話」とか「異類婚説話」と呼ばれ、世界中にあります。

韓国の物語は日本の説話とほぼ同じなのですが、次の部分に特徴があります。猟師に、天女が水浴びする場所を教える鹿《しか》（鹿は猟師に助けられ、お礼として教えます）は「その天女と結婚して子供が生まれても、三人になるまでは、決して隠した衣の場所を女に教えては駄目だ」と注意する。しかし、猟師は二人目が生まれた時、もう大丈夫だと思い、衣のありかを女に話してしまう。女は衣を取り返し、二人の子供を両手に抱いて、昇天します。鹿が、子供が三人になるまで言うなと教えたのは、三人だと一人では連れ帰れないからでした。

能の『羽衣』はこの異類婚の部分を全く取り払い、現世の人間と天界で穢れを知らず生きてきた天女との対比と、天女舞を見せることを中心にした純度の高いものです。

もう一つの『石橋』という能は、日本の獅子舞の芸能の源であり、獅子の芸能はアジア中に存在し、韓国にもあります。

安東の仮面劇は、河回《はふえ》別神クッ仮面劇と呼ばれるもので、そのなかにも獅子の芸能がありま す。そもそも我が国には五世紀以降、度々高句麗や百済から芸能が渡来していたのです。

伎楽の仮面

二〇〇五年は日韓友情年でした。それもあって六年ぶりの韓国公演が実現したのです。しかし、竹島や靖国参拝の問題で、日韓の関係に亀裂が生じ、幾つかの交流の企画が実現出来なくなりました。残念なことです。

日本大使館のまわりを多くの警官が固めているという状態は、この数年間で全く無かったことです。こうした時にこそ民間の交流が大事であり、芸能の力が発揮されなければなりません。

前項で、我が国には度々韓国から芸能が渡来していたと書きました。日本は島国であり、他国との交流が限られているようなイメージを持ちますが、古代から東南アジアや中国、韓国と頻繁で深い交流がありました。

日本に渡来した公式の芸能は伎楽《ぎがく》です。歴史の時間に、聖徳太子が六一二年、百済人味摩之《みまし》を師として、少年に伎楽を習得せしめたと習いました。伎楽はもともと仏典に出てくる言葉で、菩薩の奏する仏の供養の音楽の意味です。しかし、この伎楽は、正倉院に残る伎楽面でわかるように、頭をすっぽり覆う仮面による、物真似的な要素の強いものでした。

伎楽は行道と呼ばれる練り供養から始まります。先頭は治道《ちどう》と呼ばれる鼻の高い天狗面に近い造形の仮面をつけています。日本の祭りで天狗の面をかけた露払いは、ニニギノミコトの天孫降臨の折に道案内をしたサルタヒコ（猿田彦）のことであり、この治道の流れを引くと言われます。

伎楽面「知道」

（法隆寺献納。飛鳥時代・7世紀。東京国立博物館蔵）

その次に続くのが獅子です。獅子は仏教を守護する霊獣であり、悪鬼を払い、場を浄める働きでした。現在も島根県隠岐島の国分寺の蓮華会に伝えられている獅子の芸能に、「眠り仏と獅子」という、居眠る菩薩（仏をめざして修行中の者）の尻を獅子が噛んで目を覚まさせる演目があります。この菩薩は少年が扮《ふん》するのでとても可愛いものです。今も続く里神楽の獅子に頭を噛んでもらうと無病息災であるとか、頭が良くなるということの、元はこれなのです。

安東の河回別神クッ仮面劇にも獅子があります。チュジと呼ばれる想像上の動物の雌雄の踊りです。雄と雌の獅子が喧嘩をし、最後は雌が勝ちます。雌が勝つことで豊作が実現すると考えられています。このチュジの仮面が独特です。両目と鼻だけの横長の仮面で、眼鏡を大きくして鼻を付けたようなもので、その上に八本ばかりの羽根を立てます。それを白一色の衣装のうえにつけると獅子に見えるのです（本章扉参照）。

河回別神クッ仮面劇は、河回村の守り神の神託によっておよそ十年ごとに行われる祭りで、クッは巫女が神に捧げる儀礼のことです。このお祭りの時に神を楽しませる行為が仮面劇なのです。まさに神遊びの世界であり、お祭りの構造も日本の大元神楽などとよく似たところもあります。

とりわけこの仮面劇を有名にしたのは、国宝に指定されている仮面です。韓国の仮面は大胆な色彩と極度にデフォルメされた素晴らしいものですが、本来は祭りが終わると焼き捨てられたので、古いものが残っていません。

河回の仮面は、十二世紀頃（高麗中期）に作られた木製のもので、御神体として大切に保存されてきました。伎楽面から舞楽面への移行の過程をしめしているといわれる、大変貴重な遺産です。舞楽の面や能の翁《おきな》の面と同じに切り顎（顎の部分が切れていてそれを紐で結んだ仮面様式）になっています。

獅子を共有し、切り顎の仮面を持つということ一つにも、日韓の交流の歴史が深く印されているのです。

河回村《はふぇまうる》

韓国の中東部に位置する慶北安東《あんどん》市の河回村《はふぇまうる》。悠久の流れを湛《たた》える洛東江《らくとんがん》が大きく曲がり、その曲線に囲まれるように佇《たたず》む村落が河回村です。

その河回村を初めて訪れた時の感動は、忘れ難いものです。そこには古代から続く故里《ふるさと》がありました。日本の奈良そのものでした。ナラは韓国語では国を意味します。日本の奈良も韓国語からきたともいわれています。実際、奈良の都は大陸からの技術、美意識で造られています。多くの帰化人が先進の技術を、文字を、芸能をもたらしたのです。

寺々の屋根の稜線、土の塀や壁、藁葺きの塀、柿の木の下で枯れ草を焼く煙が空に上っていく風景。これらのものがすべて河回にはあります。私は故里に帰ってきたという思いでした。

洛東江の大きく曲がった所は大きな山が削り取られて、岩石質の山肌が露出しています。その岩肌には草木が点在しており、その山肌の美しいこと。韓国にはいたる所でこうした景色が見られます。

今は静謐に流れている川も、悠久の時間のなかで、山を削り取る程に激しく暴れたのです。

六年前の公演は、この河辺の松林のなかにその山を背にして舞台をしつらえ、催されました。

その下見のために初めて河回に泊まり、早朝、見知らぬ路地を歩き、突然河辺に出た時、松林ごしにその悠然とした河と、山肌とを見た時の驚きが今も甦ってきます。

その松林を抜けて砂浜におりて、河べりにしばらく佇んでいました。早朝の静けさのなかに、河の流れの音が聞こえてきました。それは数十メートル先の岩肌に流れが当たる音で、かなりの距離があるにもかかわらず、激しさを内に秘めた音でした。

それでいて決して大きな音ではありません。そのあたりを見ると、河が岩肌に当たるところに白波が立っているので激

河回村の民家
(撮影：De-Shao Liu)

しさがわかるという程なのです。

一方、私が佇む河べりに、かすかな音がふっと聞こえてきました。懐かしいような、柔らかな優しさに満ちています。しかしそれがなんの音であるかわからないのです。幻聴かと思ったほどです。よく聞こうとしゃがんで川面に耳を近づけてると、よりはっきりと聞こえてきました。

それは太古から続く、自然の吐息のようにも思えます。川底から気泡が湧き出しているようにも思えるのですが、泡は見えません。母の胎内で聞いたような甘やかな音。私はこの悠久の大河が発する音に、自然の持つ破壊力を秘めた激しさと、人を包み込み命を育む穏やかさの両方を、天の啓示のように感じ取りました。

この安東は、豊臣秀吉が朝鮮に出兵した壬辰倭乱《いむじんわらん》の時の宰相、柳成龍《りゅそんにょん》の故郷であり、抵抗運動の激しかった土地です。秀吉軍が攻めようとした時、この松林の松の影を朝鮮軍の大軍と錯覚し、秀吉軍は侵攻を止めたという逸話を聞かされました。

その松林の中で、一九九九年に日本の芸能、能・狂言を上演し、二〇〇五年は安東市の招請により、二回目の能・狂言が上演されます。文化交流の意義に思いをいたします。豊臣秀吉の朝鮮征伐と日露戦争後の植民地化は、韓国の人々を深く傷つけました。そのことを忘れてはいけません。

竹島問題や靖国神社参拝問題で日韓友情年に陰りが見える今こそ、民族、国家の違いを超えて、人の心から心に人間の大切さを伝える芸能が必要なのです。

『羽衣』上演

韓国には両班《やんばん》階級がありました。文班（文官）と武班（武官）の二つを合わせて両班という官僚階級、特権階級が形成されていました。儒教倫理と同族意識が強く、十九世紀には特権は廃止されましたが、今もその規範は残っているといいます。

安東安氏《あんどんあん》や、安東柳《りゅ》氏がこの地を支配する一族でした。楽古斎を建てた安英煥氏は、この安東安氏の子孫です。

ソウルから彼の運転で、最近開通した高速道路を四時間ほどで安東に来ました。

数年前、最初にこの地を訪れた時は、安東柳氏の一族である柳氏の韓式の屋敷に泊めていただきました。典型的な両班の住まいで、文人が思索にふけり、詩を作るのにふさわしい空間でした。イギリスのエリザベス女王がこの家を訪れ、世界的な話題にもなりました。

近年韓流という言葉が定着したように、韓国のいわゆる芸能人の人気は、驚くべきものがあります。是非はともかく、偏見なしでその国の文化に触れる大きな入り口になったことは確かです。今ほど草の根の文化交流が盛んな時代は初めてかもしれません。

柳氏はいかにも知識階級の細面の品位のある方です。リュ・シウォンはそのご子息であり、その当時から韓国内ではスターでした。今や韓流俳優の一人として、日本でも大スターになってしまいました。最近は日本の旅行会社の企画で、リュ・シウォンの生家を見るツアーで日本人女性が大勢押し寄せてくるそうです。

さて今回の能は、樹齢二百年といわれる松の木のもとで上演されることになります。枝ぶりの美しい幾星霜を経た古木でありながら、幹も葉も若々しい素晴らしい松です。

この松は松林と洛東江《らくとんがん》と岩山とを見下ろす小高い丘にあります。

ここには小学校があったのですが、河回村《はふぇまうる》がユネスコの世界遺産に申請（二〇一〇年に認定）するため、コンクリートの建物であった小学校は取り壊され移転し、更地になっているのです。松だけは天然記念物として残されました。理想的な上演場所です。

松は古来不老長寿、不変の象徴でした。「まつ」は大和言葉では、尊者を待つという意味を持ち、神を待つ木と考えられてきました。

奈良春日大社の御祭《おんまつり》では、影向《ようごう》の松の前で芸能を松に向かって奉納します。これは神がその松に寄り付き、顕《あらわ》れる神木と考えられていたからです。能舞台の背景に老い松が描かれた松羽目があるのも、松に神が宿るとされてきた民族の記憶が反映されているのです。

漢字の松は、木と公の組み合わせの形声文字。公は儀礼の行われる神聖な斎庭《ゆにわ》のことであり、おおやけという意味を持ちます。

公私という時の公は、私《わたくし》を支配する族長領主のことだといいます。松は神聖な斎庭にふさわしい神木であり、さまざまな木を司り支配する、神聖にして吉祥をもたらす木なのです。

松の美意識には中国、韓国、日本と連綿と続いてきたものがあります。そこにそれぞれの国の歴史の中で独自の要素を付け加えていきます。

日本では待つという大和言葉の意味合いから、神が宿る木となり、また恋しい人を待つ象徴ともなります。一つは能『高砂』の世界、もう一つは能『松風』の世界。

二〇〇五年十月には、二百年の年月にわたって日韓の歴史を静かに見続けてきた松を背に、日韓に共有する説話をもとにした、能『羽衣』を上演します。芸能によって両国の人間と人間の心が結びつく真の文化交流を実現したいと思います。

『羽衣』の演出

一九九九年の韓国公演では、『羽衣』は後半の舞を中心とする一部分のみの上演でしたが、今回は全曲を上演します。

羽衣伝説について前に少し書きましたが、能『羽衣』では、異類婚の物語の、結婚と出産ということに触れません。人間界と天上界の対比に焦点を絞ることで、利害や猜疑に満ちた現世に対し、天上界の純粋さを表現する、能の代表的な演目です。

あらすじは次のようなものです。駿河の国、三保の松原の漁師白竜が漁に出ようとすると、天空から花が降り、妙なる音楽が聞こえ、芳しい香りが漂います。

あまりの不思議さにあたりを見ると、この世のものならぬ、美しい羽衣が松に掛かっています。白竜はこれを家の宝にしようと持ち帰ろうとします。天女が現れ、それは自分のもので、その衣が無くては天上界に戻ることが出来ないと嘆きます。

天人の衣と聞いた白竜は、これは国の宝にすべきものと、いよいよ返そうとしません。天女の嘆きは目も当てられぬ程です。その余りの嘆きの深さに、さすがに白竜も同情し、天人の舞を見せてくれるなら衣を返そうと言います。

羽衣がなければ舞えないので、まず返して欲しいと天女は願います。白竜は衣を返すと、そのまま天界に帰ってしまうのではと疑います。天女は「いや、疑いは人間にあり、天に偽りなきものを」と答えます。白竜はこの言葉に恥じて衣を返します。

天女は羽衣を身に纏《まと》い、清浄無垢にして優美な舞を見せ、地上にさまざまな宝を降らせ、富士の高嶺を超えて天上界に帰っていくのでした。

『羽衣 彩色之伝』
（シテ野村四郎。宝生能楽堂、2020年1月13日。撮影：鈴木薫）

能『羽衣』のキーワードは「疑いは人間にあり、天に偽りなきものを」です。この一言で人間界と地上界との違いが明快に表現されています。

天界、月世界で純粋培養された、つまり人間が背負わざるを得ない、利害、得失、虚偽、それらに全く汚染されていない世界です。それは限りなく純粋で穢れを知らない美しさなのです。

能の演出法として、天女を表現するのに幾つかの方法があります。能の女面の代表的なものである小面《こおもて》は、未婚の少女のあどけなさを持つ表情の面です。

この面をかけた天女だと、その穢れを知らない無垢さが表現されますし、月世界の女神の硬質な神性を表現しようと意図するなら、増女《ぞうおんな》といわれる面、成熟した女性の顔で、高貴さと神性を備えた面を選択します。

それに従って装束や天冠《てんがん》も変化させます。小面の無垢さには、赤や紫の明るい色の長絹《ちょうけん》という、袖《そで》幅の広い、ふわっとした薄物の衣を上に着て、その衣を翻して舞います。

その時の天冠には、日月の形の彫金、鳳凰の彫金、また牡丹の花を、冠の中央に戴《いただ》きます。一方、増女をつけるときは、白に統一した装束に、天冠には白蓮《びゃくれん》を戴き、清浄さと神性を強調することもあります。上には舞衣《まいぎぬ》という、やはり広袖の薄い衣を胴の回りにぴったりと巻き付ける壺折《つぼおり》という装束付《づ》けで、神性にふさわしい、引き締まった姿で舞います。

能は七百年近い長い歴史の中で、実に多様な演出を生み出してきたのです。

日本では、先進国であった中国や韓国からもたらされた伎楽《ぎがく》や、雅楽、散楽といった渡来芸能と、土着の芸能とが習合しつつ、独自な日本の芸能を生み出してきました。

渡来の芸能について見ていきましょう。

「落火船遊《なっかそんゆう》」

韓国との芸能の交流について書くなかで、伎楽《ぎがく》の獅子や、羽衣伝説にふれました。同じ種子、題材を、それぞれの歴史の中で培い、違った花を咲かせました。文化交流とはそのことをお互いに理解しあうことです。

河回村《はふぇまうる》の仮面劇も、同じ切り顎《あご》の仮面を共有しながら、より日本の狂言に近い、権力者への風刺の強いものとなり、一方、日本の能は歌舞による洗練された詩劇になりました。

それが十月の安東《あんどん》河回で出会うのです。伎楽が到来してから千四百年の歳月が経ています。長い交流の歴史が思われます。

『羽衣』の上演のあと、夜の闇の中で、両班《やんばん》階級の慰めであった、名高い「落火船遊《なっかそんゆう》」が行われます。

想像してみてください。太陽が沈み、世界が闇に包まれてゆくなか、山の稜線を松明《たいまつ》の火がゆっくりと登っていきます。頂上に来ると、その松明は投げ落とされます。

山の岩肌を垂直に数十メートル落下して、洛東江《らくとんがん》に沈むのです。これ程シンプルでいて美しいものはありません。

闇と松明の落下、自然そのものである山河草木と、自然の知恵を人間が盗み出したといわれる火（火は文明の始まりともいわれ、ギリシャ神話で神から火を盗み出したプロメテウスは、毎日鷲に肝臓を食らわれるという罰を受けます）。その二つの静かなる饗宴。これが能『羽衣』の終演後に繰り広げられるのです。思い浮かべるだけで胸がときめきます。

韓国ではこれを風流《ぶんゆう》と呼ぶそうです。「風流」という言葉は中国から韓国、日本と伝えられてきた、文化、芸能を考える上で大切な言葉です。

日本では、現在は「ふうりゅう」と読みますが、古くは「ふりゅう」と読み、京都の葵《あおい》祭りで双葉葵の葉を挿頭《かざし》に付けることを「風流をつける」といいました。そこから装飾性をこらした、田楽風流とか風流踊りとか風流太鼓とか、芸能の呼び名になっていくのです。

さて、伎楽を始め日本には多くの渡来人、帰化人によって先進国である中国、韓国の文化、芸能がもたらされました。

多くの渡来人たちの一族の名前が残っています。例えば秦《はた》氏や漢《あや》氏、和爾《わに》氏などです。秦氏の秦河勝《はたのかわかつ》は聖徳太子に信任され、広隆寺を建てましたし、世阿弥の『風姿花伝』のなかでは、聖徳太子の命により、申楽《さるがく》（能のこと）を始めたとされ、金春《こんぱる》流の流祖と位置づけられています（ただしこれには歴史的根拠が希薄だといわれています）。

また和爾氏は百済から、応神天皇のとき渡来し、『論語』十巻と千字文一巻をもたらしたとされます。この一族からは小野小町に繋がる、小野猿女《さるめ》氏と呼ばれる芸能者、歌詠みを輩出します。

『古事記』まで戻れば、ヤマサチヒコの妻、竜宮の娘であるトヨタマヒメが、ヤマサチヒコの子供を出産するとき、浜辺に産屋を建て、夫にお産の姿を見ないように言います。しかし、夫はその禁を破って、お産の姿を覗くと、妻は八尋和爾《やひろわに》になって出産していました。豊玉比女は恥じて子供を残して海中に戻った、と書かれています。このワニは鮫のことだとされますが、和爾族という渡来人であると考えられます。

この物語の背後には、異類婚すなわち渡来人である別の種族との婚姻の悲劇、今風に言えば国際結婚の悲劇が込められているとも読めます。

三　雅楽の世界

伎楽から雅楽へ

伎楽が百済の味摩之《みまし》によってもたらされたことは書きました。

伎楽が最も華やかだったのは、天平四（七五二）年の東大寺大仏開眼供養会の時でしょう。六十人もの大編成で伎楽が演じられたのです。

伎楽は宮廷の芸能としてより、寺院の仏教儀礼と結びついて興隆しました。しかし、やがて後進の雅楽に取って代わられていきます。

内容的に卑俗な物真似の要素が強く、仏教を荘厳するにふさわしくなかったのでしょう。例えば、婆羅門《ばらもん》の襁褓《むつき》洗いといわれる物真似は、禁欲的であるべき高徳の僧がおむつをこっそり洗うというのですから、僧侶の実生活への風刺であったのです。

このテーマは普遍的なものです。韓国の河回《はふえ》の仮面劇にも僧侶階級の堕落を風刺した演目がありますし、日本の平安時代中期に書かれた『新猿楽記』（藤原明衡著）には、その当時の演目として「福広聖の袈裟求《けさもとめ》」「妙高尼《みょうこうに》の襁褓乞《むつきごい》」とあり、聖が袈裟を求めたり、尼が赤子のおむつを乞い求めたりする滑稽な寸劇が猿楽の名で演じられていました。宮廷の芸能としての伎楽は衰退していきますが、その物真似芸の要素は猿楽に引き継がれていくのです。

また、伎楽の仮面は正倉院や東大寺にたくさん残されています。それらは西域の人々の面立ちを強く残した優れた造形の魅力的なものです。

さて雅楽という言葉は、中国の儒教を荘厳するもので正楽《せいがく》と呼ばれました。孔子が人間にとって最高の完成を「楽に成る」といった音楽です。しかし、日本に伝来したのはその正楽ではなく、唐の国で纏《まと》められた西域の舞歌を含む俗楽であったと推測されます。

韓国には、儒教の国として正楽が残っています。しかし、本家中国では雅楽も正楽も途絶えてしまいました。日本では雅楽は律令制の導入と並行して、律令国家の荘厳の芸能として教習されたのです。雅楽寮が設けられ、それまで日本が受け入れてきた伎楽、三韓楽（高麗楽・百済楽・新羅楽）、唐楽の全てが集められ、教習されていきました。

こうした外来の芸能と同時に、日本古来の神楽や東遊《あずまあそび》（羽衣の舞が東遊の駿河舞の始まりとされています）といった歌舞も、雅楽寮で伝承されていきました。これらは国風歌舞《くにぶりのうたまい》と呼ばれました。こうして雅楽は宮廷の公式の芸能（式楽）となり、今は宮内庁楽部となって雅楽を伝えているのです。

見たことも聞いたことも無い芸能について想像するのは困難なことです。音楽としての雅楽だと、新年の放送で「越天楽《えてんらく》」の演奏を聞いたことがありませんか。また東儀秀樹さんの笙《しょう》や篳篥《ひちりき》の演奏は聞かれたこと

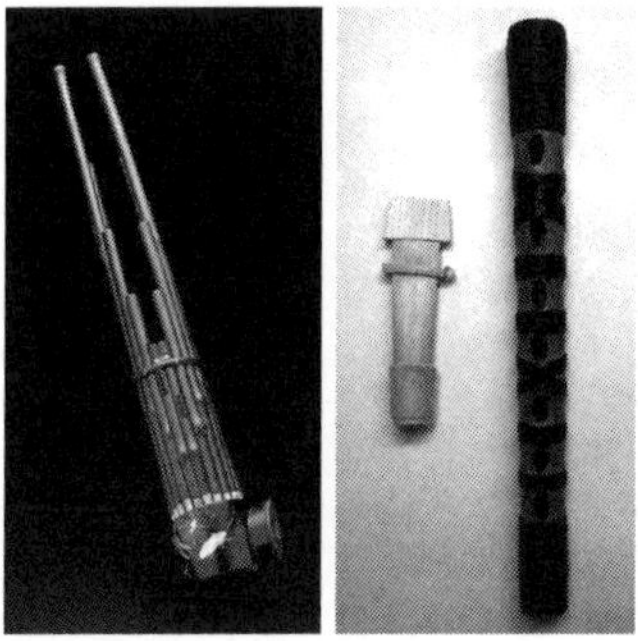

笙（左）と篳篥

（笙：The Crosby Brown Collection of Musical Instruments, 1889. 篳篥の左は蘆舌と呼ばれるリード）

があるのではないでしょうか。

笙は口で演奏する小さなオルガンです。十七本の細い竹が、鳳凰の羽根を休めた姿で並べられ、その音は宇宙を包み込むような広がりをもっています（私が演出した『賢治ワンダーランド』のなかで、宮澤賢治の詩を今は亡き八世観世銕之亟《てつのじょう》師（一九三一―二〇〇〇）の節付けで謡《うた》って頂いたとき、笙で伴奏をしましたが、それは賢治の宇宙的な広がりをもつ詩にふさわしいものでした）。

舞楽は、ＮＨＫの大河ドラマ『義経』（二〇〇五年）の冒頭、タイトルバックの映像で、鮮やかな朱色の異国風の衣装で恐ろしい龍のような仮面をつけた太極拳のような動きの舞が見られました。あれは中国実在の蘭陵王長恭《らんりょうおうちょうきょう》が、自らの美貌を獰猛な仮面に隠して出陣し、勝利した故事にちなむ、「陵王」という曲です。

少し雅楽が具体的に思い浮かべられるようになったでしょうか？

雅楽の言葉

千年以上も昔の芸能を身近なものにするため、言葉をたどってみましょう。

「二の舞を踏む」という言葉は雅楽から来ています。『安摩《あま》』という舞楽があります。これは左舞と呼ばれる林邑楽《りんゆう》（ベトナム由来の雅楽）で、僧仏哲《ぶってつ》が伝えたとされる曲です。

竜宮の宝珠《ほうじゅ》を盗もうとした者が策をめぐらすうち、竜女が雀を好むことを知り、雀の面をつけ、鳴き声を模して竜宮に入り、首尾よく宝珠を盗み出したという故事を舞曲にしたものといわれます。このときにつける面が大変面白いもので、蔵面《ぞうめん》（雑面）といわれ、厚紙に白絹をはり、その上に異形の目鼻口を描いた不思議なデザイン。

この『安摩』の曲は二人できびきびと舞います。その後に『二の舞』が舞われます。これは前の『安摩』の擬《もど》きであり、パロディなのです。年寄りの男女が安摩の舞を真似て舞おうとするがうまくゆかず、滑稽な舞振りになるという曲。

このときの面は男は笑面《えみめん》、女は腫面《はれめん》をつけます。人の真似をして無様に失敗するということから、「二の舞を踏む」という言葉が生まれました。

「二の句が継げない」という言葉も雅楽からです。雅楽は大きく分けて三つのジャンルからできています。一つは国風歌舞《くにぶりのうたまい》といわれる日本古来の舞曲で、神楽や久米舞、東遊《あずまあそび》などです。もう一つが韓国や中国、ベトナムや西域からきた外来の物。そして三つ目が十一世紀頃、宮廷貴族によって始められた朗詠と催馬楽《さいばら》です。

この朗詠というのは、中国や日本の優れた漢詩に節をつけたもので、催馬楽は地方の民謡や馬子唄《まごうた》を採り入れて、それに雅楽風の旋律をつけたものです。

この朗詠では漢詩を三つに分け、三人の唱者が歌い継いでいきます。一の句は普通の高さですが、二の句になると急に音が高くなり、うまく継ぐのが難しいのです。そこから「二の句が継げない」という言葉が生まれました。

それから打ち合わせとか打ち止めという、私たちが日常よく使う言葉も雅楽にルーツを持っています。

雅楽の打ち物（打楽器）がリードしつつ他の管楽器や弦楽器と合わせ調整することから、事前の相談、リハーサルを打ち合わせと呼び、また舞が終わって舞手が退場し、曲を終わる時の演奏法を打ち止めといいました。これらの言葉は、能や歌舞伎や地唄、箏曲の演奏用語としても残っています。千年以上も前からの言葉が今日まで日常的に使われているのです。

大陸から招来されたさまざまな国の舞楽は、寛平六（八九四）年、菅原道真によって遣唐使が廃止されてのち、再編成され、国風化していきます。

まず、渡来楽が大きく左方（左舞）と右方（右舞）に分けられます。左方は中国を経由して渡ってきた、中国、ベトナム、西域などの曲で、唐楽・左舞と呼びます。右方は朝鮮半島を経由してきた高麗、新羅、渤海《ぼっかい》などの曲で、高麗楽・右舞と呼ぶようになります。

それらの左右が対になって舞われるようになります。また新作の雅楽も創られていきます。例えば『青海波《せいがいは》』や『千秋楽』、『胡蝶《こちょう》』などは和製雅楽なのです。『源氏物語』の紅葉賀《もみじのが》の巻で、光源氏が『青海波』を舞う様が描かれています。その舞姿はこの世ならぬ美しさで、詠歌は御仏《みほとけ》の声かと思われ、人々は感激のあまり涙を流すのです。

雅楽は『源氏物語』によく似合います。

『青海波《せいがいは》』

『青海波《せいがいは》』は、和爾部太田麿《わにべのおおたまろ》が曲を、良峰安世《よしみねやすよ》が舞を、小野篁《おののたかむら》が詠《えい》を作ったといわれる雅楽です。とりわけこの舞は、優美華麗な振りと、美しい装束との組み合わせで、洗練された魅力的なものです。

青海波というと、まずその名の文様を思い浮かべる方が多いかもしれません。波を模様化したデザインは、着物や帯などに使われています。

雅楽の『青海波』では、下襲《したがさね》と呼ばれる着付《きつけ》の模様なのです。その上に袍《ほう》という薄物の上着を重ね、右袖を肩脱ぎにして青海波模様の着付を見せます。

その袍にはたくさんの色違いの千鳥の刺繡が施されているのです。

頭には鳳凰を形どった鳥兜《とりかぶと》を被ります。美しさを想像してみてください。

「源氏の中将は青海波をぞ舞ひ給ひける。片手（相手）には大殿の頭の中将、かたち用意人には異なるを、立並びては、なほ花の傍《かたわら》の深山木《みやまぎ》なり。入りがたの日影さやかにさしたるに、楽の声まさり、物の面白きほどに、同じ舞の足踏みおももち、世に見えぬ様なり。詠などしたまへるは、これや仏の迦陵頻伽《かりょうびんが》の声ならむ、と聞こゆ。面白くあはれなるに帝《みかど》涙をのごいたまひ、上達部皇子《かんだちめみこ》たちもみな泣きたまひぬ。詠はてて、袖うちなほしたまへるに、待ちとりたる楽のにぎははしきに、顔の色あひまさりて、常よりも光ると見えたまふ」

これが『源氏物語』の紅葉賀《もみじのが》の原文です。原文ならではの味わいがあります。わかりにくければ、声に出して読んでみてください。

『青海波』は二人立ちで舞うのですが、その相手役が源氏のライバルでもある頭中将なのです。その頭中将も光源氏と立ち並ぶと、花のそばのただの木にしか見えないというのです。迦陵頻伽は雅楽の曲にもなっている、極楽に棲む美しい鳴き声の鳥のことで、仏の声にたとえられます。源氏の声を迦陵頻伽の声にたとえているのです。源氏の詠の間、止まっていた演奏が待ち構えていたかのように再開すると、袖をうちなおす光源氏のお顔がいつもより一層光り輝くのです。光源氏十八歳、美しい盛りです。

この貴族的な美しさは『平家物語』に引き継がれていきます。平維盛は清盛の孫で、父は重盛。平家の嫡流であり、貴族化した平家一族の典型です。

建礼門院に仕えた、建礼門院右京大夫という若き女房は、維盛の弟資盛の恋人でした。その右京大夫が維盛の熊野沖での入水の知らせを聞いて、維盛の類稀な姿や用意（心配り）を思い、後白河法皇の五十の賀の祝いに維盛が「青海波を舞ひてのおりなどは、光源氏のためしも思ひ出でらるるなどとこそ、人のいひしか。花の匂《にお》ひもげにけおされぬべく、など聞えしぞかし」

と回想しています。さらに、『平家物語』の巻十「熊野参詣」の章で、都落ちした維盛が、都に残した妻子に一目会いたいと戦線を離脱し、それも叶わず、滝口入道の戒を受け、熊野の沖で入水して果てます。那智籠りをしていた都の僧がこの落魄の維盛を見て、いにしえの舞姿を思い出して落涙するのです。「桜の花をかざして青海波を舞うて出でられしかば、露に媚びた花の御姿、風にひるがへる舞の袖、地をてらし天も輝くばかりなり」と。

『源氏物語』と『平家物語』という日本文学を代表する二つの物語に、優美なるものの典型として『青海波』は描かれているのです。

『迦陵頻《かりょうびん》』と『胡蝶』

雅楽には演奏だけを聞かせる管弦《かげん》と舞が入る舞楽《ぶがく》とがあります。

前項の『源氏物語』や『平家物語』で舞われる『青海波《せいがいは》』は、野外で舞われたのです。舞楽は外光のなかでその美しさが際立ちます。そのために、演奏の楽器も外では音の届かない絃楽器がはずされて、打楽器や管楽器を多く使い、管弦の時の演奏法も細やかな変化をつける演奏法（管弦吹《かんげんぶき》）に対し、舞のリズムや動きに添った舞楽吹に変わるといわれています。

自然のただ中で外光を浴びながら、その季節の紅葉や桜の花をかざしての舞楽は、見る方も、演奏し舞う人も、大自然、もっといえば宇宙と一体になる感覚を味わったことでしょう。

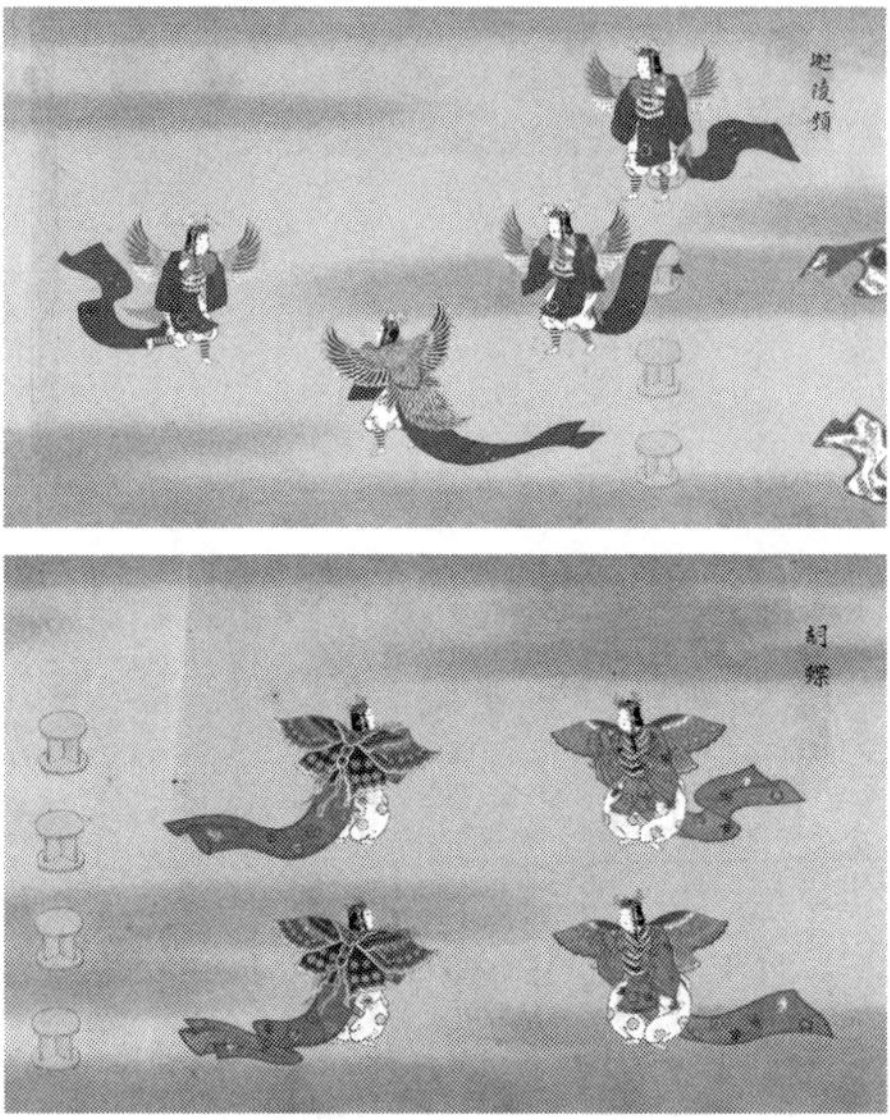

『迦陵頻』（上）と『胡蝶』

（英一蝶『舞楽図屏風』より。The Metropolitan Museum of Art）

『迦陵頻《かりょうびん》』と『胡蝶《こちょう》』という対になった舞楽を見てみましょう。

『迦陵頻』は左舞で唐楽に属します。極楽の霊鳥迦陵頻伽が、天竺《てんじく》の祇園精舎の供養の日に飛んできて舞う姿を見て、妙音天（弁財天の別名）が演奏したという言い伝えの曲です。

赤の袍《ほう》を着て背中には色鮮やかな鳥の羽根をつけ、牡丹唐草の透かし彫りの天冠《てんがん》に桜の花をかざし、両手に持つ銅拍子（小さなシンバル）を打ち鳴らしながら舞います。

これに続けて舞われるのが『胡蝶』で、右舞で高麗楽に分類されます。この『胡蝶』は延喜六（九〇六）年に宇多上皇が子供の相撲に行幸されたときに、曲を藤原忠房、舞を敦実《あつみ》親王が作ったとされる和製雅楽。胡の国の蝶が嬉々と舞い遊ぶさまを写した曲で、緑の袍に背中と胸に蝶の羽と腹模様をつけ、『迦陵頻』と同じ天冠に山吹の花の挿頭《かざし》をつけ、手にも山吹の花枝をもって舞います。ともに童舞で子供が舞う愛らしいものです。

『源氏物語』胡蝶の巻では、光源氏は三十六歳で権勢の盛りにあり、広大な六条院の屋敷の主です。その六条院を束ねる源氏の正妻紫上は、春の館に棲み、龍頭鷁首《りゅうとうげきしゅ》の船を新造し、船楽を楽しんでいます。

紫上は、久しぶりに里帰りした秋好中宮が御読経の法事をされるというので、船に『迦陵頻』の舞姿の女童《めのわらわ》四人と『胡蝶』の舞姿の女童四人を乗せ、『迦陵頻』の方には銀の花瓶に桜を挿し、『胡蝶』の方には金の花瓶に山吹を挿して、春の館の前から漕ぎだし、秋好中宮のいる秋の館に船を寄せて花を捧げ、舞を見せるのです。優雅の極みです。

折しも季節は春、桜は散り初《そ》め、藤は咲き、山吹は盛りなのです。これほど華美な祈りは何でしょう。全ては滅び、夢と化すからでしょうか。夢のように美しく思いを凝らした演出と心配り。これは紫上ならではの世界でしょう。しかし、それらもやがては消え去っていきます。紫上と同じに。

「胡蝶の夢」という故事があります。荘子の書いたものです。荘子が胡蝶となって舞い遊ぶ夢を見た。ところがふと目覚めてみると、自分は荘子である。先程の夢で胡蝶になった自分が本当なのか、目覚めた荘子が現実なのかがわからなくなってしまうというものです。

夢が現実なのか、現実が夢なのか、夢と現実の境界が曖昧なものになっていきます。

能ならここから話が始まります。雅楽は明快なストーリーがない分、全体のアンサンブル、夢のような緩やかで大陸的な動き、異国風の色彩が、見る人々を夢心地に誘うのでしょう。

舞楽法会

四天王寺に詣でたことがありますか。五九三年、聖徳太子が建立した仏法最初の寺ともいわれる大伽藍《がらん》です。古寺巡礼の寺ではなく、いまだに庶民の信仰そのものが生きているお寺です。すぐ近くには悲田院《ひでんいん》という地名も残っています。これは聖徳太子が仏教思想に基づいて四天王寺に設けたという伝承のある、貧窮者や病人の救済施設のことです。

この寺はいまでも能『弱法師《よろぼし》』や説経『俊徳丸《しゅんとくまる》』の物語と同じに、貴賤群衆が集う寺です。この寺の西門は石の鳥居で、お彼岸の中日にはこの門から真っ直ぐ先の難波の海に太陽が沈み、それを拝むと西方浄土に極楽往生出来るという、日想観《じっそうかん》が信じられ、多くの人々が集まったのです。

天王寺楽所《がくしょ》は京都の宮廷の楽所、奈良の楽所と並び、三方楽所と呼ばれていました。『徒然草』に兼好法師は「何事も辺土は賤《いや》しくかたくななれども、天王寺の舞楽のみ都に恥じず」と書き残しました。天王寺の楽人《がくじん》は京都、奈良の人たちに比べて身分は低かったのですが、聖徳太子ゆかりの寺としての誇りを高く持っていました。

実際、多くの古い伝承をもち、応仁の乱で京都、奈良の雅楽が壊滅状態に陥った時や、桃山時代の豊臣秀吉による雅楽復興は、天王寺の楽人の伝承によって可能になったのでした。

四天王寺の舞楽の特徴は、仏教の儀礼と舞楽が結びついた、舞楽法要が連綿と続いていることです。聖徳太子の命日に催される精霊会《しょうりょうえ》です。本来は旧暦の二月二十二日なのですが、現在は四月二十二日に行われます。

四天王寺は一九四五年三月の大阪大空襲で伽藍のほとんどが焼失し、わずかに六時堂とその前の雅楽が演じられる石舞台だけが残りました。この石舞台に赤の欄干がしつらえられ、舞台の四隅には、真紅の大きな珠が高々と飾られます。これは曼珠沙華《まんじゅしゃげ》と呼ばれます。

四天王寺石舞台
（撮影：663highland）

曼珠沙華は仏教の言葉で天上に咲く花で、見る人の心を和らげるといいます。彼岸花のことです。華という漢字はこの曼珠沙華の象形文字だと、白川静先生はいいます。

その姿が、精霊会では大きな薬玉《くすだま》に何本もの赤い串が刺され、真上には四メートル程の赤い大きな串が天に伸びた形で象徴されるのです。赤い串の先には燕の形が吊り下げられ、風に舞います。これは、天上世界の咲く華のもとに燕が霊魂を運んでくるという民俗信仰が背後にあるともいわれます。一目見たら忘れられない、荘厳な世界です。

法会《ほうえ》は聖徳太子の御影《みえい》（絵姿）を太子堂から、仏舎利《ぶっしゃり》を金堂から、道行をして六時堂に遷《うつ》すことから始まります。舞楽は鎮座した太子御影と仏舎利に向かって奉納されるのです。石舞台をはさんで六時堂に控えた僧侶と、六時堂の反対側の楽舎に控えた舞人、楽人が交互に舞台に上がり、声明や舞楽を奉ずるのです。

それぞれの曲には役割があり、例えば『蘇利古《そりこ》』（右舞で『安摩』と同じく紙に絵で顔を描いた蔵面《ぞうめん》をつけて舞う）は太子の目覚めの舞で、このとき厨子《ずし》の御簾《みす》が引き上げられるとお姿が現れ、供え物を捧げる伝供《でんぐ》の儀式に続く『菩薩』、『獅子』、『迦陵頻《かりょうびん》』、『胡蝶《こちょう》』は供養舞と呼ばれます。

この『獅子』は伎楽の古態を残す秘曲といわれ、異国風の色彩が眼をひきます。法会の中心の『唄《ばい》』、『散華《さんげ》』と声明が続きます。『散華』で僧がまく、蓮華の花びらをかたどった五色の切り紙が風に舞うさまは、優美にして、厳かなこの精霊会にふさわしいものです。

五世野村万之丞追悼

伎楽《ぎがく》の復興をもくろみ、それを実現したのが狂言師の故野村万之丞《まんのじょう》さん（一九五九―二〇〇四）です。

私たち芸能者は、遊部の末裔です。鎮魂の技が本業なのです。これは鎮魂としての追悼記。

野村万之丞さんは二〇〇四年六月十日に逝去した。辞世の句「万蔵に万感の思いをこめて千秋楽」。享年四十四歳。翌年の一月の八世野村万蔵襲名を目前に控えての死だった。

この俳句は自らの終わりをはっきり意識して詠んだものだ。私はその年の五月には東京藝大で邦楽アンサンブルの第三回として、『賢治宇宙曼荼羅《まんだら》』の演出に取り掛かっていた。万之丞さんの弟与十郎（現万蔵）さんに、宮澤賢治の「双子の星」の蠍《さそり》と海蛇《うみへび》、「竜と詩人」の語りの役で出演してもらっていたので、彼と何回かの稽古予定を組んでいたのだが、二度ばかりその稽古を休むことがあった。兄が具合が悪くて、狂言の代役で余儀なく休んだと聞かされた時、万之丞さんの病気が芳しくないと知った。

「竜と詩人」より大竜
（野村四郎。『賢治宇宙曼荼羅』2004年5月7日、東京藝術大学奏楽堂。撮影：鈴木薫）

訃報は六月十日、能の地方公演を終えて車で東京に帰る途中で聞いた。予感していたとはいえ、かくも早いとは。何という理不尽。無性に怒りがわきあがってきた。

その頃、「響の会」という能の会のために、「源三位頼政伝」という小文を書いていた。

平家全盛の世に、源氏の武将として、また優れた歌人として、したたかに生き延びながら七十七歳という高齢で以仁王《もちひとおう》の反乱に呼応し、息子たちと共に蜂起。しかし、その早すぎる反平家の蜂起は失敗。宇治川の合戦に頼みの息子たちも次々と討ち死。死を覚悟した頼政は「埋もれ木の　花咲くことも　なかりしに　身のなる果てぞ　かなしかりける」（覚一本『平家物語』「宮御最期」）という辞世の和歌を残して自刃して果てる。

『平家物語』に書かれたその頼政の死を、世阿弥が能『頼政』に仕立てた。私はその文章の中で、作者の世阿弥自身が齢七十にして、「類《たぐい》なき達人であった」息子元雅を先立てて、「思いきや　身は埋もれ木の　残る世に　盛りの花の　あとを見んとは」と『夢跡一紙』に悲痛な和歌を詠んだことを重ね合わせて書いた。「この歌は頼政の辞世と響き合う。不遇をかこつことの多かった晩年の世阿弥は、頼政の生涯と辞世に、自らの生を重ね、老体の修羅能を創りあげた」と。

そんな中で訃報を聞かされた。「盛りの花のあとを見んとは」という言葉が頭の中から消えず、父上の萬師の深い嘆きが想われ、重なり合った。

万之丞さんは私の十歳年下だが、二十数年来の友人であった。一緒に世阿弥の伝書を読む勉強会もした。勉強会の後ではいつも呑み、議論をした。早熟で饒舌な彼とは議論が尽きることが無かった。

彼は一九九三年の『楽劇　大田楽』の成功以来、精力的に次々と大きな仕事をしてきた。生き急ぐという生きかただった。九八年の長野パラリンピック閉会式の演出、〇一年の伎楽復興の『楽劇真伎楽』の初演、〇三年の『復元阿国歌舞伎』と続く。

彼は四十四歳の若さで世を去った。やり残した膨大な計画もあるに違いない。彼の思い出で忘れ難いのは、『大田楽』の赤坂日枝神社での初演の時の彼の表情だ。実に晴れやかで良い顔だった。後年どこかで「あの『大田楽』の初演の時、もし雨が降っていたら、自分の人生は違ったものになっただろう」と自ら書いていた。野外劇なので雨なら中止だったのだ。もし彼の『大田楽』が雨で日の目を見ず、狂言役者に専念していたら、八世万蔵として、狂言師としての芸を確立していたかも知れないと。

そのことをあのときの彼の素晴らしい笑顔とともに思い出す。

間奏曲

ろくでもないことを連ねましょう。

まず、六法といえば憲法・民法・商法・民事訴訟法・刑法・刑事訴訟法。絵画における六法は気韻生動・骨法用筆・応物形象・随類賦彩・経営位置・伝移模写。

六義といえば古代中国の詩経の詩型と表現法による分類で風・雅・頌《しょう》・賦《ふ》・比・興《きょう》のこと。

風は民謡、雅は宮廷の音楽のための詩、頌は帝への賛嘆の詩、賦は事をありのままにうたった詩、比は比喩による詩、興は目に触れたことに感じての詩なのであります。それを日本人も取り入れ、紀貫之が『古今集』の仮名序に「そもそも、うたのさま、むつなり。からのうたにも、かくぞあるべき」と書き起こし、和歌の六義として、風はそへうた、賦をかぞへうた、比をなずらえうた、興をたとへうた、雅をただことうた、頌をいはいうた、と鮮やかに変換、転用。

この和歌の六義に従って作られた江戸の回遊式庭園が六義園。元禄時代、柳沢吉保の下屋敷として作られ、明治初年岩崎弥太郎のものとなり、そののち岩崎が東京都に寄付。

六芸といえば中国の一人前の男としての必修科目で礼、楽、射（弓術）、御（馬術）、書、数（算術）のこと。貴男《あなた》はいくつ修めておられましょうや？

六道は前にも書きましたが、我ら衆生が生前の業《ごう》の結果として、死後、経巡らなければならない六つの境涯で、天上、人間、修羅、畜生、餓鬼、地獄。六根は眼・耳・鼻・舌・身・意の感覚と認識の基礎のことで、それを清らかに保つことが六根清浄。

歌舞伎の六方は、六方を踏むとか飛び六方といわれる演技で、旗本奴や侠客の無頼な歩き方をさらに強調したもの。『勧進帳』の弁慶が花道の引っ込みで見せるのが飛び六方。あれは身体の方向性を、東西南北の四方に天地の二方を加えて六方に使うダイナミックな演技。

ろくどうならぬ極道はろくでもない人種と思われるでしょうが、道を極めれば立派ではありませんか。版画家の巨匠棟方志功は、自らを板極道と称しておりました。あの凸レンズのような眼鏡をかけ、至近距離まで顔を版木に近づけ、なめるように版木を彫り進む姿には、極道者の後光が差しておりました。私もあやかって芸極道になりたいもの。あやかりたい、かやつりたい、くびつりたい、これは上方落語の乗り。同じ極道でも獄道はいけません。

ろくはろくでも、ろくでもないのろくは陸、直という漢字を当てます。陸のように平で真っ直ぐなこと。それゆえろくでもない奴とは曲がった奴ということ。古き日本語にもまともなという意味でろくつな、ろくとしいという表現がありましたっけ。

調子に乗ってろくでもない六尽くし。焼酎六調子は乙な味。雅楽の施法六調子。壱《いっ》越調《こっちょう》、平調《ひょうじょう》、双調《そうじょう》、黄鐘調《おうしきちょう》、盤渉調《ばんしきちょう》、太食調《たいしきちょう》。

かほど日本人は六好み。念仏には六斎念仏、声明ならば六時礼賛、箏曲には六段之調、地唄の六段恋慕、とどめは六調、奄美諸島の騒ぎ踊歌。速いテンポ、自由な身振りで踊り狂う。

こいつはとんだお騒がせ。とざいとうざい！　ろくでなしのろくでもない六尽くし、本日はこれにて打ち止め！　チョーン。

四　翁猿楽への道

散楽

いよいよ能・狂言の世界に入っていきましょう。

雅楽と一緒に日本に入ってきた散楽《さんがく》は中国古代の民間芸能で、軽業や奇術、滑稽、物真似の雑芸でした。これらも、散楽戸《さんがくこ》といって、雅楽寮という国立の教習所と同じ教育機関を作って伝習をさせました。

雅楽寮という国立養成所は、その形を替えながらも連綿と続いてきたのですが、さすがに雑芸は国立学校としては長続きしませんでした。

まあ、考えても見てください。吉本のお笑いから、マジック、口から火を吹く火吹き男、刀剣呑み、玉乗りの類《たぐい》を国立学校で学びますか、学ばせますか？　これらはたちまち民間に解消していき、散楽戸は廃止されてしまいます。民営化がごく自然になされたのであります。

この散楽が訛って猿楽《さるがく》と呼ばれるようになりました。物真似をする猿という連想も働き、猿楽にはこの漢字が当てられたのでしょう。

猿楽はどちらかというと、物真似、お笑いの芸だったのです。『源氏物語』には滑稽な行動や物言いを「さるがうごと」とか「さるがうがまし」と表現しているのです。

同様に、騒《そう》にがましいをつけて「そうがましい」、すなわち騒がしいという意味になり、これは今も歌舞伎では使われています。
そうした散楽、猿楽のレパートリーとして知られているのが「伎楽から雅楽へ」（七〇頁）にも書いた「福広聖の袈裟求《けさもとめ》」とか、「妙高尼《みょうこうに》の襁褓乞《むつきごい》」といった滑稽な寸劇のタイトルなのです。これは明らかに伎楽の「婆羅門《ばらもん》の襁褓洗い」からの流れです。

田楽は農耕に携わる人々の五穀豊穣を祈り、大地の実りを生み出す不可思議な力を高めるためのものでした。それは音楽の力によって大地のパワーをより強力にするということでもありました。

田遊びという芸能は、豊穣をもたらす田の神様を遊ばせ慰める行為が基礎にあり、かまけわざとも呼ばれ、豊穣を予祝《よしゅく》し、感染させるという意味があるのです。

農作業の実際を模擬農具を使って演じ、豊穣を感染させ、また男女の性行為を模して滑稽に演じ、その結果として生まれ稔るということを田に感染させる、ということなのです。

それに加えて散楽系のアクロバット的な芸能や、農耕姿を模倣したり、リズミカルな音楽に乗って華やかに飾り立てた姿（前にも書いた風流の姿）で踊る職業的芸能集団も田楽法師と呼ばれました。「五世野村万之丞追悼」（八二頁）でふれた大田楽というのは、十一世紀末の「永長の大田楽」といわれるもので、貴族から庶民までが狂ったように都大路を田植の様子を模して練り歩き、踊り狂うという騒乱がありました。

これらのそれぞれの芸能が、中世には猿楽の座と田楽の座を形成し、競い合っていました。

田楽は足利尊氏に寵愛され、室町初期には猿楽よりも大きな力を持っていました。

猿楽の源

能とは働きのことであり、能力の能、可能の能です。力仕事が出来る召使いを能力《のうりき》といいます。「能が良い」は「使い勝手がいい」という意味です。

我らが白川静先生の『字統』を繙《ひもと》いてみると、金文（甲骨文字に並ぶ古文字で青銅器や鉄器に刻まれた文字）によると明らかに水中の昆虫の形の象形文字だとあり、確かな用語例としては「文王能《よ》く福せん」のように、可能の義で用いられるといいます。

しかし、さすがの先生も最後には「その本義を容易に明らかにしがたい字である」と書かれています。それ程、字源に遡ることの難しい文字です。

いずれにせよ、可能の意から可能にする力を能力といい、働きを意味するようになりました。

猿楽の能とか田楽の能と呼ばれたのは、それまでの滑稽な寸劇や、田植踊りであったものが、戯曲として構成され、ストーリーをもった、ドラマとしての働きをする作品が上演されるようになってきたからなのです。それを猿楽のなかでも能、田楽のなかでも能と呼びました。それが単に能と呼ばれるようになっていきました。

猿楽のもとは、散楽という伎楽などの流である滑稽を中心にする雑芸だと書きました。それが猿楽の能になるまで、民間でどのように育っていったかは、不明なことが多いのです。

大寺院の修正会《しゅしょうえ》や修二会《しゅにえ》（それぞれ正月や二月に国家の安寧興隆を祈る法会で、東大寺二月堂の修二会は御水取り《おみずとり》として名高い）の法会に呪師《しゅし》と呼ばれる人たちがいました。

一つは僧侶が務め、密教的な行事である香水の加持《かじ》や龍神の勧請《かんじょう》などを担当しました。御水取りで、二月堂の前の若狭井から深夜、暗やみのなかで聖水を汲み上げるのも彼ら呪師の仕事でした。

また、御水取りの法会のなかで、須弥壇《しゅみだん》（仏像を安置する壇で、仏教の世界の中心にそびえ立つ高山を象ったもの）の周りを剣や鈴を手に、あるいは印《いん》を結んで走り回ることを走りと呼び、呪師が指揮をとります。これを呪師走りと呼びました。彼らのことを法呪師《ほじゅし》とも呼びます。

もう一つが猿楽呪師と呼ばれる存在で、法呪師の行う呪法の内容を普通の者の目にもわかりやすく演技することでした。

奈良興福寺の修二会では、少なくとも鎌倉時代の後半には、僧侶の行う呪師の行法が、猿楽呪師によって行われていたことが文献によって確実視されています。

これが室町時代には、春日大社（興福寺の鎮守の神）での「呪師走り」の『翁《おきな》』となり、興福寺南大門での薪能に発展していくのです。

『翁』は、能にして能にあらず、といわれるほど、能以前の古態《こたい》を留めた猿楽の能の本芸であり、神聖視されているものです。この『翁』は内容的にも呪師猿楽の要素が強く、春日大社

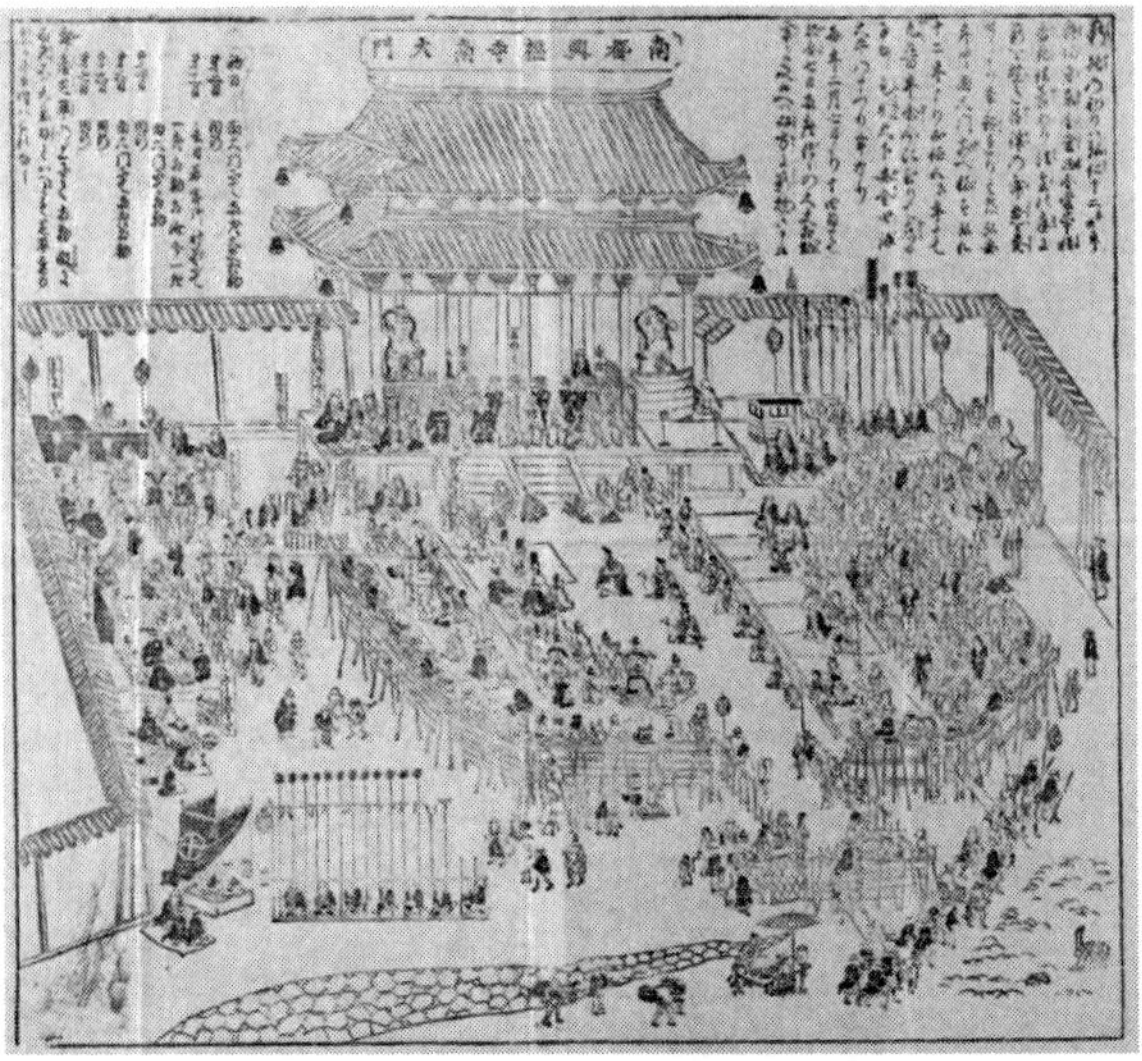

南都興福寺南大門「薪能之絵図」
（奈良県立図書情報館）

の『翁』が「呪師走り」という古い名前で呼ばれていることからも、この呪師猿楽が能を演じた猿楽の源流であることは確かです。

近年、野外で篝火《かがりび》を焚いて能を演じるのを薪能と称して、一種の風物詩として人気を呼んでいます。しかし、本来の薪能は修二会の前行事として行われたもので、諸神を勧進《かんじん》するために焚く薪を採る行事でした。この薪能には金春《こんぱる》・金剛《こんごう》・観世《かんぜ》・宝生《ほうしょう》の四座が参勤する義務を負っていました。

大和猿楽と呼ばれる四座がそのまま現在まで続いているのですから、いかに興福寺・春日大社が能を育てる大きな働きをしたかが読み取れます。

田楽

おでんというと何を思い浮かべますか？　冬はおでんで燗酒に限る、なぞと思っていませんか。おでんは女房詞《ことば》で、田楽豆腐をつづめて尊称のおを付けた言葉。田楽豆腐という食べ物は、豆腐を拍子木に切って串を挿して焼き、味噌をつけた食べ物。その串を挿した姿が、田楽法師が高足《こうそく》という一本足の竹馬に乗った姿に似ているところから出た言葉。一説には、田楽法師の白い袴と色物の上着との色の対比が豆腐に味噌を塗ったように見えるからともいいます。

いわゆるおでんは煮込み田楽のことで、関東煮ともいいます。芸能の田楽はこんなところまで生きています。逆に、こんなところにしか生きていないというべきかもしれません。

猿楽の能が当時のままの観世《かんぜ》・宝生《ほうしょう》・金春《こんぱる》・金剛《こんごう》、それに加えて金剛から分かれて江戸時代に一流をなした喜多《きた》の五流が今日も能を伝承し、演能活動をしているのに対し、室町の初期には猿楽をはるかにしのぐ力と名手を擁していた田楽の能の本座や新座は、消え去りました。

田楽能は、猿楽能のレパートリーに吸収されてしまい、いまでは田楽の芸能といえば、田楽踊り、田楽風流が地方の寺社の祭事などに民俗芸能化して残るばかりです。

田楽の特徴を整理しておくと、まずは農耕の基礎となる大地の力を、音楽や踊りによって奮い立たすことが根源にあり、美しく装った早乙女たちの田植を囃《はや》すこと、また田遊びと呼ばれる、稲作過程を模擬的に演じて豊かな実りを予祝《よしゅく》し、感染させる神事行為、それに加えて渡来系の散楽の高足や刀玉《かたなだま》（剣をお手玉にする）を見せたり、隊列を組んで、それをシンメトリカルに変化させつつリズミカルに踊るものもありました。

いずれにせよ、田楽の特徴は野外で集団的に展開されるものが基調でした。それもあって、祭礼と結びついたのでしょう。田楽はその名に反して都市で流行るのです。

前にも書きました十一世紀末の永長の大田楽は、その熱狂の頂点でした。貴族から庶民に至るまでが、農耕の振りをしながら踊り狂ったのです。

この歴史的背景には、律令制度が崩壊し、荘園制度を経済基盤とする院政政権となり、貴族たちが直接的に荘園を支配することになって、農耕への興味が増大したことが考えられています。

永長の大田楽は六月の都の祇園精霊会を契機に始まりました。祇園精霊会は豊作祈願と疫病退散を願う神事です。

田楽
（土佐光長『年中行事絵巻』（写）。国立国会図書館蔵）

それに加えて、七月には白川上皇の命によって田楽団が組織され、天皇の面前でも演じられました。これは言わば、院政政権の一大デモンストレーションだったのです。

この時代、中、下級貴族が受領となって巨万の富を蓄積し、院政を支える勢力を形成し、自らの力を誇示するために、常設の桟敷を作りました。これが中世の桟敷に発展していきます。

「さじき」は「しく」に「さ」がついた言葉で、敷くは腰の下にしくことだけでなく、敷くことは占めることであり、支配することでもあります。本来、桟敷は神の席であったのでしょう。もともと芸能は神様を遊ばせ、楽しませるものでした。神様がお客様でした。

中世の勧進《かんじん》能の桟敷には、舞台正面に神の席が設けられていました。受領階級はその富の力によって自らが神の桟敷に就こうとしたのかもしれません。お客様が神様に変化していくのです。

それは、猿楽の根本芸である『翁《おきな》』を観阿弥（一三三三―八四）が室町将軍足利義満の前で舞ったとき、決定的に生じました。次にその『翁』の上演を見てみましょう。

『翁』の舞台

『翁《おきな》』は静寂から始まります。

御神体である面《おもて》を収めた面箱《めんばこ》を掲げ持った面箱持ちを先頭に、司祭役の翁の役者、千歳《せんざい》（観世流・宝生流はシテ方が、金春流・金剛流・喜多流では狂言方が面箱持ちの役と兼ねます）、三番叟《さんばそう》（狂言方の担当で、大蔵流では三番三と書きます）、囃子《はやし》方、地謡《じうたい》、後見《こうけん》という順で、出演者全員がゆっくり厳かに登場します。翁渡りと呼ばれるものです。

これは、祭祀の場へ御神体が渡御《とぎょ》することなのです。

翁は舞台中央に進み出て、膝を突き、観客席の方に向かって深々と一礼します。これはお客様にする礼ではなく、神に向かっての辞儀なのです。ここまでは張りつめた、清々しい静寂が支配します。

一礼の後、翁の役者が舞台右手の奥に座すと、立ち並んだ諸役は舞台に入り、所定の位置に着きます。お囃子は笛と三梃《ちょう》の小鼓《こつづみ》と大鼓《おおつづみ》で、これは『翁』だけの独特の編成。能大成以前の古態《こたい》を残すといわれます。

面箱持ちは翁役の前に面箱を置き、その蓋にご神体の白式尉《はくしきじょう》の面を取り出して置きます。それを前に、翁の役は「とうとうたらりたらりら、たらりあがりららりとう……」と謎めいた呪文のような謡を始めます。

続いて千歳という露払いの若者が、颯爽と足音も高く舞います。

その間に翁は白式尉とも呼ばれる翁面をかけて、神に変身。いよいよ神としての翁が「天下泰平、国土安穏、今日のご祈禱《きとう》なり……」と祈念して舞うのです。

その時踏むのが、天・地・人の拍子。翁は天と地を繋ぐ役割なのです。翁は舞い納めると、面をはずし、千歳を伴って翁帰りをします。

翁が幕に入ると、大鼓が激しい気合いで打ち掛かります。揉み出しといわれる囃子で、剣先烏帽子《えぼし》をつけた三番叟が「おおさへ、おおさへ、喜びあれや、喜びあれや」と走り出《い》で、大地を踏み鳴らし、あるいは高く飛び上がり（烏飛びと呼ばれる）、大地を浄めるのです。

揉みの段が終わると、三番叟は舞台左手の奥、後見座で黒式尉《こくしき》の面をつけ、面箱持ちから鈴を受け取り、鈴の段を舞います。

『翁』
（月岡耕漁『能楽図絵』より）

三番叟の鈴の音は聞いたことがありますか。前に神楽の楽という字は、木の柄に鈴を付けた楽器だと書きました。三番叟のもつ鈴も同じです。今でも神社でお祓いの時に、お巫女《みこ》さんが頭上で振り鳴らすところもあります。この音は優しいふくよかな寿福をもたらす音です。

韓国のムーダン（巫女）の持つ鈴を韓国で手に入れ、持っていますが、柄も金属で出来ていて、何より音が違います。福々しい優しい音ではなく、キーンという神経にさわる一種の不快音を含んでいます。これは神懸かりになるための音なのでしょう。

大蔵流狂言師山本東次郎師（一九三七―）は、日本の三番三の鈴は稲穂の実りの象徴だといいます。確かに実りの喜びを感じさせる音なのです。鈴の段でも翁と同じに天・地・人の拍子を踏むのですが、人の拍子から踏み始めて天・地の順で踏みます。

これは太陽神の象徴である白い翁が、天・地・人のいわば天孫降臨的な順序で踏むのに対し、日焼けした黒い顔の翁は、土着の神であり、稲の精霊であるがゆえに人から始まって天と地を結びつけるからだとも考えられます。

能にして能にあらずといわれるように、『翁』は普通の能とは音楽的にも、演技的にも全く異質な、祈りと祝禱《しゅくとう》の神事の儀礼なのです。翁、三番叟の役者は、今でも精進潔斎をして舞台に臨むのです。

そこに立ち合う観客席の方々も、深い静寂や激しい動きの中に、聖なるものへの祈りを感じるに違いありません。

芸能としての翁

観客が神に変化するその決定的な変化が、猿楽の根本芸である『翁《おきな》』を観阿弥が室町将軍足利義満の前で上演した時に起きた、と前々項で書きました。

永和元（一三七五）年かその前年の応安七年、京都今熊野神社でのことです。鎌倉幕府が滅んだ元弘三（一三三三）年に生まれた観阿弥三十二、三歳、息子の世阿弥は十一、二歳の時です。

この時十七、八の若き将軍義満がこの催しに来臨したのです。それを斡旋したのが将軍の側近の文化人、海老名南阿弥《えびなのなんあみ》です。

『翁』を上演するに当たって、それまで翁の役は、長《おさ》と呼ばれる一座の長老が勤めていたものを、南阿弥は役者としての人気、実力を兼ね備えた観阿弥をキャスティングしたのです。

これは、神事の領域から芸能への移行を意味しました。室町将軍という観客が神の位置に上ったとも言えます。旧都奈良、大和の興福寺・春日神社という寺社に奉仕する猿楽の一座が、都の天下人《びと》義満の叡覧《えいらん》に浴したのです。

これは出世といわなければなりません。以来、義満は観阿弥・世阿弥親子に絶大な支援を与えるようになりました。若き義満は、祖父尊氏や父義詮が愛好した田楽とは違った自分の時代の芸能を発見したのであり、作り上げたかったのでしょう。

ちなみに次の将軍義持は、父義満に冷遇されたことの反動で、猿楽よりは田楽を贔屓《ひいき》にし、次の将軍義教はまた猿楽を愛好し、それも世阿弥の甥、観世三郎元重（音阿弥《おんあみ》）（一三九八―一四六七）を贔屓にし、そのせいで晩年の世阿弥は悲運にも佐渡に流されたのです。

これほど室町将軍の親子の確執は強いものでした。またそれだけ自己の美意識に厳しく、自負があったということでもあります。

実際、観阿弥・世阿弥親子が猿楽の能を代表するようになったのも、室町将軍やその側近、貴顕の眼差しに耐える題材と内容、表現を身につけ、実現していったからなのです。

それが世阿弥の能作に反映し、『平家物語』『伊勢物語』といった文学作品を題材とした能の作品が作られ、今日まで能の名曲として上演され続けているのです。これは寺社に奉仕する宗教性に根差した芸能から、都市型の鑑賞芸能に変化したことにほかなりません。

前にも書いたように、祭りや神事には観客は存在しないのです。神を遊ばせ、慰めることが目的だったからです。それが権力者、天下人、貴顕を慰め、さらには大衆をも慰める芸能が要求されていきます。これはどの国の芸能史を見ても共通します。

さて、この今熊野の『翁』以来、一座の棟梁（大夫）が翁を勤めるようになり、長い歴史を持った翁猿楽上演の座名、結崎座は観世座、外山《とび》座は宝生《ほうしょう》座、坂戸《さかと》座は金剛座、円満井《えんまんい》座は金春《こんぱる》座と、それぞれ大夫の名前で呼ばれるようになり、古い座名は忘れられていきました。

しかし出自の地、奈良の興福寺の薪猿楽や春日若宮祭では、翁猿楽一座の長が翁役者を勤める古例は変わらず、また、今熊野の『翁』以来の新例のように一座の大夫が翁を舞うことのないまま、明治維新まで続いたのです。

とはいえ、現在の『翁』の上演に立ち合うと、常の能とは違ったものを演者も観客も感じることは確かです。

常は役者が能や狂言の作品内容にそって、自己独自の芸術的表現をめざすのに対し、能役者の勤める翁は、天下泰平・国土安穏を人々を代表して祈る役であり、狂言役者の勤める三番叟《さんばそう》も、万人の願う五穀豊穣への祈りを実現すべく、自己意識を忘れ、祈りに満たされた声と身体にならなければならないのです。

別火

能で舞台上で面をつける所作を見せるのは『翁』だけです。一人の選ばれた大夫が人々の眼差しにさらされるなかで、神に変身するのです。

また楽屋には、翁飾りと呼ばれる祭壇がしつらえられ、ご神体の面を納めた面箱、翁烏帽子《えぼし》、扇などを飾り、お神酒《みき》、洗米、塩などが捧げられます。この前で出演者一同が洗米と塩とお神酒を戴きます。

後見《こうけん》（能の後見はその曲を演じた経験を持ち、面、装束付けから、必要な道具の出し入れまで全てにわたって取り仕切り、もしシテ（主役）が倒れたら引き継いで最後まで演じるという大事な役）は幕から火打石を持った手を出し、それを打ち合わせて切り火をして、見所《けんじょ》（客席と観客）を浄め、出演者の一同にも切り火をして浄めるのです。それほどにこの『翁』は神聖な祈りに満たされています。

私がプロデューサーを務める（二〇〇四年当時）銕仙会《てっせんかい》（観世流観世銕之丞《てつのじょう》家を中心とした演能組織）では、『翁』は一年の公演の始まりである初会《はっかい》で上演します。正月、新たに始まる一年が平穏で実り多く、幸多いことを願うのです。新年の清々しさと『翁』はよく似合います。

　今日は略式になったとはいわれますが、翁と千歳《せんざい》を勤める能役者は、精進潔斎のため、別火《べっか》をします。別火とは、神事に携わる者が穢れに触れないように特別に鑽《き》り出した神聖な火で調理したものを食べることです。

　今でも女性が調理する日常の食事を離れて、男の調理で食事をします。先代の故八世観世銕之亟師（一九三一―二〇〇〇）が『翁』を勤める時は、前夜は青山の銕仙会の舞台に千歳の役と泊まり、夕食と翌朝（上演当日）は書生（能の修業のため住み込んでいる若者）の作ったものを食べることになっていました。

　私は料理を道楽としますので、何度かその夕食を作ることをしました。お酒もいささかは呑みます。たいがい千歳の役は修業過程の終わり頃の書生が披《ひら》く（能役者が初演すること）ことが多いので、師匠と一緒の食事です。初役の本番に向けての緊張に加え、師匠との食事ですから、「楽にして」といっても出来るはずがありません。

　そんな時、師匠の好みと、若者が食べたがっているものとを取り合わせた私の料理が、いささかはその緊張をほぐしたのではないかと思っています。

　実に誠《まこと》（能や歌舞伎では今も残っている言葉であり、げにまっこと、と読むと我が出自の土佐弁になります）、共食は和平の基なのであります。

　もう一つ忘れられない『翁』の時の料理があります。私と同年の能役者、浅井文義師が二度目の『翁』を勤めた時のことです。彼の父上（能役者）から伝えられた『翁』を勤める時の心得の書き付けを読ませてもらい、それに従って料理を再現しました。

その中で一番芯になる料理が「翁汁」と名付けられた椀物でした。

それはあずきを赤味噌《みそ》仕立てにした汁椀で、実に素朴でありながら『翁』を勤める神事、祝言にふさわしい食べ物です。

『翁』当日の朝にこの翁汁を調理し、他に蕎麦を打ちました。蕎麦もハレの料理なのです。

その書き付けには月代《さかやき》（武士の額を半月形に剃《そ》り上げること）を当日にはしないと書いてありました。血を見ることを忌《い》んだからです。大事に臨むにあたっての心得、料理が伝承されていることは古典芸能の底力です。その時の浅井文義師の『翁』は、初演以来十年の歳月を経ての舞台であり、その頃の彼の舞台のなかで際立って良いものでした。

彼の初演の『翁』も見、またその時も三番叟《さんばそう》の後見として立ち合って下さった野村万作師が、後の宴席で彼の『翁』を褒めて、「浅井君のこの十年は実りあるものだった」と仰って下さったのは、我がことのように嬉《うれ》しいことでした。

翁と三番叟

『字訓』によれば、おきな（翁）はおみな（媼）と対の言葉で、「き」は男性を意味し、「み」

は女性を意味します。「な」は一人称や二人称で人を表します。

「き」と「み」で男女の違いを表す古い例が『古事記』のイザナギ、イザナミです。「誘《いざな》う」の語幹に男性を表す「き」と、女性を表す「み」がついた言葉で、二人の神は、『古事記』の文脈でいえば、みとのまぐあい（男女の陰部を意味する御門《みと》と、目合《まぐあい》という目を合わせ、愛情を確かめ合う言葉を合わせて、男女の性の交わりを意味します）に互いに誘い合う男と女という神の名前です。『古事記』の世界にまた逆戻りしてしまいそうです。原初の人間が世界をどのように認識し、名付けていったのかを知るのは、限りない喜びです。

名を付けるとはその対象を認識、理解し、また支配することでもありました。名を名乗ることは身を委ね、服従することだったのです。『古事記』という魅惑的な原初の森を探索するのは機会を改めることにして、『翁』に戻りましょう。

おきなは年功を経た老人の尊称として使われます。翁という漢字は鳥の頭毛のことから老人の長い頭髪につながり、老人を尊んで翁と呼ぶのです。

老という漢字は耂《ろう》と匕《か》に従い、耂は長い髪を垂らしているのを横から見た姿、それに老衰、死を意味する化の元の字である匕がつき、死に近づいた人ということです。

これはあまり嬉しい呼び名ではありません。それで尊称として翁と呼ばれるのでしょう。三番叟《さんばそう》の叟は、正字は宀《べん》と火と又《ゆう》に従う叜《そう》、家の中で火を司る者から長老を意味し、老人の尊称となり、嫂《あによめ》も火を管理したのでこの文字。

三番叟は三人目の翁ということで、古くは父尉《ちちのじょう》、翁、三番叟の順に老翁が祝言の舞を見せるというもので、それが観阿弥・世阿弥の時代には、今日のように千歳《せんざい》、翁、三番叟の順での祝いの舞になったといわれます。それで今でも翁を式三番と呼ぶことがあるのです。大蔵流で三番三と書き表すのは、山本東次郎師は、一は二を生み、二が三を生み、三は万物を生むという考え方によるのだといいます。

色々な能・狂言役者の翁・三番叟を拝見して来ました。忘れ難い翁の筆頭は、十数年前に山形県の小国町の山の頂近くに野外の能舞台を作って、『翁』を上演したときのことです。先代の銕之亟《てつのじょう》師の張りと艶のある謡《うたい》の力と力感を一杯に充実させた立ち姿の翁は忘れられません。躍動的で切れの良い千歳を勤めたのが九世銕之丞（当時は暁夫）師でした。先代の声と力感を受け継いだ現銕之丞師の翁も、また魅力的なものです。

この時の三番叟は野村万作師でした。躍動感といい、間の良さといい、祈りの深さといい、抜群のものでした。その万作師の息子萬斎師の三番叟も、万作師の持つ美点に若さと華やかさを加えたもの。

大蔵流では長老四世茂山千作師のおおどかな滋味溢れる三番三、そして今最も充実した四世山本東次郎師の三番三。数え上げればきりがありません。感動的な舞台は、自我という枠を超えて、多くの人の願いを一身に引き受け寿福をもたらすという無私の精神（これが祝言性の根源だと私は思います）が、身体に刻み込まれた技術と一体になって実現するのです。

この翁・三番叟の系譜は、日本の芸能の根本として人形浄瑠璃、歌舞伎の作品としてもたくさんのバリエーションが創られていきました。年の初めや舞台抜《びら》きのような祝いの席で上演されます。これこそ祝言の芸能の根本なのです。

成熟と喪失

日本の芸能は老いを大切にします。老いに向かって成熟していく芸能です。そこが西洋と違うところです。

西洋のバレエやオペラで、老人の演技者は一般的には考えられません。四十代、五十代にもなれば、肉体は最盛期に比して衰えるばかりで、彼らは振付師になるとか、後進の教育にあたるようになります。西洋の美学は青春の美学なのです。盛りの美しい姿と声と動きを求められるのです。その意味ではスポーツに近いのかもしれません。高齢の体操選手やサッカー選手がいないのと同じです。

日本には、老いそのものを主題とし、しかも年功を積み上げた役者にしか上演が許されない老女物といわれる作品があります。『卒都婆《そとば》小町』『鸚鵡《おうむ》小町』や、三老女といわれる最奥の能『檜垣《ひがき》』『姨捨《おばすて》』『関寺《せきでら》小町』です。

修羅物でも老体の修羅能『実盛』『頼政』を大切にします。歌舞伎だと三婆《さんばばあ》として『菅原伝授手習鑑《かがみ》』の寛寿、『本朝二十四孝』の勘助の母、『近江源氏先陣館《せんじんやかた》』の微妙の三つを至難の大役と定め、老いの役を大切にします。

これまで見てきた『翁』という祝言の根本芸にしてから、翁、三番叟《さんばそう》という老人が天下泰平や、寿福増長、五穀豊穣をもたらす来訪神なのです。この神々は、例えば沖縄では赤また、黒またのように海の彼方、常世《とこよ》の国から訪れたり、また三河の山間部、北設楽郡の花祭りのように山から翁が訪れるかたちをとったりもするのです。いずれにせよ、聖なる老人が福を授けるのが前提になっているのです。

脇能で代表的な『高砂』も相生《あいおい》の松の化身である、老夫婦が現れて松の目出度《めでた》い由来を語ったのち、神の本体を現し、神の舞を舞うのです。

老いの力とはなんでしょう。人は年功をへて神さびた存在となります。とはいえ、老いは成熟と引き換えに若さを失うことであり、死に近づくことでもあります。

世阿弥は能の演技を大きく三つに分けました。女体《にょたい》と老体と軍体です。この老体の演技に「閑心遠目《かんしんえんもく》」ということを書いています。心を閑《のどか》にして遠くを見ることが老人の姿だということです。老人は過ぎ来し方、失った過去に向かって眼差しを向けるのです。

それが春秋に富んだ若い人との決定的な違いです。若者には失われた過去がなく、未来ばかりがあり、老人には失った膨大な過去があるばかりで、未来はほとんど残されていない。

西行は、老い木の桜を見て、自らの老残の身に重ね合わせて「わきて見ん　老木《おいき》は花もあは

れなり　いまいくたびの　春にあふべき」と詠みました。とりわけ、老木の桜は哀れだ、あと何度春に巡り合い、花咲かすことができるのだろうか、という和歌です。

人は必ず老い、死を迎えます。若さの只中にいては若さの本質は見えません。老人は失われた時を想いだし、再び見いだすのです。これが老女能、老体能の本質です。

ここに生きることの真実があります。西行の和歌が私たちの心に響くのはそれなのです。能という芸能はそれを能役者にも老後の課題として課すのです。老いは無残です。辛い真実です。しかし、それがただ無残なだけではなく、失われたからこそ、愛惜のうちに見いだされる生の真実を表現することが、能という芸能の力なのです。

五　脇能・修羅能・鬘能

『高砂』

能の上演形式の正式は、最初に別格の『翁《おきな》』があり、次に脇能と呼ばれる神の能、次に『平家物語』などの軍記に取材し、武将を主役（シテ）とした修羅能。脇能から見て二番目に来るので二番目物とも呼ばれます。

次が三番目物とか鬘物《かずらもの》（女性が主役で鬘をつけます）と呼ばれる能の最も優艶な曲で、『羽衣』『井筒』『野宮《ののみや》』など優美にして、人間の本性に迫ったもの。

そして四番目能と呼ばれる、さまざまな人間的なテーマの曲。ここには狂女ものから仇討ちのものまで多様な能の曲が含まれます。

最後が五番目能とか切り能とか呼ばれる曲で、鬼神や天狗、獅子などの超人的な世界です。

そして能と能との間に狂言が上演されるのです。これが江戸時代に確立した、能の五番立ての上演形態でした。

芸能の根源にある平和と豊穣への祈りをこめた『翁』に続く、神の能を見てみましょう。脇能と呼ばれるのは、『翁』の脇につけて続けて上演されることが多かったからです。また『翁』を別格とすると、一番最初の能になるので初番目物ともいいます。

ここで描かれるのは、具体的な神々の物語です。その神が示現して祝福を与え、舞を舞うという祝言の能。代表的な曲が世阿弥作の『高砂《たかさご》』です。

古くは『相生《あいおい》』とも呼ばれたこの能は、高砂と住吉の相生の松の化身である老夫婦が、九州阿蘇宮の神主友成（ワキ方が演じ、シテ方が能の主役を勤めるのに対し、ワキ方はそれを補佐し、世界の枠組みを作る。旅の僧侶とか、この『高砂』の神主のような現世の人間の役を勤め、面をかけない）の前に現れ、高砂と住吉の松が離れていても相生であるように、自分たちも離れて棲んでいても相生の夫婦であり、ともに老いていく相老いの夫婦なのだと語り、松の目出《めで》度《た》いいわれを尽くします。

やがて二人は住吉で待つと言い残して去っていきます。友成の一行も二人を追って船出します。その時のワキ方の謡《うたい》が結婚式でよく謡われる「高砂や、この浦舟に帆をあげて……」です。

やがて住吉に着いた友成の前に、住吉明神が若々しい男の神の姿で現れ、力強く、颯爽と神《かみ》舞《まい》を舞って、治まる御代《みよ》を祝福するのです。

春日若宮の御祭《おんまつり》にも見られるように、松には神が宿ると考えられており、影向《ようごう》の松の前で、神を遊ばせる芸能をしてきました。影向とはそこに神が示現、来臨することです。まつという言葉は神聖なものの示現を待つことであり、松という木の老いてもなお常緑であることの目出度さと結びつきました。

松は古来神聖な木とされているのです。能の舞台の背景に松羽目といって、老松の絵が描かれているのも、それがルーツです。

脇能（神の能）は力強く、キビキビと謡い、舞われます。生命力が横溢するように。これは生きとし生けるものへの賛歌であり、祝言です。これが能の表現の基礎、形木《かたぎ》（規範）になります。前半の老夫婦も決して弱々しくは謡いません。寿福をもたらすにふさわしい、芯が強く張りのある謡いでなければなりません。

後半の住吉の神となってからはそれに倍するエネルギー、テンションが要求されます。誰も神になったことはありません。しかし、生命力溢れる声の力と、身体に漲《みなぎ》る力感をもつ能役者が、超越的な神性を私たちに実感させてくれるのです。

修羅能とは

神の能の次に上演する能が二番目物とも呼ばれる、修羅能です。前にも書きましたが、人間が死後、経巡る六道のうちの一つ、修羅道に堕ちた人間を描きます。

修羅は戦いに明け暮れる世界です。梵《ぼん》語の「ＡＳＵＲＡ」の音訳。阿修羅像といえば、奈良興福寺の三面六臂《ろっぴ》（顔が三つと腕が六本）の素晴らしい天平期の乾漆《かんしつ》像を思い出されるのではないでしょうか。阿修羅像は少年なのか少女なのか、両性具有的な不思議な官能性を備えた、魅力的な姿と顔です。眉間に寄せた皺は、今は仏法を守護する八部《はちぶ》衆となってはいても、かつての帝釈天に戦いを挑んでいた荒ぶる神であったときの記憶が思い起こされて、苦しんでいるのでしょうか。

普通、『忠度《ただのり》』とか『清経《きよつね》』のような平家の公達《きんだち》が主役の修羅能には、中将と呼ばれる色白で、眉根《まゆね》をよせた貴族的な面を使います。それが『屋島』の義経のように、源氏の武将が主人公の能のときは平太《へいた》という赤茶に近い彩色の、いかにも逞しく荒ぶる武士らしい面を使います。

他に平家の『敦盛』や源氏の『朝長《ともなが》』のような十六、七の若さで死んだ若武者の能には、十六とか今若《いまわか》と呼ばれる、若者の顔をした面を使うのですが、この阿修羅像の顔は、三面どれをとっても少年の能に使いたくなります。観阿弥や世阿弥の一座は、興福寺がパトロンでしたから、この阿修羅像は見ているに違いありません。この像を見ながら修羅能の新しい構想を練ったのかも知れないのです。

阿修羅像（興福寺）
（『南都十大寺大鏡』第14輯より）

先に挙げた修羅能は、『朝長』が世阿弥の息子元雅の作であるのをのぞけば、世阿弥作といわれるものです。世阿弥が修羅能を今日《こんにち》ある姿に創り上げたといっても過言ではありません。

その軌跡を追ってみましょう。

『平家物語』は、平家一門の栄華と滅亡を描いた叙事文学の最高傑作です。平家が滅亡して数十年後にはこの物語の原形がつくられ、さまざまな増補がされて成長し、室町時代には『平家物語』は平家とか平曲と呼ばれて、琵琶法師による語りものとして、民衆から貴人《きにん》にまで広く愛好されていました。そして、能や浄瑠璃に恰好の題材を提供してくれました。世阿弥はこの『平家物語』から『敦盛』『清経』『忠度』『実盛《さねもり》』のような修羅能の傑作を次々と創りだしました。

その当時は立ち合い能といって、他の一座と様々な形で競演することがあったのです。まわりには田楽能の一座をはじめ、近江や丹波の猿楽など、多くのライバルが存在していました。そのなかで一座を維持していくためには、優れた能を新作することは、生命線といっていいほどの切実な問題だったのです。

世阿弥が一座の理念、教育方法、芸術論などを書き残したのが『風姿花伝』です。そのなかに修羅能の心得について「源平などの名のある人の事を、花鳥風月に作りよせて、能よければ、何よりもまた面白し。これことに花やかなる所ありたし」と書き残しました。また、『三道』という能を書く心得を書いた伝書のなかにも、「源平の名将の人体の本説《ほんぜつ》（由緒正しい説話）ならば、ことにことに平家の物語のままに書べし……」と書き残しています。猿楽が生き残ったのは、世阿弥が能の演劇理論書とともに、優れた新作の能本を書き残したことが最大の理由なのです。

その世阿弥作の修羅能『敦盛』がどんな作品なのか見てみましょう。

『敦盛』

無官の大夫と呼ばれる平敦盛は、弱冠十六歳で、一ノ谷の合戦に源氏の武将熊谷次郎直実《なおざね》に討たれた平家の貴公子です。敦盛は平清盛の弟経盛《つねもり》の末子で、笛の名手でした。兄の経正《つねまさ》も琵琶の上手という音楽一家でした。敦盛愛用の笛は、祖父の忠盛が鳥羽院から拝領した小枝《さえだ》（青葉の笛ともいわれる）という名器で、それが経盛、敦盛と伝わったのです。

いったん都落ちした平家は、勢力を取り戻し、一ノ谷に陣を構えています。しかし、それは義経の鵯越《ひよどりごえ》の奇襲によって、脆くも崩れ去ってしまいます。背後を突かれた平家は混乱し、先を争って船に乗ろうとして、大混乱となるのです。この戦で平家は、名だたる一門の武士を数多く失います。敦盛、知章《ともあきら》、忠度、通盛などの討死に加え、重衡が生け捕られてしまいます。

一方、熊谷直実は息子小次郎とともに出陣し、一ノ谷の合戦に先陣争いをし、途中、小次郎が矢を腕に受け、行方知れずになった状態で戦い続けます。それでも大きな恩賞の叶いそうな、名だたる平家の武将の首を取ろうと、渚に馬を走らせ、逃げゆく敦盛を呼び止め、組み打ち、いざ首を取ろうとよく見れば、我が子小次郎と同じ年ごろの若者。あまりに不憫《ふびん》で助けようとするが、回りの味方勢の手前、余儀なく敦盛の首を取る。

その少年は、錦の袋に笛を携えていました。熊谷はこれより仏道に発心《ほっしん》したのです。これが

『平家物語』に描かれた敦盛の物語です。

世阿弥はこの『平家物語』から、どのように『敦盛』という修羅能を創り上げたのでしょうか。世阿弥はこの物語を時間の推移に従って再現するということはしません。

まず、出家した熊谷直実すなわち蓮生法師が、自らが討った敦盛の鎮魂のために、この一ノ谷を訪れるという設定を作ります。そこに笛の音が聞こえてきます。草刈り男たちが現れ、一人だけ残った男は笛の由来を語り、供養を蓮生法師に願い、自分が敦盛の亡霊であることをほのめかして消え去ります。

ここまでが前半。土地の者が法師に敦盛の最期を詳しく語ります。この部分が間《あい》狂言で、狂言方が受け持ちます。

後半、夜もすがら弔う蓮生法師の前に、生前の姿のままの敦盛が現れ、昔の敵が今は法《のり》の友だと供養を喜ぶ。敦盛は平家の衰運を語り、合戦前夜、陣中で今様《いまよう》歌を謡い、音楽を楽しんだことを思い起こし、優美な舞を舞う。しかし、修羅の争い、自分が討たれた時のことが甦り、思わず敵熊谷に刀を振り上げるが、同じ蓮に生まれると刀を捨て、重ねての弔いを願って冥界へと去って行く。このような台本を書いたのです。

世阿弥は修羅能をただ戦場を再現することだけではなく、亡霊が現れてきて、生前の最も華やかであった最良の時を思い出す、という劇構造を創り上げました。これは画期的なことです。私たちは愛する人を亡くしたとき、何を思い出しますか？　その人間の最も大切にし、愛したことや、輝いていた時のことでしょう。果たせなかった夢もあるでしょう。

死という決定的なフィルターを通して、その人の生を見るとき、余計なものが洗い流されて、切実なものだけが残されます。それは敦盛にとっては戦の時ではなく、愛する笛の音や舞の優美な時間だったのです。

死者の眼差しで生を見直すこと、これこそが世阿弥が確立した修羅能の本質であり、これが能という芸能独自の複式夢幻《むげん》能と呼ばれる劇構造なのです。

『屋島』

複式夢幻《むげん》能の複式は、前半の部分と後半の部分に分かれるということです。

前半の主役を前シテといい、能の『敦盛』だと敦盛の化身として草刈り男、後半の主役が後《のち》シテと呼ばれ、生前の姿のままの敦盛です。

夢幻能というのは、亡霊が旅の僧の前に現れ、過去を物語り、供養を願って消え失せ、再び旅僧の夢の中に生前の姿のままで現れ、過去を再現するという劇構造です。つまり、現在進行形の普通の劇と違う、「ゆめまぼろしの如《ごと》き能」ということなのです。類を見ない能独自のドラマツルギー（作劇術）です。

そう、『平家物語』の冒頭を思い浮かべてみてください。「祇園精舎の鐘の声、諸行無常の響きあり。沙羅双樹の花の色、盛者必衰の理をあらはす。奢れる人も久しからず、ただ春の夜の夢のごとし。猛き者もついには滅びぬ。ひとえに風の前の塵に同じ」。この八句は、無常観に貫かれた『平家物語』の全てを要約しているともいわれます。まさに夢幻能はこの春の夜の夢の如き世界なのです。

同じく世阿弥作の修羅能の大作『屋島』を見てみましょう。四国屋島での源平の合戦に取材し、海と山を隔てての壮大なスケールの能です。

主人公（シテ）は源義経。都からの旅の僧が、四国行脚をし、屋島の浦に着く。塩焼き小屋に宿を借りようと待つうちに、漁師（前シテ）の老人が現れ、都の僧と聞き、懐かしさに涙にむせぶ。そして僧に乞われるままに、源平の戦いの有り様を物語る。

義経の嵐を突いての襲撃に平家は陣を焼かれ、一ノ谷の合戦と同様に海に逃れ、沖の平家と陸の義経の勢が対峙するなか、義経は大将軍として華やかないでたちで名乗る。つづいて源氏方の三保谷四郎《みほのや》と平家方の悪七兵衛景清《あくしちびょうえかげきよ》が錣《しころ》（後頭部から首にかけてを覆う兜《かぶと》の垂れの部分）を引き合った一騎打ちのこと、平家の能登守教経《のとのかみのりつね》の剛弓に佐藤継信《つぎのぶ》が義経の身代わりとなって倒れたことなどを物語る。

僧はあまりに詳しい老人の物語を不思議に思い、名を問う。老人は修羅の時になれば名乗ろうと、義経であることを仄めかし、消え失せる。

狂言方が演じる塩屋の主人が現れ、僧に屋島の合戦の様を詳しく語り、その老人は義経の亡霊であろうから、逗留して義経の誠の奇瑞を待つようにと言います（この部分が間狂言《あい》で、この間に前シテの老人は後シテのありし日の義経の姿に面・装束を替えます）。

僧がまどろんでいると、その夢の中に、甲冑《かっちゅう》姿の義経が現れ、戦の様を再現します。なかにも義経が弓を取り落とし、命を賭して取り戻したことを語り、カケリといわれる修羅の苦しみ、狂乱、興奮の様を表現する緩急の激しい動きを見せます。教経と義経とが命を惜しまず戦ううちに、僧の夢も覚め、義経の亡霊も消え失せます。

これが能の『屋島』です。数々の戦功をあげながらも、頼朝との不和によって不遇のまま窮死した義経にとって、命が輝くのは、敦盛のように詩歌管弦《しいかかげん》の世界でなく、鬨《とき》の声であり、討ち合い差し違える刃《やいば》の音であり、戦の駆け引きであり、戦場そのもの、修羅の世界の只中なのです。

大河ドラマにもなる義経の一生を凝縮し尽くすと、能の『屋島』になるのです。義経の思いは常に、命をたぎらせて戦った屋島の戦場に帰ってくるのです。

「奈須与市語」

映画『愛と哀しみのボレロ』のジョルジュ・ドンのボレロを見たことがありますか。

狂言師の野村萬斎師（一九六六―）はボレロを見て、ボレロは三番叟《さんばそう》であり、ボレロをやってみたい、そしてやるならドンには負けないという狂言役者です。

実は、萬斎師のボレロ好きは父万作師（一九三一―）から始まっています。古典芸能の世界に生きながら、他のジャンルのものに深い興味を持ち、貪欲にそれを我がものにしようという意欲には凄《すご》いものがあります。

能の『屋島』の間《あい》狂言の、常とは違った替えの間狂言が「奈須与市語《なすのよいちのかたり》」（和泉流の正式な呼び名、大蔵流山本家では「語《かたり》那須」）といわれるものです。狂言役者の生涯の修業の過程で、三番叟、「奈須与市語」は青年期に披《ひら》くべき、大事な課題曲です。

披きということについては、前にも書きましたが、能、狂言の役者にとって、生涯にわたる自己教育の方法です。披くという文字は披露宴という言葉で、私たちには馴染み深いものです。自分たちを親族、友人に披露する晴れの舞台。漢字の披は獣皮を剝いでひろげることをいうのです。

能では、年々に応じた課題を一つ一つ披き、重ねていくことが重要なのです。全力でぶつかり、引き剝がし、そこを通り越すと、ふっと何ものかを乗り越え、一段高いステージに立っている、これが披きです。古典芸能の教育システムとして、老後までが射程に入っているところが凄いことです。

さて「奈須与市語」は、座したまま語る普通の間狂言とは全く違います。那須与一が義経の命令により、平家方の扇の的を身命を賭して見事射落とすという名高いエピソードを、一人で義経、後藤兵衛実基（老練の参謀）、那須与一、語り手の四役を一人で位置を変えつつ語り分ける、十五分ばかりの語り芸です。

万作師は、十九歳で三番叟と「奈須」を同時に同時に披くという、超人的なことをしています。萬斎師は三番叟は十七歳で披きましたが、声変わりが長く続いて「奈須与市語」はしばらくは披けず、声が落ち着いた二十歳の年に披きました。ちょうど、那須与一の同年齢で、感情移入がうまくいったとご自身で語っています。

古典芸能の魅力の一つは、同じ曲を生涯にわたって演じることで、その年齢に応じた役の理解、表現の幅を発見していくことです。と同時に、うまくその年齢が出会ったときの輝きも大切なものです。二〇〇三年、萬斎師が三十六の年、『平家物語』の冒頭、「祇園精舎」に続く「殿上《てんじょうの》闇討《やみうち》」という章段を、原文のまま彼の語りと、忠盛に扮装した映像とを合わせた作品を、私の演出で創りました。

清盛の父忠盛が三十六の年、鳥羽院の許しにより武士として初めて昇殿を許されたときのこと、旧勢力の貴族たちは、忠盛を闇討(袋叩き)にしようと企む。それを察した忠盛は、贋《にせ》の刀を差して参内《さんだい》し、これみよがしに刀を抜いて、灯火にかざして貴族たちを震え上がらせ、さらに郎党を庭に潜入させ、事無きを得る。

貴族の訴えに対し、常々と申し開きし、かえってその知略を院に称賛される。新興の武士階級の力を見せつける、象徴的な出来事でした。

岩手の藤原の里の寝殿造りの建物（映画の『陰陽師』と同じ撮影地）でロケをしたのですが、衣冠束帯に身を固めた忠盛の晴れやかさは、萬斎師の実年齢と舞台人としての飛躍の時期と重なり、輝くばかりでした。また、篝火《かがりび》に刃をかざすときの表情は、決意に満ちた凍るような美しさ。彼自身、ちょうど良い時期に『平家物語』に出会えたと語っていました。*

＊映像は『原典平家物語ＤＶＤ』巻第一（ハゴロモ発行）に収録。

『巴』

巴御前《ともえごぜん》のことはよく知られています。木曽義仲に付き従った一人当千の女武者。修羅能で、唯一女性が主人公なのがこの『巴』です。

「木曽殿は信濃より、巴、山吹とて二人の便女《びんじょ》（便女は給仕から身の回りの世話までし、戦闘にも参加した侍女）を具せられたり。……なかにも巴は色白く髪長く、容顔まことに優れたり。ありがたき強弓精兵、馬の上、徒立ち、打ち物もっては鬼にも神にもあはうどいう一人当千の兵《つわ》もの也。究竟《くっきょう》の荒馬乗り、悪所落とし、いくさと言へば、さねよき鎧《よろい》きせ、大太刀、強弓持たせせて、まづ、一方の大将にはむけられれけり。度々《どど》の功名、肩をならぶるものなし。されば今度も多くの者ども落ち行き、討たれたるなかに、七騎がうちまで巴は討たれざりけり」

これは、覚一本『平家物語』の木曽最期の冒頭部分です。頼朝に先んじて都に入った義仲軍は、その粗暴さにたちまち人心が離れてしまいます。

東国から義仲の暴挙を鎮めようと、頼朝の命により義経、範頼の六万騎がつかわされ、義仲軍は敗退、終焉の地、粟津についたときはわずか主従七騎でした。その中に巴はいたのです。

能の『巴』は、この粟津の原から始まります。木曽義仲を祀《まつ》る社に立ち寄った木曽の僧の前に、巴の化身の女が現われ、義仲の霊を慰めるよう頼んで消え失せる。

弔いをする僧の前に巴が長刀を手に在りし日の姿で現れ、義仲の最期を物語る。ともに自害をと望む巴に、義仲は「汝は女なれば、忍ぶ便りもあるべし。是なる守小袖《まもりこそで》（肌の守と着用の小袖）を木曽に届けよ。この旨を背かば主従三世の契りも絶え果て、永く不興」と、生きて木曽に自分の形見を届け、供養することをきつく命じた。巴は涙ながらに敵の大勢を見事な長刀さばきで薙《な》ぎ散らす。その間に義仲はすでに自害。巴は鎧《よろい》を脱ぎ捨て、形見の守小袖を胸に木曽に帰っていった。「只一人、落ち行きし後ろめたさの執心」を弔って欲しいと僧に言い残し、巴の亡霊は消え去る。

巴の執心は、生涯付き従った義仲と共に、この粟津で自害出来なかったことなのです。思いを遂げられなかった魂はいつもこの地に戻ってくるのです。執心、執着の執は、罪人に手枷《てかせ》をかける字義です。強度の違いこそあれ、人は何らかの執心を抱いて生きています。

『平家物語』に書き記されているのは、戦の当事者たちの、また余儀なく巻き込まれて、生き死にをした人々の執心の累積といってもいいかもしれません。敦盛ならば笛であり、維盛ならば妻子であり、忠度であれば和歌、義経ならば戦場そのもの、と。

執心は鎮められ、弔われなければなりません。生き残った巴がなし得たのは、義仲を弔うことであり、弔うことは義仲の魂を呼び戻し、その栄光と最期を再現して物語ることなのです。

『平家物語』研究の水原一氏は、新潮社日本古典集成『平家物語』の注釈（この注釈は緻密な研究と独自の視点が凝縮されていて、それだけでも読むに値します）の中で、巴は義仲の最期を語り伝えて供養する中世の語り部だったのだ、巴御前と呼ばれるのも語り部としての名であり、それは瞽女《ごぜ》という称ともかさなる、と指摘されています。

他にも俊寛の最期を物語る侍童有王《じどうありおう》や、平家一門の滅びを供養し、物語る建礼門院の姿が『平家物語』には記されています。

その『平家物語』から、複式夢幻能という鎮魂の物語を純化した演劇が創られました。

今も敦盛や義経や巴となって能舞台に現れてくる能役者は、それらの亡魂の語り部なのです。

幽玄の能

幽玄という言葉は今、能の専用語のようになっています。能を今日《こんにち》あらしめた世阿弥が、能の美学の中心にこの幽玄という言葉を立てたのですから当然のことです。

世阿弥がこの言葉を学んだのは、当時の連歌論からです。室町の時代、和歌の伝統は脈々と受け継がれ、連歌という座の文学（個人の営為としての文学ではなく、寄り集まった連中が、詠み継いでいくこと、すなわち付け合うことで、長大で集合的な詩的世界を創り上げる）を生みだしていました。この連歌の興隆に寄与したのが、時の摂政関白であった二条良基です。彼は美少年藤若（世阿弥の幼名）に心を奪われ、恋心に近い思いを抱きました。また藤若は、ただ美しいだけでなく、連歌の付け合いにも優れ、蹴鞠《けまり》も上手で、当時の貴族的教養をしっかり身に付けていました。当時最高の貴族にして文化人であった良基の心を奪うほどに。

この良基は、自己の連歌論のなかで幽玄ということを尊重したのです。良基には藤若の存在そのものが幽玄の具現に見えたのかもしれません。それほどに夢中になったのです。

そこから幽玄の論を学んだ世阿弥は、一座の棟梁となって、自らの能の美学を打ち立てるとき、幽玄と、花という言葉を芯に立てました。

「白鳥花を啣《ふく》む、これ幽玄の風姿か」と『至花道』に書き記しました。白い鳥が花をくちばしにくわえている姿を想像して見てください。これが世阿弥の幽玄なのです。

幽玄の漢字は幽も玄も染色にまつわる語源をもちます。幽玄ともに共通しているのは糸という字です。糸は古くは絲と書きました。糸という文字は糸を巻いた束、糸かせの象形です。糸束は捩《ねじ》れていますね。糸は縒《よ》りをかけて繋ぎ、強さと長さをえるからです。

その糸かせを二つ横棒に通して染液を入れた器に浸すのが幽、火にかけ煮て染めることもあります。玄は糸かせを一つ棒に通したもので、これも黒く染めた糸を意味します。玄人とはその道にしっかり染まっているということなのです。ともに黒く染まったという意味で、容易に計り知れない、微妙で味わい深いことを意味するようになったのです。

それが歌論のなかでは優艶にして余情のあること、となり、能では美しく柔和なる体、幽玄の本体なり、ということになっていきました。

能の曲趣のなかで最も幽玄の世界を見せてくれるのが、三番目物とか鬘能と呼ばれる能です。その中でも代表的な曲が『井筒』です。

『伊勢物語』に題材を取った曲で、世阿弥の晩年の代表作です。『伊勢物語』二十三段の「筒井筒 いづつにかけし まろがたけ 過ぎにけらしな 妹《いも》見ざるまに」という男の求愛の和歌に答えて、女は「比べこし 振り分け髪も 肩すぎぬ 君ならずして 誰か上ぐべき」という求愛を受け入れる返歌をします。その二人とは、在原業平と紀有常の娘で幼馴染みでした。

井筒は井戸の地上の部分の木や石の囲いのこと。幼子は無邪気に、背の高さを競ったり、髪の長さを比べっこしたりして遊んでいたのです。それがあるとき、ふっとお互いに男女の意識が芽生え、恋心に変わります。男の歌は、私はもうこんなに大人になって貴女《あなた》と結婚したいのです、という求愛であり、女の歌は、長くなった髪を貴男《あなた》のために髪上げ（成人の証し）をして結ばれたい、という答えなのです。

こうして二人はかねての望み通り結ばれました。よくある話です。しかし、長い歳月このまま平穏では終わりません。

『井筒』

「さて年ごろ経るほどに……河内の国、高安の郡に行き通ふところ出できにけり」

夫に愛人が出来たのです。これもよくある話です。しかしここからがこの井筒の女の違うところです。男は、女がいつも嫉妬する風でもなく自分の高安通いを見送るので、もしや女にも愛人がいるのではないかと疑い、高安に行くふりをして出かけ、家の庭の植込に隠れて様子を見る。（ああ、なんと男というものは浅ましいことでありましょうか！）

女はまず心静かに美しく化粧します。そして夫の道行くかたをながめて、「風吹けば　沖つ白波　たつた山　夜半にや君が　一人越ゆらん」と和歌を詠むのです。あなたはこんなに風が吹くなかを一人龍田山を越えてゆくのでしょうか、どうか無事でありますように、と祈る歌です。（あ

『井筒』
（シテ野村四郎。1999年9月16日、大槻能楽堂。撮影：鈴木薫）

あ、こんな女がはたしているのでしょうか！）

さすがに男はこれを見て「限りなくかなしと思ひて、河内へもいかずなりにけり」。このかなしは漢字をあてると愛しという文字です。愛という漢字は、後ろに心を残しながら立ち去る、人の振り返る姿を写した字で、まさにかなしくもいとしく思うことなのです。

化粧の本質もここに現れています。化粧は、自分を誰かに対して美しく装うためのものではないのです。あくまで祈りの心を神に届けるために聖なるものに変身するための手立てです。男はこの妻の有り様を見て、河内通いをやめたのです。これが二十三段の物語。

さて、能の舞台は大和在原寺。業平と紀有常の娘がともに暮らした旧跡が在原寺となり、それも時を経て、今は荒れ果てた廃寺となっています。あるのは業平の塚（墓）と、使われなくなった井戸の囲いには芒《すすき》が生い茂るばかり。

旅僧がこの寺を詣でると、里の女が現れ、その塚に花水を手向けます。僧が訳を聞くと、筒井筒の和歌を引いて、有常の娘と業平の結ばれるまでと、さらに河内通いがあり、それも終わり、睦まじく暮らしたことを物語ります。

あまりに詳しい物語に僧が名を問うと、自分が有常の娘だと名を明かして、井筒の陰に消え失せます。

土地の者から二人のことを詳しく聞いた僧は、旅の枕に再び有常の娘と会おうと眠りにつきます。その夢に在りし日の姿の有常の娘が、業平の形見の衣と冠を身に纏《まと》い現れます。

その姿は、昔男《むかしおとこ》と呼ばれた業平と有常の娘とが一つになった不思議な姿で、魂が乗り移ったかのように舞を見せます。その舞の頂点で、井筒をのぞき込むと、水鏡には業平の面影と自分とが重なり合い、懐かしさ愛しさは限りない。やがてその姿も、萎《しぼ》んだ花が色を失い、香りだけが残るように消えゆき、夜明けとともに僧の夢も覚め、全ては消え失せてしまいます。

能の『井筒』には、女の一生が込められています。修羅能から複式夢幻能が生まれ、それは死者の眼差しで生を見直すことだと書きました。それがさらに純化されたのがこの『井筒』です。幼い恋から大人の男女の契りとなり、色々のことがあった生涯。それらを振り返って物語ったあとで、失意も、悲しみも、喜びも、全てを含んだままで、純粋な時間として舞が舞われます。

それは決して踊りのように飛び跳ねる動きではなく、静かに自分の生涯を顧みる求心的な特別の時間なのです。序之舞《じょのまい》と呼ばれる、能のなかで最もゆっくりとして静かなものです。

愛する人の形見の衣を身に着けた姿で舞われることで、よりいっそう、深い思いが表現される、能ならではの独特の世界なのです。

『井筒』と『野宮』

夢幻能の代表作といわれる『井筒』について書いてきました。多分、これを読んでくださっている読者のなかで、能の『井筒』をご覧になった方はきわめて少ないと思います。能はいまだに、一回しか上演しません。歌舞伎のように、一月の間に二十五日間とか興行することが全く無いのです。

能は一期一会、常に一回限りの奉納なのです。おまけに、能楽堂のキャパシティーは日本で一番大きな国立能楽堂でも七百人に満たないのです。高知県立美術館の能舞台で四百五十人ぐらいでしょうか。例えば高知と縁の深い喜多流の粟谷家の粟谷菊生師（一九二二―二〇〇六）が、喜多流では百八十年ぶりに老女物の『姨捨《おばすて》』を上演されました。一九九四年、国立能楽堂での一回の演能で、日本中で七百人弱しか見てないのです。

高知で能が上演されるのが年に十回あるでしょうか。薪能は一千人程は入場するでしょうが、それも年一、二回でしょう。あとはNHKテレビで能を放映することがたまにあります。

私が演出した石牟礼道子（一九二七―二〇一八）作の新作能『不知火《しらぬひ》』の水俣公演は、NHK衛星テレビで放映されましたが、あれは稀なケースです。

しかし、『井筒』は素晴らしいビデオが残っています。三十年以上前も前に、NHKが収録放映した故観世寿夫師（一九二五—七八）の『井筒』がNHKからDVDで「能楽名演集」として発売されています。これは飛びっきり素晴らしいものです。世阿弥以来の天才ともいわれた観世寿夫師によって、戦後の能は大きく変わりました。それ程大きく深い影響力を持ちました。

私のように高知出身で能を見たこともなく、新劇を志していた人間が、能を見るようになったのは、一九六〇年代後半から観世寿夫師が能の枠を越えて、ギリシャ劇の『オイディプス』や前衛演劇のベケット作の『ゴドーを待ちながら』、早稲田小劇場の『バッコスの信女』などに出演したからでした。また、従来の能の演出を見直し、世界演劇という視点の中で、能が何であるかを見直そうとした寿夫師の仕事があったからです（世界的な演劇人のジャン＝ルイ・バローと親交が深く、パリに留学しました）。

その寿夫師が最も大事にしたのが典型的な複式夢幻能であり、能の中心に序之舞と呼ばれる純度の高い舞が舞われる曲でした。寿夫師は、『井筒』と『野宮』を比較して「(二曲は) 複式夢幻能としてひじょうによく纏《まと》まった作品です。しかし実際に演じてみると、ずいぶんちがうことに気がつきます。……『野宮』は主人公・六条御息所《みやすどころ》の、不安感の強い性格を素材にしているので……巡ってきた九月七日（著者注・光源氏と御息所が最後の別れをした日）のことに揺れ動く気持ちなど、一時期も一所にも定まらず、生と死の世界を行ったり来たりしている魂の彷《ほう》徨《こう》を描いています」と書いています。

『野宮』を詳しく見てみましょう。この能は『源氏物語』葵の巻と賢木の巻を中心にして創られています。主人公は六条御息所、季節は秋、作り物（舞台装置）は鳥居と小柴垣。

ここは嵯峨野野宮。この人里離れた幽邃《ゆうすい》の地には、伊勢の斎宮に定まった乙女が籠り、身を清める仮の館がありました。光源氏との仲も離《か》れ離《が》れとなった御息所は、先の皇太子との娘が伊勢の斎宮に定められたことを契機に、都を捨て、娘と一緒に伊勢に下ろうと決心して、娘とともに野宮に籠もっています。

そしていよいよ伊勢に下る日の近づいた九月七日、光源氏がこの地を訪れる。二人は互いに和歌を詠み交わすが、二人の仲のわだかまりは為す術もなく、二人は別れていきました。

この九月七日には御息所の魂は必ず、年月を経てもこの地に立ち帰ってくるのです。

『野宮』

能舞台の正面に、鳥居とその左右に小柴垣が出されます。旅僧がこの野宮の旧跡を訪れます。榊《さかき》を一枝手にした女性（前シテ）が現れ、「花に慣れこし野宮の、花に慣れこし野宮の、秋より後はいかならん」と次第を謡い、「折りしもあれ物の淋《さび》しき秋暮れて、なほ萎《しを》りゆく袖の露、身を砕くなる夕まぐれ、心の色はおのづから、千種の花に移ろひて、衰ふる身のならいかな、人こそ知らね今日ごとに、昔の跡に立ち帰り。野宮の、森の木枯らし秋更けて、〳〵、身に染むいろの消へかえり、思へばいにしえを何と忍ぶの草衣。来てしもあらぬ仮の世に、行き帰へるこそ恨みなれ、〳〵」。

これが『野宮』の冒頭シテが登場してからの一連のシテの謡です。もうこれだけで、晩秋の野宮の世界と、そこに現れた女性の抱えている何ものかが提示され尽くしています。

次第はその一曲のテーマともいうべきことが提示される、七五、七五、七五の三句で構成された、拍子に合う謡です。

『井筒』の次第は「暁ごとの閼伽《あか》（仏に捧げる聖水）の水、暁ごとの閼伽の水、月も心や澄ますらん」と謡います。聖なる水によって、身も心も浄められ、月までも澄みわたっていく、そのように浄化され、浄化されたいと願う、井筒の女の能にふさわしい次第です。

『野宮』
（シテ野村四郎。2005年7月1日、宝生能楽堂。撮影：鈴木薫）

『野宮』の主人公は六条御息所です。彼女はもと皇太子妃でした。十六で妃となり、二十歳のとき皇太子と死別します。その忘れ形見である娘が斎宮となったので、これを機に源氏への想いを断ち切って伊勢に下ろうとしているのです。まさに華やかな世界に慣れてきた皇太子妃の身分から未亡人となり、ものみな枯れゆく秋（七歳年下の恋人光源氏に厭《あ》きられたことも重なっています）のよるべない不安が伝わってくる次第。

それからあとの述懐も萎れ、身を砕く、衰ふ、身に染む、と秋の景色と御息所の心情とが織りなされ、さらに光源氏と最後の別れをした長月七日には、この野宮に、仮初めの世だとわかってはいながらも、立ち帰らずにはいられない自分をどうすることも出来ないと嘆くのです。素晴らしい導入部です。そのあと旅僧との会話となり、光源氏と詠み交わした和歌を教え、その後、地謡《じうたい》が御息所の心情を引き受けて次のように謡います。

「うら枯れの、草葉に枯るる野宮の、〱、跡懐かしきここにしも、その長月（九月）の七日の日も、今日に巡り来にけり。もの儚《はかな》しや小柴垣、いと仮初めの御住まひ、今も火焚き屋の幽《かす》かなる、光は我が思い内にある、色や外に見えつらん。あら淋し、この宮どころ」

人里離れ、閑寂を極めた神域に、幽かに見える炎が人が棲んでいる証し。その幽かな炎が、我が身の内に消し難く燃え続ける源氏への思いの焔と重なり、自分の心が外に漏れでたのかとさえ思う御息所の淋しさ、辛さ、そして懐かしさ。心憎いばかりの表現です。

御息所はクセ（曲舞から観阿弥が導入した叙事的な詞章を謡いあるいは舞う。難クセを付けるという言葉は難しいクセを謡わすことからきています）で、野宮を訪ね来た源氏と言葉を交わし、いささか心を通い合わせたものの、行き違った二人の仲はどうすることも出来ず、御息所は伊勢に下っていったと物語り、鳥居の陰に消え失せます。

御息所を弔う僧の前に、六条御息所（後シテ）が「野宮の、秋の千種の花車、われも昔に巡り来にけり」と在りし日の高貴な姿で現れます。

全ては夢の世と

『野宮』の後シテは高貴な宮廷人の姿で現れます。緋色（深紅色）の大口（大きくて厚手の袴《はかま》）に紫系統の色の長絹《ちょうけん》の上着で現れます（装束はシテの考えにより色などの取り合わせには幅があります）。長絹は能の舞のために創られた能独自の装束で、舞を美しく見せるために、袖の幅を広くし、袖を翻して舞うと、たっぷりと美しく見えるのです。生地は絹を薄く織った、紗《しゃ》とか絽《ろ》で、それに金糸や色糸で華やかな模様を織り出します。能装束のなかで唐織と並んで最も美しいものです。『井筒』の後シテも長絹を業平の形見として身に着け舞を舞います。

御息所は賀茂の葵《あおい》祭で源氏の晴れ姿を一目見ようと、車で忍んで行き、正妻葵上との車の場所争いで、散々な屈辱を受けます。その忘れられない屈辱が、鬱積《うっせき》しています。そのうえ源氏がいつもは、正妻の葵上とはしっくりいかないと言っているのに、懐妊すると付きっきりになっているのが、我慢出来ないのです。そこに車争いの辱めが加わったのです。許し難い。しかし、それを源氏にぶつけることは自分の気位が許さない。その歯がゆさ。思いは千々に乱れ内向して、御息所は生霊《いきりょう》となって葵上の枕元に現れ、ついには葵上を取り殺すのです。

後シテは詞章の上では車に乗って現れます。車争いの様《さま》を見せるためなのです。今は、特殊な演出を除いて、車は出しません。しかし、最初にこの車争いの様を再現します。それ程、忘れ難い記憶なのです。「人々轅《ながえ》（牛に付けて引かせる牛車の棒）に取り付きつつ、人賜《ひとだまい》（従者たちの車）の奥に押しやられて、物見車の力もなき、身の程ぞ思ひ知られたり」と地謡《じうたい》が謡うのに合わせるように、押し込められる様をシテは見せます。

「よしや思へば何事も、報いの罪によも漏れじ、身はなほ牛（憂し）の小車の、巡り来たりていつまでぞ、妄執を晴らし給へや、妄執を晴らし給へや」と続け、自分の終わることのない執心を助けて欲しいと僧に願うのです。

「昔を思ふ舞の袖、月にと返す気色かな」と序之舞を舞い始めます。御息所にとって自分の思いが常に立ち返ってくるのは、やはり、揺れる心のままに光源氏と最後の別れをした、この野宮なのです。この場所で、光源氏との恋の一部始終を思い出したいのです。静かに過去を回想して舞い、源氏との思い出を身に纏《まと》って、野宮の庭の佇《たたず》まいを見ると、訪ねてきた光君も訪ねられた私も、もう全ては夢の世と過ぎ去り、ただ松虫がリンリンと鳴き茫々《ぼうぼう》たる風が吹くばかり。

ああ、この野宮が懐かしくてたまらないと、せき上げるような思いに突き動かされて、激しく破之舞を舞います。「ここはもとよりかたじけなくも、神風や伊勢の内外《うちと》の鳥居に出入る姿は、生死《しょうじ》の道を神は受けずや、思ふらんと、また車にうち乗りて、火宅の門をや出でぬらん、火宅の門を」と能の最後の謡いのなかで、神域の結界の象徴である鳥居の柱に手をかけ、敷居から足を外に出しふたたび引いて、この神聖な浄めの場所にいながら、光源氏への恋慕の思いを断ち切れない自分を神は許さないだろうと、ためらい哀しみます。再び車に乗り苦悩に満ちた人間界、すなわち火宅の世界をはたして出て行くことができたのだろうか、と疑問符のまま能は終わります。

御息所の魂は、成仏することなく、また長月七日にはこの野宮に帰ってくるでしょう。永遠に終わることのない恋の妄執、永遠に宙吊りにされた恋。

能は六条御息所の生涯の恋を凝縮して、永遠の相《そう》のもとに曝します。これが人間の姿だと。それはなんと哀しくも、美しい。

『安達原』

悲劇と喜劇は重なり合い、表裏となって縒《よ》り合わされています。人の生がそうであるように。能一番の中に、その両方が見事な対比をなして緊密に構成されたものがあります。能『安達《あだちが》原《はら》』（観世流以外では『黒塚』と呼びます）です。

この曲は山中に棲む鬼女を描いた能として、上演されることの多い人気曲です。

奥州安達原山中の黒塚に棲む鬼女は、まさに人を殺し喰《くら》う悪鬼です。とは言っても、この『安

謡曲『黒塚（安達原）』より。中央に枠かせ輪
（立命館大学アート・リサーチセンター蔵）

達原』の曲の奥底にある本質は、人間の内に潜む闇としか言いようのないものかもしれません。

熊野の修験の山伏阿闍梨《あじゃり》祐慶（ワキ）の一行が、諸国行脚の途中、奥州の安達原に着く。山中でにわかに日が暮れ、山中の一軒家を尋ね、女主（シテ）に一夜の宿を借りる。女は糸尽くしの歌を歌いながら、枠かせ輪を使って糸を繰り、はかない賤《しず》が術《わざ》に明け暮れる自分の生を嘆く。やがて夜更、あまりの夜寒に薪《まき》を拾ってきて客僧たちの暖を取ろうと外に出る女。くれぐれも閨《ねや》の内を見ないようにと固く言い残して。

山伏に付き従う能力（間狂言）は、あまりに女がくどく閨の内を見るなというので、かえって閨の内が見たくてたまらない。山伏が諌《いさ》めるのも聞かず、山伏が寝入った隙を見てついに閨の内を覗く。

そこには腐爛し、白骨となった死体の山。驚いた山伏一行は逃げていく。裏切られたと知った女は鬼女と化して一行を追いかけ、鬼一口に喰わんと迫る。

山伏たちが悪鬼を払う五大尊明王を祈ると、鬼女は祈り伏せられ、夜嵐に紛れ消え失せる。

この曲は『道成寺』と、『葵上』と共に「三鬼女」と呼ばれる鬼女の代表的な曲なのですが、『道成寺』と『葵上』は恋の恨みで女が鬼女と化したことが明らかなのに対し、『安達原』では山中に一人棲む女がどうして鬼女なのかは謎のままです。その分、人間性の深淵を深く表現し得ているとも言えます。その禁止された閨の内を見るのが狂言の役なのです。

謎めいた人間が、閨の内を見るなと言い残して去る。それを禁止されればされるほど、見たがる凡俗の人間を代表するような能力。ワキの山伏は、女主と固く約束したので見ないという建前を能力に押し付ける。それの眼を盗んで、何度か滑稽な失敗を重ねながらも、ついには見てしまう能力。ここには人間という不可思議な存在と、本音と建前の世界が交錯するのです。

裏切りを知った女は、鬼女と化して山伏一行を追い掛けます。その後シテのかける面が般若《はんにゃ》です。これは『道成寺』も『葵上』も同じです。『安達原』は直接裏切られたという恨みを山伏たちにぶつけます。「三鬼女」のなかでも最も手強くワキ方に立ち向かいます。

鬼とはなんでしょう。これも芸能のキーワードです。能はもちろん、それ以外の芸能でも鬼は跋扈《ばっこ》しています。百鬼夜行です。節分の鬼、なまはげの鬼、人間の内に棲む執心の鬼。漢字の鬼は、人に従い、鬼頭に象《かたど》った字で、人の屍《しかばね》が風化したものの姿。人鬼のこと。

それに対し、自然神は神といい、合わせて鬼神です。大和言葉では、恐ろしい邪悪なものを意味し、『万葉集』の世界では鬼をものと呼んでいます。物の怪《け》、物語りにも繋がっていきます。

さて、貴方はいかようなる鬼を抱えていますか。そのことを意識して『安達原』を詳しく観ていきましょう。

糸を繰る

糸がどのように作られるか、ご存じでしょうか。『万葉集』の二九九〇に「娘子《おとめ》らが績麻《うみを》のたたり打麻《うちそ》懸《か》け績《う》む（倦む）時なしに恋ひわたるかも」という和歌があります。

この大意は、乙女たちは麻を裂いて糸を績む（糸を取る）のはすぐ倦む（あきる）のに、飽きることなく恋しつづけているというものです。植物の糸を「績む」と「倦む」をかけていま す。繊維を裂いて一本一本取りわけ、それに撚《よ》りをかけて糸にするのは大変な作業です。

麻布でも芭蕉布でも、一人の人間が日がな一日作業をしても、到底一着の着物を織るだけの分量にはならないのです。まさに下働き、賤《しず》が術《わざ》なのです。さらにその糸を手を汚してさまざまな色に染め上げ、それを名もなき織工が織り上げていくのです。これも複雑な文様があれば、一日わずかしか織り進まない。

私たち日本人はこうした人間の根本を形成する手仕事を忘れつつあります。

私のように芝居の世界に携わるものは、肉体労働者ですから、汗を流します。また物が作られる一番始めまで遡ってものを見極めたいと思います。

伝統芸能について語っていますが、伝統という名のブランドは不要です。伝統は大切です。それは計り知れない程多くの先達が積み上げてきてくれた世界です。多くの無名の人々の蓄積です。ブランド品の衣装では糸の魅力はわかりません。大量生産のTシャツでも糸はわかりません。植物や繭から糸を取る労苦の重さを、若い人が知らないのは不幸なことです。

芸の旧字藝は卜文では若木を両手で奉じる形であり、金文でも草木や作物を植える種芸の意味を持ったといいます。うえると訓読みします。芸能は若木を植え育てる行為なのです。物事の始まりに遡ることです。それが伝統と出会うことです。

さて『安達原』に戻りましょう。女の住まいのなかの珍しいものに山伏は気を留めます。それが枠かせ輪（糸繰り車）です。女は山伏に望まれるままに、この糸を繰る業を見せるのです。

シテ「月もさし入る」ワキ「閨《ねや》の内に」地謡《じうたい》「真麻苧《まそお》（麻糸）の糸を繰り返し、真麻苧の糸を繰り返し、昔を今になさばや」……糸を繰るとは、輪廻する人間の罪業を見つめることであり、人間の希望である、昔を今に返そうというはかない営みなのです。そうした辛気臭い仕事をこなすために、労働歌が歌われました。『安達原』の中の糸尽くしの糸繰り歌がそれです。

糸を繰る行為の繰り返すことの辛さ、永遠に巡り廻《まわ》る、終わることのない糸の輪のように、六道輪廻の業苦を歌うのですが、途中から辛気な仕事を忘れさす、華やいだ気分に転調します。

糸尽くしという言葉遊びと王朝絵巻の『源氏物語』の高貴の人々の色鮮やかな世界への憧れ、さらにそれを桜の美しさにつなげます。地謡「さてそも五条あたりにて夕顔の宿を訪ねしは」シテ「日影の糸の冠着し、それは名高き人やらん」地謡「賀茂の御生《みあれ》（葵《あおい》祭のこと）に飾りしは」シテ「糸毛の車とこそ聞け」地謡「糸桜、色も盛りに咲く頃は」シテ「来る人多き春の暮」地謡「穂に出づる秋の糸薄」シテ「月に夜をや待ちぬらん」……しかしその最後は次のような詠嘆で終わります。地「今はた賤が繰る糸の」シテ「長き命のつれなさを」地「長き命のつれなさを思ひ明石の浦千鳥、音をのみひとり鳴きあかす」。

人知れず、日々の生業《なりわい》に追われ、幸薄く死んだ多くの無名の女性の嘆きが聞こえてくるようです。

怒りと同じほどの哀しみ

シューベルトは「糸を紡ぐグレートヒェン」という美しくも哀切な歌を作りました。シューベルトの歌曲の傑作です。そのピアノの伴奏には糸車のまわる規則正しい音が込められています。糸を紡ぐという行為は、糸を紡ぎその糸で花嫁になるときの晴れ着を織ることを夢見る、幸福を夢見る乙女の祈りなのです。

それが裏切られれば執心の鬼となってまとわりつくようになるのでしょうか。ともあれゲーテの『ファウスト』に描かれたグレートヒェンは、純な魂そのものとして男性を救済する存在です。英語のスピンスター（糸を紡ぐ人を意味する）という言葉には独身女性という意味もあるといいます。糸を繰るという行為は、終わることなく長く長く続く、果てしない仕事なのです。晴れ着を織り上げることなく糸を紡ぐだけで終わる女性たちもたくさんいたのでしょう。

たとえ晴れ着を一度着ても、夫に先立たれるとか、裏切られるとか、さまざまな事情で、再び孤独に糸を紡ぎ続けなければならなかった女性たちがいたに違いありません。一枚の着物を織り上げるだけの糸を紡ぐには、織る労力の十倍以上の手がかかるといわれるのです。

糸というものについて長々と語って来ました。この『安達原』も昔は『糸繰黒塚』と呼ばれ、糸を繰ることが大きな見せ場でもあり重要な主題だったのです。

見るなの座敷型と名付けられた昔話があります。最初のほうで書いたイザナギ・イザナミの黄泉の国物語もその類型です。

イザナギ・イザナミの神はミトのマグアヒをした後、次々と国を生むが、最後に火の神カクヅチを生んだせいでホトを焼かれて死んでしまう。イザナギは嘆き悲しみ、黄泉の国まで妻を追いかけ、「吾《われ》と汝《なんじ》と作れる国、未だ作りおへず、かれ還《かえ》るべし」と呼び掛けます。イザナミは「愛《いと》しき我がなせの命、入り来ませることかしこし、故に還らむとおもふを、しばらく黄泉神とあげつらはむ。我をな視たまひそ」と答え奥に入る。長い時が経《た》ち、待ち切れなくなったイザナギは櫛《くし》の歯に火をともし見る。そこには蛆《うじ》がわき、大小の雷が取り付いた無残な死体がある。驚いたイザナギは逃げる。イザナミは恥をかかされたと夫を追うのです。

ギリシャ神話のオルフェウスと、エウリディーチェの物語もよく似た話です。見てはならない世界を見る、これは無意識の世界からの呼び掛けでしょうか。禁止されると、なお見たくなるという世俗の人々の心情を代表する狂言の演じる能力が、喜劇的に、その人間の覗視《のぞきみ》の願望を代表しています。

その閨《ねや》の内にはワキ「物の隙よりよく見れば、膿血たちまち融滌《ゆうてき》し、臭穢《しゅうえ》は満ちて膨張し、膚膩《ふに》ことごとく爛壊《らんえ》せり。人の死骸は数知らず、軒と等しく積み置きたり。いかさまこれは音に聞く、安達原の黒塚に、籠れる鬼の住みかなり」というすさまじい有様。

これもイザナミの蛆虫がわく世界と重なります。

消え失せた鬼女はどこに行ったのでしょうか。閨の内の累々たる死体は何だったのでしょうか。人間性の無意識界の深い闇が残されます。

般若という面には、怒りと同じほどに深い哀しみが刻まれています。般若坊という僧が創始したのでこの名で呼ばれます。般若という言葉は仏教の最高の智慧を意味する梵《ぼん》語です。悟りに至るにはこのような怒りと哀しみを潜り抜けなければならないという皮肉な教えでしょうか。

貴方の中にはどんな鬼が棲んでいますか、棲まわしていますか？

六　能と狂言の表現方法

アクセルとブレーキ

日本には詩劇が無いとよくいわれます。それに対して、日本文学の研究者であるドナルド・キーン氏（一九二二―二〇一九）は、日本には能という素晴らしい詩劇があると、的確に指摘されました。

『井筒』、『野宮』という本格的な、能でなければ表現しえない世界をもった二つの曲を、詞章を引用しながら、詳しく書いてきました。能は和歌、連歌のうねるように連綿と続く詩に、時に漢詩のもつ硬質な音を交え、さらに仏教の言葉も織り込んで、豊穣な物語の世界を創り上げていきます。まさに詩劇なのです。

たとえ見ることが叶わないにしても、読むだけでも、余計なものを削ぎ落とした詩的言語によって、裸形の魂が立ち現れてきます（劇作家の小山内薫は「歌舞伎は魂に衣装を付けた芸能であり、能は魂を裸にした芸能」だといいました）。

そして題材として、和歌にまつわる物語を集めた歌物語と呼ばれる『伊勢物語』、また作り物語ともいわれ、大河小説の先駆である『源氏物語』、叙事詩としての『平家物語』などがあるのです。

『源氏物語』がどれだけ大きな存在であることか。歌人藤原俊成（定家の父、平忠度の和歌の師）は「源氏を読まぬ歌人は遺恨なり」と書きました。それ程に『源氏物語』の和歌の贈答は、和歌の表現の極致に達しているのです。その背後には描かれている人物の深いリアリティーがあります。

『野宮』は『源氏物語』の賢木の巻を中心に、葵《あおい》の巻の車争いの一件を絡ませて書いています。六条御息所という高貴な女性の、七歳年下の光源氏との恋に揺れる心を微細に描き尽くしています。心憎いばかりの紫式部の才能です。

能はその詩劇の世界を表現するのに、謡《うたい》と舞《まい》で表現します。世阿弥は歌舞二曲が基礎だといいました。普通の会話体ならば謡う必要はありません。狂言のように対話のなかでドラマを展開することになります。詩劇の言葉を、その行間に隠された心情までも表現するには、散文的な表現から飛躍した謡の技法が必要とされたのです。

謡のうたは拍《う》つの名詞形であろうと白川先生は推測されています。本来は外にはげしく表現されるものの意であり、その原質が呪歌《じゅか》であったといわれています。

漢字の謡はもと謠《よう》で、旁《つくり》の䍃の意味は祭肉に装飾を加え、神意を問うことであり、謠とはそのような呪歌のことです。歌は可まで遡り、祝詞を入れた𠙵《さい》を木の枝で呵責《かしゃく》する意であり、その祈りが歌だと『字統』にあります。可、哥、訶、歌は同系統の漢字なのです。しかも能の謡は、胸部から頭部へと響かせて外に発する西洋的な歌唱法と違って、身体の内側、とりわけ腹部に響かすことによって、より強い存在感を表現し訴えるのです。

その謡を支える能の身体の基本的な立ち姿を構えと呼びます。能はこの構え、立ち姿が基礎です。三間四方の吹き抜けの能舞台の空間の只中に、四方八方前後左右上下からの目に見えない糸に引っ張られて、その均衡のなかに立つという芯の強い立ち姿なのです。

能の立ち姿が彫刻的だといわれる所以です。独楽《こま》を想像してみてください。独楽は最も速く回転し、エネルギーが最大の時に真っ直ぐ立っています。その回転が緩むとぶれ、倒れてしまいます。

ジャン=ルイ・バローが観世寿夫師の能を見て「能の静止は息づいている」と喝破しました。寿夫師や先代銕之亟《てつのじょう》師は能の構えはアクセルを一杯に踏むと同時にブレーキを一杯踏んでいる状態とも言っています。

これが能の立ち姿なのです。

何事かの到来、何者かの到来

能の立ち姿について書きました。宇宙の只中に、あらゆる方向からの見えない糸に引かれ、その均衡の中に屹立する身体。緊張を孕んだ静止。その均衡を破って一足、二足と進む。そこでは一足、二足が深い意味をもちます。極端に言えばそれだけで宇宙の彼方へ歩むようにも見え得るのです。

もちろん、それはフィクションでありイリュージョンです。しかし、その日常の動きを超えた密度の高い歩みは、別世界から、死者や、草木の精、はたまた鬼、神が、越え難い結界を越えてこの世に現れてくる、ということを実感させてくれるのです。

それはお囃子《はやし》の力や、前項で書いた謡の力と相俟ってもたらされます。

演じるという行為は、身体に負荷を掛けることです。喜怒哀楽の感情を表現しようとすると、例えば哀しい状態の役を演じる役者は自分の身体が哀しみに満たされて、涙を流し、声を出して泣ける身体を自分の中に作るのです。これはいわば贋《にせ》の感情です。しかし、それを真実だと思わせることが出来なければ、嘘泣きということになります。演じるべき役の、置かれている状況を、感情とか性格とかいわれるものを通して、具体的に肉付けしてリアリティーを獲得していくのです。これが一般的な演劇の演技の方法論です。

しかし、能はそれだけでは済まないのです。神にも、鬼、草木の精、天女、亡霊にもならなければなりません。これはリアリズムでは到達できません。感情の負荷をいくら掛けても駄目なのです。そのための能の方法論が、立つこと自体に負荷を掛け、高速で回転する独楽のような、アクセルとブレーキを同時に踏み込み内圧が頂点に達したような構えをつくることなのです。

フランスの劇詩人ポール・クローデルは、大正時代、日本大使として来日し、能を見て深い影響を受けました。彼は西洋の演劇と能を比較して「劇《ドラマ》は何事かの到来であり、能は何者かの到来である」（『朝日の中の黒い鳥』内藤高訳、講談社学術文庫）と明解に本質を言い当てました。

西洋のドラマは、何らかの葛藤を抱えた人々が出会い、事件が起きていくというものだとしたら、能では事件はもう全て終わっています（シテの、井筒の女や、六条御息所の生涯は終わっています）。

シテはその事件の深い傷跡や哀しみを背負って登場・到来するのです。到来すること自体が劇をすでに内に孕んでいるのです。張りつめた構えによって、過去の思い出を背負い、運んで来るのです。摺足《すりあし》と呼ばれるのも、足を摺ることが目的ではなく、運びが凜として振《ぶ》れないために、一本の線を描きつつ重心の移動を滑らかに行う方法です。そして到来した者によって思い出され、過去が語られ、再現されたあとに、言葉から舞の純粋な時間に飛躍します。ここでは言葉は不要です。

舞とは何でしょう。舞は「まう」という旋回することから来ていて、内面性に深く入り込むのに対し、踊りの「をどり」は跳躍性であり、集団的で外向的です。踊りは田楽から念仏踊り、そして歌舞伎舞踊という芸の系譜に繋がっていきます。

静かに舞うことによって、生涯の至福の時が甦り、あるいは激しく舞うことによって神懸かりする、あるいは神そのものとなる。

これが能の舞です。それらはクローデルが「夢の離れ家」と美しく呼んだ能の本舞台で繰り広げられるのです。

能の装束と仮面

「友よ憐れんでくれ給え。僕は劇場という仕事をしたがために、染物屋の手のように自分を汚してしまった」。シェイクスピアはそのソネットの百十一番の中で、こう書きました。染める。染まる。それは演劇という行為のキーワードです。

織るという言葉も同じです。劇場とはまさに何ものかに染められ、染めかえす場なのです。さまざまな人間模様を、世界を織り上げ、染め上げていくのです。

染織の歴史は古く、人類史の初源まで遡ることでしょう。人は植物の繊維を枯れた植物から発見し、それを組み合わせ、布に織ることを知り、そこから機織り機が作られ、また、草木や花の色を繊維に擦り付けることで色を得たのです。最初は山藍の摺り染だったのが、藍を発酵させ、より高度な染めを手にしました。と同時に多様な織り方を見つけ出します。

染織には人類史的な智慧が蓄積されています。そうした智慧が結実して、能の装束は豪華絢爛なのです。

実際、能の装束は技術的にも素材的にも膨大な手間ひまをかけて作られたものです。

そして、能のようにリアルな舞台装置とか、照明の変化の無い演劇では、面《おもて》と装束の取り合わせがとても大事になります。能役者は面と同様、魂の寄り添うもののごとく装束を実に大切にしています。

「衣」(い・ころも)という文字には、身をつつむということから、着る人の霊が寄り付くという観念があったとされます。私たちにとっても、故人の形見分けで一番切実な思い出を帯びるのは衣装でしょう。

能の『井筒』で見たように、形見の衣を身に纏《まと》い舞うという行動が重要な深い意味を持ちます。また、「装」(よそおう)という文字は儀礼などを行うときの正装という意味で、晴れの装いということです。能も昔は衣装と呼ぶことが多かったようですが、今日《こんにち》では装束という言葉が定着しています。

本来、装束という言葉は、装を束ね、行李《こうり》を整え旅支度をするという意味でした。過去の人物が今日に現れてきたり、冥界へ旅をしたりすることの多い能という演劇では、冥界への旅という意味で、まさに装束という言葉がふさわしいかもしれません。

能役者はその曲目の稽古を重ねながら、どのような装束にするかを、先人の舞台の装束の取り合わせを思い起こし、自分ならばこの取り合わせにしたいと、あれこれ考え、思い描き、本番を迎えるのです。能の装束は、その芯の強い構えや運び舞を生かすように、直線的でしっかりした生地のものが中心です。柔らかく、曲線的で、引きずる歌舞伎の衣装と違うところです。

翁《おきな》の面はご神体であると書きました。翁だけではなく、六百年も綿々と大切に受け継がれてきたものから、桃山期、江戸期のものまで、大切に使われてきた面のもつ時代を越えた美しさは掛け替えのない大切なものです。

観世寿夫師は「面は安心して己《おのれ》の全部をゆだねられるものであってほしいと同時に、思いきって闘い合える相手でもなければならない」と書きました。

面をかけることは大きな制約を引き受けることです。ほんの少ししか視界はないし、不用意な動きをすると余計な意味を持ってしまう。微動だに出来ない。そのかわり、日常的な世界から飛躍した自分の内面に深く入り込むことが出来るのです。

能面の優れた造形と、装束、構えと運び、それに謡と囃子《はやし》と舞、それらが総合されて能の世界が表現されるのです。

狂言の人間観

狂言というと何を思い浮かべますか。まさか、狂言強盗なぞという言葉を思い浮かべはしないでしょうね。あれはなんともやり切れない言葉です。例えば、自分が使ってしまった金品を強盗に奪われたと被害者になりすまそうとする行為。つまりは、ありもしないことを仕組んで人を騙すこと。我らが仕事、能・狂言、広くは演劇というジャンル全体が、まさにありもしないことを仕組み、死んだことも無い人間が亡霊になったり、死にもしないのに心中沙汰を演じたりするのですから、我らもまた狂言強盗の一党でありましょうか。

フランスの哲学者で、演劇は贋《にせ》の感情をもてあそぶから堕落している、と演劇を否定した人がいましたっけ。実にごもっとも。それでもなぜ、人類の初めから演劇というものがあるのでしょうか。

ギリシャにはデュオニソス（葡萄酒の神でローマではバッコスと呼ぶ）の祭りに演劇があり、今も人類の遺産として上演され続けています。野村萬斎師がアテネオリンピック（二〇〇四年八月）の折、古代円形劇場で『オイディプス王』を演じたことは、皆さんの記憶に新しいことでしょう。

『オイディプス王』はギリシャ悲劇の代表作であり、最高傑作だといわれます。物語を要約すると、父を殺し、産みの母と結婚し、子供までもうけたオイディプス王。その事実が明らかになり、その結果母は自殺、王は自らの両目を潰して放浪するという劇です。これが世界の演劇の原点なのです。恐るべきことです。贋の感情どころではない、度し難い運命に捉えられた人間の崩壊です。こうした衝動を人間は普遍的に持っているのです。

私も演劇を志す若者を教えることがあります。近松門左衛門の『曽根崎心中』を台本にして、心中の演技を教えるのです。『オイディプス王』のことも話します。親にこんな芝居をやりたいと言えるかと。贋の感情を扱うのはあさましいことだ。しかし、本物以上の贋の感情を提示するのが演劇だ、やるなら徹底してやれと。演劇は綺麗事ではない、人間の全体像を提示するのです。

演劇は危険なものです。善悪を超えた人間存在そのものが抱える闇の領域を持っているからです。芸能の力は、天下泰平、五穀豊穣、国土安穏、寿福増長ばかりではないのです。芸能者がかつて差別されたのは、死をも含む人間の闇を照らし出したからでしょう。世阿弥が将軍義満と同席したとき、乞食《こつじき》と罵られました。歌舞伎役者は河原者でした。四代目団十郎は「錦着て畳のうえの乞食かな」と俳句を詠みました。八世銕之亟《てつのじょう》師は河原乞食と自分を卑下することはないが、会社の重役のつもりじゃ駄目だ。どこかで社会から一歩足を外してなければ、と常々おっしゃっていました。

江戸では歌舞伎の劇場は悪場所（悪所）と呼ばれ、この悪の魅力に惹かれ、人々が集まり、流行が生み出されました。

紀貫之は『古今集』の仮名序に和歌は鬼神をも動かすと書きましたが、鬼神はギリシャでは超自然の霊的存在であるダイモン。大門《だいもん》を入るとそこは吉原、ここも劇場と同じく悪場所、流行の発信地。色恋を金銭で計る危険な場所。酒肆淫房《しゅしいんぼう》を愛した風狂の人一休禅師。狂という漢字は日常性の否定であり、詩的狂気を孕んだデモーニッシュなものを意味します。

狂言という言葉は、唐の詩人白楽天が、晩年仏道に帰依したときに詩業をまとめ、寺に寄進し「我れ本願あり。願はくば今生世俗文学の業、狂言綺語《きぎょ》の過ちを以て転じて将来世世讃仏《せぜさんぶつ》乗《じょう》の因、転法輪《てんぼうりん》の縁となさん」と書いたのが本家。

煩悩の種がそのまま菩提《ぼだい》の種になるのです。

幽玄の上類のをかし

大和言葉のくるうは、気がちがう、心が正常でなくなるということです。それは悪しき霊や物怪《もののけ》が憑くからと考えられていました。

物に狂う、とか物狂いといわれます。物という言葉は物怪、物語、物部とさまざまに使われる言葉です。物怪の物は、人が畏怖すべき対象で、怨霊、悪霊、死霊の類。物部は前にも少し触れましたが、軍事刑罰を担当する部民のことで、軍事刑罰と直接言うことを避けて物といったのです。

武士をもののふと呼ぶのもここから来ています。物語のものは名指し難いさまざまな世界、つまりは森羅万象を語ることだと私は思います。

物語は、文字と芸能にとってのキーワードであり、貯水池であり、震源地なのですから。

『日本書紀』には寿き狂《ほ》ほす、という言葉がでてきます。祝って狂ったように激しく舞うことです。「寿く」と書いて「ほく」と読ませますが、これは祝い言を唱えて神に祈ることです。寿《ほ》かい人と呼ばれ、門に立って寿詞《ほかいこと》を言って物を乞《こ》う人なので、ほかいに乞うという意味も加わります。

古く乞食のことをほかいびと、というのはこれが語源です。寿くは祝くとも呪くとも書きます。祝くは言霊の力で祝うこと、呪くは言霊の力で呪詛《じゅそ》することで、吉凶の両用があります。

土佐弁で博奕で負けることを、ほがれてしもうた、と言うのはまさに呪がれたのです。

本題にもどって漢字の「狂」は㞷《こう》が元の字で、軍が出発するときに行った儀礼のことで、日常とは違った霊力が憑くことです。狂狷《きょうけん》（志し高く頑《かたく》ななことで、孔子はそのような人物を愛しました）、風狂、清狂は文人好みの言葉。

芸能としての狂言については、折に触れ時々に書いてきましたが、整理しておきましょう。

狂言役者の仕事には、大きく三つあります。一、三番叟《さんばそう》（三番三）（これは『翁《おきな》』のところで書きましたが、狂言の根本芸ともいえるものです）。二、本狂言（これがいわゆる狂言で『棒縛《ぼうしばり》』とか『附子《ぶす》』とかいわれるもので対話劇）。三、間《あい》狂言といわれるもので、「奈須与市語」（一二一頁）で『屋島』の替え間《あい》、「奈須与市語《なすのよいちのかたり》」のことを書きましたが、これは特別のもので、普通は語り間《あい》といって、前場と後《のち》場の間に、舞台中央に座して、その曲の内容を語るものです。

もう一つは会釈間《あしらいあい》と呼ばれるもので、『道成寺』の能力（寺の下働きの下級の僧）のように鐘を吊ったり、白拍子を勝手に招き入れたりするようにシテやワキに絡む演技をしたり、『安達原』の能力だと、見るなといわれた閨《ねや》の内を覗いて死体を発見するといったような、芝居に絡む役をいいます。

語り間は能のなかでのものですから、前後のシテ方との折り合い、格調が要求されます。その意味では一番難しいといえます。老女物は年功を経たシテ方にとって大きな課題であり、披《ひら》きということがあるように、狂言方が老女物の語り間をすることも抜きといわれます。

現在は狂言の役者の人気もあって、本狂言だけで構成された狂言会も多くなりました。しかし、なんといっても能と狂言は同じ舞台で生きることが必要です。笑いのためだけだと、どんどん笑いをとることに走ってしまいます。世阿弥は狂言について、「をかし（狂言）なればとて、さのみに卑しき言葉、風体、ゆめゆめあるべからず」と戒めました。そして「幽玄の上類（階）のをかし」（『習道書』）を理想としたのです。

げに恐ろしきは女なり

狂言の表現方法を見てみましょう。

能と狂言は相補う関係にあります。能が日常を超えた世界、死者の眼差しで生を見直すという、魂の領分を扱うとすると、狂言では人間のごく普通の姿が描かれます。ここでは山伏や僧といった宗教家も、その崇高さよりも、ごく普通の欲望、煩悩をもつ、私たちに近い存在として描かれます。

実際の狂言の曲目に則して見ていきましょう。本書の初めの方で、二〇〇五年の韓国公演のことを書きましたが、そのときは、能『羽衣』と一緒に狂言『節分』を上演しました。『節分』のあらすじです。節分の夜、蓬萊《ほうらい》（想像上の仙界）から鬼が、豆を食らいたいと日本にやってきます。鬼は灯火に引かれて一軒の家の内を覗こうとして、眼を柊《ひいらぎ》で突いてしまいます。この家の夫は出雲大社に年籠りに出かけ、女房が一人留守を守っています。鬼が戸を叩くと、女が出てきて開けるのですが、鬼は隠れ笠、隠れ蓑を着ているので、女には見えません。女は悪戯であろうと戸を閉めます。

狂言『節分』
（月岡耕漁『能楽図絵』より）

鬼が蓑笠をとって案内を乞うと、女は鬼の姿を見て驚きます。鬼も女が驚くので何か恐ろしいものがいるのかと逃げます。立ち戻った鬼は女に食い物をねだり、荒麦をもらって、食えないと捨ててしまいます。そんな根性だから鬼になったのだと女に叱られます。

鬼は女に一目惚れ、小歌（狂言の歌謡で独特の節扱いで室町時代の歌謡の味わいを残している）を次々に歌いかけて、女を口説きます。女は鬼が本心から惚れたと知って、騙して鬼の宝を取ろうと、鬼に向かって、真実私のことを思うなら宝が欲しいといいます。鬼はそれはたやすいことと打出の小槌、隠れ蓑、隠れ笠を女に与え、自分は亭主気取りで横になり、腰を揉んでくれと女に頼む。女はちょうどよい時分だと、豆撒《ま》きをして「鬼は外、鬼は外！」と、鬼を追い出してしまいます。

げに恐ろしきは女なり。鬼でさえ手玉に取ってしまうのです。

これが狂言の人間観です。男性諸氏は日々身に沁《し》みて実感されているところでありましょうか。山の神の威力、女という度し難い種族の恐ろしさ、女神にも悪鬼にも自在に変身。さりとて離れ難い。最近妻という字が毒という字に見えてきていませんか？　それはかなり重症ですぞ。

さて、狂言の鬼はかくも心優しく、愛すべきなのです。狂言は対話劇ですので、能ほど仮面を使わないのですが、この鬼に使う狂言独特の仮面が武悪《ぶあく》といわれるものです（本章扉参照）。赤ら顔で、口は大きく耳元近くまで裂け、一見して居丈高に武張ってはいるものの、垂れ目でどことなく滑稽さ、気弱さをもった面です。能の鬼神の面の超越的な造形に比べて、はるかに人間臭さをもっています。狂言は鬼神でさえ権威を剝ぎ取られ、やすやすと女に騙されるのです。

また、この武悪の仮面は、召し使いが鬼に化けて主人を脅すときにも掛けたり外したりして使います。もちろん、これも最後には化けの皮は剝がれてしまいます。

閻魔大王にも使います。この閻魔様は、最近は娑婆《しゃば》の人間が賢くなって、極楽ばかりに行って、地獄に来る奴が少なくなったと六道の辻に出向きます。自ら罪人を捕らえ、地獄に責め落とそうとするのですが、結局、朝日奈という豪傑に手玉に取られて、逆に極楽浄土へ案内をさせられます。『朝日奈』という狂言です。

笑った後で身につまされ

全国で離婚率の高さで高知県と沖縄県とが一位二位を争っていると聞いたことがあります。高知に関してはそれは「はちきん」といわれる男勝りの女性が多いからでしょうか。はたまた、飲んだくれでぐーたらな男が多いせいでしょうか。大酒飲みの女が多いのでしょうか。狂言の女性を「わわしい女」とよぶことがあります。やかましいとか騒がしいという意味です。亭主を尻に敷いています。例えばこんなセリフを憎らしげに吐きます。「あのような男は藪《やぶ》を蹴《け》ても五人や七人は蹴出す」ことが出来ると。おいおい、そこまで言わせてどうする。男の沽券《こけん》はどこへ行った。ここまで言われたら夫婦喧嘩になり、離婚話が持ち上がっても決して不思議ではありません。

もちろん、狂言でも離婚話にはなります。しかし決して離婚はしません。究極の結論になる前に治まってしまう。平和主義なのです。

『箕被《みかずき》』という狂言を見てみましょう。連歌が流行っています。夫は連歌に現《うつつ》を抜かし、そこかしこの連歌の会に出向き、家に居着きません。たまに帰ってきたと思ったら、連歌の会の当番になったから、大勢の人が来るので飲食の支度をしろと大騒ぎ。

妻はこれを聞いて、日々の飯にも事欠く程なのに、人をもてなすどころではない、どうしてもやるなら、離縁してくれといいます。仕方なく夫は同意するのですが、去り状と一緒に渡す印の品をと、周りを見渡しても何もありません。全て売り払われたのです。

そこで最後に残った箕《み》（穀類をあおって殻や塵を分け飛ばす笊《ざる》の一種で、生活必需品）を妻に渡す。妻はこの箕を被《かず》き（頭の上に被るように持つ）出て行きます。その後ろ姿を見て夫は感無量です。よくぞこのような貧しさに耐えてくれたという思い、面窶《おもやつれ》した妻が愛おしくも見えます。

思わず夫は発句（連歌の最初の句）が浮かび、妻に詠みかけます。「いまだ見ぬ二十日の宵の三日月は」（この時期にこんな風情のある三日月・箕被の姿は見たことがない）

すると妻は「今宵ぞ出る身こそ辛けれ」（こんな夜に、箕を去り状の印に被き出て行くこの身・箕の辛いこと）と実に巧みに脇の句を付けます。

夫は驚きます、妻がこんなに連歌を嗜むとは。これからは夫婦で連歌を詠み合い、仲良く暮らしていこうと二人は和解するのです。

いい狂言です。笑うよりは静かに涙する人が多い狂言です。私がプロデューサーを務める銕《てっ》仙《せん》会の定期公演で、能『野宮』、狂言『箕被』という取り合わせで番組を上演しました（二〇〇五年七月）。『箕被』のシテ（夫の役）は山本東次郎師。当代、『箕被』を演じて最高の狂言師です。

こんな狂言もあります。大酒飲みの妻を持ち苦労している夫が、妻が実家に帰ったのを幸いと離縁状を送り、新たな良き妻を得ようと、縁結びの因幡《いなば》堂の薬師に妻乞《ご》いに籠ります。そうと知った妻は怒り心頭、因幡堂に急行、薬師になりすまし、仮寝をしている夫に、「西門に立った女を嫁にせよ」とお告げをして、自ら衣を被き、顔を隠し西門に立つ。

夢の告げを喜んだ夫は被きの女を見て大喜び、早速家に連れ帰り、固めの杯。ところが新妻は注げども注げども酒を飲み干し、杯を夫に返さない。業《ごう》を煮やした夫が被きを取るとそこには、もとの妻。怒る妻に夫は追われ逃げる夫。『因幡堂』という狂言です。これは大笑いする狂言です。

しかし、笑った後で身につまされるのであります。この夫はその後、どの面《つら》さげて暮らしていくのでありましょうか。

艱難辛苦は人を玉にすると古来申しますぞ。所詮耐えることですな、ご同輩！　連歌など二人で嗜んでみては……。

悲劇と喜劇の綯い合わせ

能の人間観と狂言のそれとでは大きな違いがあります。能と狂言を同時に上演する意味はここにあります。両方の視点があって初めて人間の全貌が理解できるのです。

能『班女《はんじょ》』、狂言『花子《はなご》』そして能『隅田川』、この三つの作品を追い掛けてみましょう。

『班女』は世阿弥の作で秋の物狂い能の代表作。野上の宿の遊女花子は班女と渾名されている。契りを交わした吉田少将のことが忘れ難く、遊女の勤めもせず、少将と再会を約束して取り交わした扇を玩《もてあそ》ぶばかり。遊女屋の長（女の役で狂言方が演ずる）は怒り、花子を追い出してしまう。旅の帰りに再び野上の宿に寄った少将は、花子が追放されたことを知り、都に帰り、男女の仲を取り持つ下賀茂神社に参詣する。

一方、叶わぬ恋ゆえに物狂いとなった花子は、笹を手にこの神社を訪ね来て、舞い狂う。その姿を見た少将は花子に声を掛け、二人は再会する。

恋慕ゆえの物狂い能の名作。魂が高揚した状態が恋だとしたら、現実の生業《なりわい》を引き受ける役が狂言方なのです。

勤めをしない遊女を追い出す役は現実の代表。この能はハッピーエンドで終わります。世阿弥の時代、物狂いの能は物狂いを面白く見せることが目的だったのです。

この能の後日譚ともいうべき狂言が『花子』です。吉田少将と再会した花子は、都で少将の囲われの身となっています。吉田少将のもとへは再三文をやるのですが、なかなか訪ねてくれません。少将は恐妻家なのです。

少将は妻に修養のために今夜は持仏堂で坐禅をすると宣言、召し使う太郎冠者を身代わりに坐禅衾《ふすま》（坐禅のとき被る衣）をすっぽり掛けさせ、自分は花子のもとに出掛けます。

あまりに夫の窮屈そうな姿を見て妻は、夫を慰めようと衾を取るとそこには太郎冠者。怒る妻は冠者の代わりに自ら衾を被り、夫の帰りを待つ。
そうとは知らない少将は、花子との久し振りの再会に夢心地で小歌を謡いつつ帰ってくる。太郎冠者の労をねぎらい、お互い顔を見ると恥ずかしいからと、衾を被らせたままで、惚気《のろけ》話を長々と語る。やがて妻は姿を現わし、夫を追い込む（この曲では花子は姿を現わしません）。これは狂言の『釣狐』に並ぶ大曲で重い習いの曲です。小歌尽くしで身振りも交じえて演じ、艶にして品位も失わないことが難曲たる所以《ゆえん》です。

『隅田川』
（月岡耕漁『能楽図絵』より）

班女の恋も視点を変えれば喜劇になるのです。『身替坐禅』という名で、六代目尾上菊五郎（一八八五―一九四九）と七代目坂東三津五郎（一八八二―一九六一）によって歌舞伎化され、狂言種の歌舞伎（松羽目物と呼ばれる）の最高傑作となっています。

さらにこの物語はもう一度能となります。能『隅田川』です。『隅田川』といえば、我が子を失った母親の物狂い能の代表作です。

吉田少将と花子との間に生まれた梅若丸は、人さらいにさらわれ、東国の隅田川の辺《ほとり》で病となり命尽きました。供養の大念仏が催されています。母は都から物狂いとなって遥々と東国にまで訪ね来て、梅若丸の死を知らされます。母の悲しみは深く、墓の土を掘り返して今一度我が子の姿を見せて欲しいと、嘆くのです。

やがて弔いの念仏の内に我が子の声と姿が見え、母は追いすがるが全ては幻、我が子の墓があるばかり。この作品は世阿弥の息子で早世した元雅の傑作です。父の時代までの遊興の物狂いから、ハッピーエンドではない本格的な悲劇が創られました。

悲劇と喜劇は綯《な》い合わされた縄のように表となり裏となり続いていくのです。

七　伝統と現代

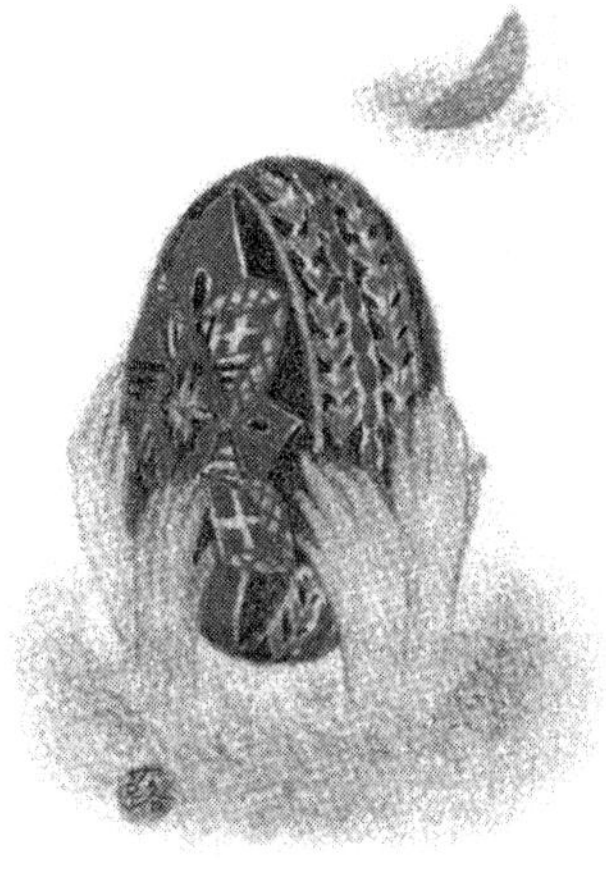

今様の世界

「おほかた詩を作り、和歌を詠み、手を書く輩《ともがら》は、書きとめつれば、末の世までも朽つることなし。声わざの悲しきことは、我が身亡《かく》れぬるのち、留まることの無きなり。その故に、亡《な》からむあとに人見よとて、いまだ世になき今様の口伝を作りおくところなり。」（『梁塵秘抄口伝集巻第十』）と後白河法皇（一一二七―九二）は書き残しました。

この今様《いまよう》（平安中期から鎌倉初期に流行した七五調四句を基本とする新様式の歌謡。白拍子や遊女から宮廷貴族まで愛唱された）についての言葉は、声わざに生きる芸能者には身に沁みる真実です。どの時代にも人々は、前の時代とは違う自分たちの生きる今日《こんにち》只今の歌を歌い続けてきました。

芸能は、その今の新しい曲を取り込んで新しい時代の芸能を創ります。その意味では常に今様の連続が芸能の歴史です。同時に伝承も始まります。今のものより魅力的な古い伝承もあるのです。最新の歌謡曲からすると、美空ひばりも古典の世界かもしれません。大事なことは、その表現がいかに人の心に感動を与えるかです。ミリオンセラーという今もあれば、一粒の麦の種のような今もあっていいのです。

さて後白河法皇は、源頼朝をして「日本国第一之大天狗」といわしめたほど政略家でした。

保元、平治の乱、そして源平の争い、鎌倉幕府の成立という古代から中世への大転換の時代を、巧みな政略をもって朝廷の権威を守ろうとし、一方では今様歌に夢中になりました。

遊女、傀儡女《くぐつめ》あらゆる階層の今様（その頃すでに今様は伝承芸能になりつつありました）の名手を呼び寄せ教わり、自らも「声を破ること三ヶ度なり。……あまり責めしかば（無理をしたので）咽《のど》腫《は》れて、湯水かよいしも術《ずち》なかりしかど、構へて（工夫して）うたい出だしき」と書くほどに熱中しました。

歌舞伎や古語に残っている、ずつないという言葉はこんな時代まで遡ります。かの大天狗が今様に関しては実にがむしゃらに稽古をし、美濃国青墓（大垣市に現存する地名）の遊女で乙《おと》前《まえ》という今様の伝承者を呼び寄せ、師弟の礼を尽くして学びました。本来、天皇が修めるべき漢詩や和歌、雅楽には関心を示さなかったのですから、暗愚の帝王と陰口されたほどでした。貴族中心の世界が終わり、武士の時代が始まる、時代の転換点には彼のような破格の人物が必要だったのでしょう。

現在、今様は伝承されていません。しかし後白河法皇のお陰でその詞章や、冒頭に引用した口伝が残りました。庶民の流行り歌であり、祈りの歌です。

「遊びをせんとや生れけん　戯れせんとや生れけん　遊ぶ子供の声聞けば　我が身さへこそ揺るがるれ」のような子供の遊びのもつ生の本質を言い当てたものから、「恋ひ恋ひて　たまさかに逢ひて寝たる夜の夢は　いかが見る　さしさしきしと抱くとこそ見れ」という恋歌、「仏

は常にいませども　現《うつつ》ならぬぞあはれなる　人の音せぬ暁に　仄《ほの》かに夢に見えたまふ」という深い祈りの歌まで、実に多様な世界であり、心に響くものです。

『平家物語』のなかに登場する女性の芸能者たち、清盛に寵愛される白拍子の祇王・祇女姉妹と、仏御前、義経に愛される静御前はみな今様を歌います。捕われの平重衡と千手の一夜の出会いと別れも今様に彩られています。

私はそれらの今様を取り込み復曲し、古典に基づいた今を創造してきました。それ程にこの時代の歌は魅力的で私たちの心に響くのです。

今様と『平家物語』

実に八百数十年の長い時を経て、後白河法皇が書き残したと考えられる今様歌の一曲が発見されました。一九九九年のことです。奇跡的なことです。「夜昼あけこし手枕は　あけても久しくなりにけり　なにとて夜昼睦《むつ》れけん　永《なが》へざりけるものゆへに」という曲です。私は早速、この曲を取り込んだ舞台を創りました。この八百年を経て今に甦ってきた歌を声にしてみたかったのです。

それは『物語る劇――大原御幸《ごこう》』という作品です。

大原御幸は『平家物語』を締めくくる最後の章段、灌頂《かんじょうのまき》巻の中にあります。灌頂巻には『平

郵便はがき

料金受取人払郵便

牛込局承認

5362

差出有効期間
令和6年12月
4日まで

162-8790

（受取人）

東京都新宿区
早稲田鶴巻町五二三番地

株式会社 藤原書店 行

ご購入ありがとうございました。このカードは小社の今後の刊行計画および新刊等のご案内の資料といたします。ご記入のうえ、ご投函ください。

お名前	年齢
ご住所 〒 TEL　E-mail	
ご職業（または学校・学年、できるだけくわしくお書き下さい）	
所属グループ・団体名　連絡先	

本書をお買い求めの書店	
市区郡町　書店	■新刊案内のご希望　□ある　□ない ■図書目録のご希望　□ある　□ない ■小社主催の催し物案内のご希望　□ある　□ない

読者カード

書のご感想および今後の出版へのご意見・ご希望など、お書きください。
社PR誌『機』「読者の声」欄及びホームページに掲載させて戴く場合もございます。)

書をお求めの動機。広告・書評には新聞・雑誌名もお書き添えください。
頭でみて　□広告　□書評・紹介記事　□その他
社の案内で　(　)　(　)　(　)

購読の新聞・雑誌名

社の出版案内を送って欲しい友人・知人のお名前・ご住所

ご住所 〒

入申込書(小社刊行物のご注文にご利用ください。その際書店名を必ずご記入ください。)

冊	書名　冊
冊	書名　冊

書店名　住所

都道府県　市区郡町

家物語』の全てが凝縮されています。一門の滅びを目の当りにしながらも生き残り、供養、鎮魂の日々を過ごした女たちの物語です。

壇ノ浦の合戦で我が子安徳天皇を始め、一門ことごとく滅びたなかで、生け捕りにされ、都に連れ戻された建礼門院は東山の長楽寺で出家し、その後、大原の寂光院に隠棲する。山深い寂光院を後白河法皇が御幸（訪れる）するのです。後白河法皇は建礼門院の舅《しゅうと》（建礼門院の夫は後白河法皇の子高倉天皇）でありながら、陰に陽に平家を苦しめた人物。

『大原御幸』
（月岡耕漁『能楽図絵』より）

その敵ともいえる後白河法皇が、建礼門院から一門滅びの様子、さらに建礼門院が生きながら六道（天上・人間・修羅・畜生・餓鬼・地獄）を巡った有様を聞くのです。

これは残酷なことです。物語の後、法皇は還御（帰ること）します。建礼門院は一門の供養の日々を送るうち、ついに往生をとげるのです。『平家物語』を琵琶で語る平曲では、この灌頂巻はとりわけ大切にされ、秘伝化されてきました。

また、この平曲をもとにして能『大原御幸』が創られました。これも法皇の御幸と、建礼門院が法皇の前で、六道巡りと一門滅亡の語をすることが眼目の作品です。この能では鎮魂の語りが主役なのです。

物語るとは亡き人々の魂を、語ることで呼び戻し、供養することとです。先代の銕之亟《てつのじょう》師の「山里はものの淋《さび》しき事こそあれ、世の憂きよりはなかなかに……」という冒頭の謡が今も耳に残っています。深い喪失感をたたえた透明感のある謡で、その一声の中に建礼門院の生涯が具現された素晴らしいものでした。

この能を今に生かしたいと、『語り　建礼門院』という作品を、建礼門院が剃髪をした京都東山の長楽寺で、相阿弥作の庭を使って、一九八五年より十年間、毎年五月に奉納上演してきました。

この作品の始まりは「仏は常にいませども　現ならぬぞあわれなる　人の音せぬ暁に　ほのかに夢に見えたまう」という今様を歌いつつ、放浪の歌比丘尼《びくに》が時空を超えて庭から登場する演出をしました。この公演を先代銕之亟師に見て頂いたのも懐かしい思い出です。二〇〇五年五月の三日、四日に久し振りに上演をしました。山藤の美しい季節でした。

さて話が前後しましたが、冒頭の新発見された今様を使って能舞台で上演したのが『物語る劇　大原御幸』です。これには「仏は常にいませども……」という、現世では汚辱にまみれながら生きる人間の、仏へのほのかな思い、救いへの希望を歌った今様と、この新発見の男女の愛の交歓のつかのまの喜びと喪失の深さを切実に歌った今様を使いました。

後白河法皇が熱愛した遊女たちの祈りの歌でもあった今様を導入に使うことで、『平家物語』という鎮魂の物語に芸能者の視点を加え、広がりのある世界と中世の息吹を甦らせたかったのです。

『平家物語』と新作能

『平家物語』が日本を代表する鎮魂の叙事詩であり、そこから夢幻能が創られたことを書きました。

私にとって、今もこの物語は汲めども尽きぬ宝の井戸です。

前項でも書いたように、『平家物語』を核にさまざまな舞台作品を創ってきました。

さらに『平家物語』を原文のまま全編、語り、朗読、芝居、あらゆるジャンルの演者、演奏家でＤＶＤに録画するという途方もない企画が進行して、完結しました。ハゴロモという会社の企画です。前にも書きました（一二一頁「奈須与市語」）が、このシリーズで『平家物語』冒頭の祇園精舎に続く「殿上闇討」を野村萬斎師で撮りました。狂言で鍛えた語りの力に加え、映像の役者としての魅力も発揮された作品になりました。

萬斎師と対談をしたとき彼は、日本でシェイクスピアに匹敵するのは『平家物語』だといいました。私も同感です。その共有する思いを芯に、壇ノ浦の合戦の「能登殿最期」を、狂言の仕方語り（所作をしつつ語る）の技法を駆使した作品として撮影しました。*

萬斎師の父、万作師では「木曽最期」を撮りました。音楽は能管の松田弘之師、大鼓に大倉正之助師。万作師の舞台人として生涯に渡って蓄積されたものが、語りと語られる姿に込められた素晴らしいものでした。*

『平家物語』で新作能も創りました。巻五の「月見」という章段です。治承四年（一一八〇）六月平清盛は福原に遷都を強行します。四月には頼政、以人王《もちひとおう》の反乱、また八月には頼朝の挙兵と反平家の動きが激しくなった時期です。平家都落ちの三年前。「月見」は遷都して初めての秋、宮廷貴族の徳大寺実定《さねさだ》は旧都の月恋しさに京に戻り、隠棲している妹の大宮（二代の后《きさき》と呼ばれる数奇な運命をたどった女性）のもとを訪ね、変転する時代、荒廃した都の様を嘆くという短編です。味わい深い小品です。

これを原文のまま喜多流の次代を担う粟谷明生師の節付けで、喜多流の若手で新作能『月見』として作品化しました。伝承されてきた古典としての能を見直すには、ゼロから創り上げる仕事を経験すべきだと、彼を口説きました。

これこそ故観世寿夫師や故先代銕之亟《てつのじょう》師たちが実践し、その結果、古典の能も活性化した仕事から私が学んだことです。古典はそれ自体が権威になってはならない。常に今の眼で、今創られたものとして見直されなければならないのです。今様を新たに節付けして謡い、その後に舞を入れ、名残りを惜しみつつ福原に帰っていく、という演出をしました。*

一の谷合戦で捕らえられ、捕虜となった重衡と、千手の束の間の出会いと別れは、能『千手』に描かれていますが、これも『平家物語』原文のまま舞踊劇に仕立てて上演、撮影しました。千手と重衡は、若手舞踊家のなかでも品格と技を併せ持つ尾上紫《ゆかり》、尾上青楓《せいふう》（現菊之丞）姉弟、音楽は能管の藤田六郎兵衛、楽琵琶岩佐鶴丈、楽箏野田美香、語りと今様謡を女優の金子あい、彼女には今様を雅楽に残っている節扱いと能の謡いとから新たに創り、今様の伝承にあるような高い澄んだ声で謡ってもらいました。*

これらの仕事の一部をまとめたものとして『『平家物語』の夕べ」を二〇〇五年七月十一日に大阪公会堂で上演しました。「祇園精舎」上原まり（琵琶と歌）・「殿上闇討」野村萬斎（映像）・「敦盛最期」岡橋和彦（一人芝居）・「維盛都落」「維盛出家」「維盛入水」近藤正臣（語り）・「六代（維盛の嫡男）」上原まりという番組。その中で観客の皆さんにも『平家物語』の原文の魅力を体験してもらうべく、全員で「祇園精舎」を語る参加型のワークショップを加えました。

＊映像はいずれも『原典平家物語ＤＶＤ』（ハゴロモ発行）に収録。「能登殿最期」＝巻第十一、「木曽最期」＝巻第九、『月見』＝巻第五、『千手』＝巻第十。

『源氏物語』と新作能

私は二〇〇四年に一年にわたって、岐阜と名古屋のＮＨＫ文化センターで、『『源氏物語』と芸能」「『平家物語』と芸能」というレクチャーをしました。

雅楽・声明・琵琶・今様といった芸能がこの二つの文学作品に描かれ、能・狂言・人形浄瑠璃・歌舞伎はそれから題材を与えられてきました。涸れることのない泉のように。

私が能の世界で初めて能・狂言の役者と仕事をしたのは、『平家物語』による「小宰相の悲劇」でした。次は『源氏物語』による新作能『幻』。このように私はいつも『源氏』と『平家』を左右の書としてきました。

一九九二年、『源氏物語』のなかでも最も私の心に響いていた、紫の上の死と、それを見送った光源氏が哀傷の日々を過ごし、自らも雲隠れに退場していく「御法《みのり》」「幻」の巻を能に仕立てました。

『源氏物語』による能といえば、夕顔の巻による『半蔀《はじとみ》』と『夕顔』（ともにシテは夕顔）、葵の巻と賢木の巻による『葵上』『野宮』（シテはともに六条御息所）、光源氏がシテの『須磨源氏』そして澪標《みおつくし》の巻による『住吉詣』、玉鬘《かづら》十帖（夕顔と頭中将との遺児が主役）による『玉鬘』、宇治十帖による『浮舟』、そして『源氏物語』を書いたが故に地獄の苦を受ける紫式部がシテの『源氏供養』。

これらの中で、最高の傑作は『野宮』です。『幻』を書いているとき、もし『野宮』のような能が書けたら死んでもいいと思っていました。お陰様でまだそれ程の物が書けないままで、かくも生き永らえているのです。有り難いやら、悲しいやら。

若菜の巻で、栄光の頂点にいる光源氏のもとに、兄朱雀院の愛姫女三の宮が降嫁《こうか》する。

これから生涯の伴侶である紫の上と光源氏との乖離《かいり》が始まる。女三の宮はあまりに幼く、心映えは紫の上に遠く及ばない。しかも光源氏は、女三の宮と柏木（頭中将の息子）との密通による不義の子薫を我が子として抱かなければならない。それは自分の生涯の秘密である、父桐壺帝の愛后藤壺と交わり、不義の子冷泉帝をもうけた若き日の過ちに対する、運命の復讐のようにも思えます。

紫の上は「おくと見るほどぞはかなきともすれば風に乱るる萩の上露」という和歌を残して亡くなります。紫の上を失った光源氏の深い喪失感は、出家を決意させます。現世の一切の執着を捨てるために、生涯で最も辛かった須磨流謫《るたく》の時、都に残した紫の上と切々と交わした手紙の束を見るも憂しと、「かきつめて見るかひもなしもしほ草おなじ雲居の煙とをなれ」と書き添え焼き捨てる。生涯の栄光も失意も全てを消し去るかのように……。

その煙の立ち上るさまを見つめつつ、「大空を通ふ幻夢にだに見え来ぬ魂の行方尋ねよ」という和歌を残して、光源氏は雲隠れに消えていくのです。

栄光の頂点にありながら、最も深い哀しみを思い知る光源氏。色好みの果てのこれほどの孤独と絶望を、華やかな光源氏の生涯の終わりに描く、作者紫式部の残酷な眼差し。

この二つの巻こそが『源氏物語』の頂点だという思いが、新作能『幻』を私に書かせました。久しぶりに読み返し、また映像の記録を見返し、やはり私にとって愛着の深い作品です。

シテの光源氏は、喜多流の粟谷能夫と金春《こんぱる》流の櫻間金記（当時は瀬尾菊次）、ツレの紫の上は片山清司（現九郎右衛門）、節付・地頭は浅井文義の各師で、国立能楽堂で、それぞれのシテで二回上演。

粟谷師と私は同年で、光源氏が退場していく年齢もすでに越えました。能役者にとって、時を経て静かに醱酵し熟成してくる、目に見えないなにものかが大切です。『幻』を再演したいと切に思っています。

新作能『不知火』

新作能について書いてきました。伝統、古典とは何でしょう。伝の旧字は人偏に專を組み合わせたもの。專は大きな袋の中にものを入れる形で、それをさらに撃ち固めることを團《だん》といった。それを背負うて運ぶことが傳（伝）。

統は充実し、満ちることであり、沢山の糸が集まることから統括、統一の意味も生じる。古典は古は前にも書いたように、神への祝詞をいれた𠙵（さい）の上に干《たて》をおいて守護することから守られてきた古事、典故という意味をもつ。典は机上に書冊を置くことから規範となることを意味します。

ただ古典にしても、伝統にしても、ただ後生大事に受け継ぎ、運ぶだけでは駄目なのです。

その因って来る根拠を考え、それを自己の身体と思考を通して再創造することが古典や伝統との出会いなのです。その意味では伝統とは常に、今日《こんにち》ただいまの創造との緊張関係が必要です。私が新作能を書いたり、演出するのもそのためです。私の新作能演出の代表作が石牟礼道子作『不知火《しらぬひ》』と多田富雄作『一石仙人《いっせきせんにん》』です。

『不知火』の上演は二〇〇四年の八月二十八日、水俣市の水俣病の爆心地ともいうべき、水俣湾の埋め立て地に不知火海を背にして舞台を作り、薪能として上演されました（プロデューサーは「橋の会」の土屋恵一郎氏）。この公演はＮＨＫ衛星テレビで放映されましたので、ご存じの方もあるかも知れません。

石牟礼さんは長い水俣病とのかかわりの中から、水俣病で亡くなり、今も苦しむ人たちを、現代の文明の行く末と重ね合わせ、それを救うには言葉を超えた祈りの音楽が必要だという思いで能を書かれました。

水俣病という現実を踏まえながらも、それを人類共有の課題とし、海霊の宮の斎女である不知火（梅若六郎、現桜雪）とその弟常若《とこわか》（梅若晋矢、現紀彰）が海中、地上の毒を我が身を犠牲にして浚《さら》えて滅びようとしているという、世界の滅亡と再生を祈る神話的で壮大な世界。最後には中国古代歌舞を司る楽祖夔《き》（観世銕之丞《てつのじょう》）が登場して、死せる魂魄《こんぱく》たちが舞い狂うという大団円となります。

新作能の歴史に新たな一ページを切り拓いた作品に、私が演出家として加えた仕事は、「繋

がぬ沖の捨て小舟《おぶね》　繋がぬ沖の捨て小舟　生死《しょうじ》の苦海《くがい》果てもなし」という石牟礼文学の出発であり原点である『苦海浄土』の巻頭の辞（原典は「親鸞和讃」「弘法大師和讃」より）を、この能の次第（一曲のテーマとなるような言葉）として加えたこと。

生と死を司る隠亡の尉、じつは末世に現れる菩薩（櫻間金記）という役の言葉の一部を、コロス（ギリシャ劇で歌い語り舞う合唱隊と呼ばれる）として分け、隠亡の尉と上天せし魂魄たち（六人からなるコロス）を劇を司る重要な役とし、コロスが水俣の手漉きの和紙の球に明かりを灯した魂魄の火を手にして登場するようにしたこと。

さらに水俣公演は、不知火の海に向かっての奉納公演でしたので、能の上演が終わって、精霊舟三双《そう》に水銀の毒によって死んだ生類の魂を込めた魂魄の灯火を乗せ、鎮魂と回生の祈りをこめて不知火の海に送り出しました。そのときは能役者たちも再び舞台に登場し、沖に向かう精霊舟と海に向かって、「天高く日月と星のあるかぎり、八朔潮の火の甦らんことを加護し給へ」と祈りを込めて謡ったのです。

超大型の台風一六号が奇跡的に停滞するなか、私たち能に携わる者は、生涯忘れられない美しい落日のうちに能『不知火』を上演し始め、このフィナーレまで、この水俣という場の力を深く感じつつ、死者の魂を呼び戻し一体となり、それらの魂を鎮める、芸能者の原点に立ち戻ったのです。

その夜、集った多くの患者さん、観客、演者と不知火の自然とが一体となって一座建立された神話的な一日でした。

命から命へ繋がる伝統

今夜は素敵に酔った(これは鶴屋南北の『桜姫東文章』のセリフです)。

今日は七月八日(二〇〇五年)です。日付を書くのは、今夜見た能について報告したいと思うからです。亀井俊雄三十七回忌追善「広忠の会」が催され、銕仙会《てっせん》の九世観世銕之丞《てつのじょう》師(一九五六―)が能『檜垣』を披《ひら》きました。『檜垣』については、老女物について書いたときに少し触れた三老女といわれる、能の最も奥深い能です。坂口安吾が日本の文学の最高傑作だと言った曲。

銕之丞師は二時間二十分の間一瞬も緩むことなく、その透明感のある沈めた謡いと、張り詰めた身体を一気に鎮めたような静かな動きで、百歳の老女が若き日の驕慢《きょうまん》の罪で、熱鉄の釣瓶《つるべ》で水を汲むという業苦をうける様と、白拍子であった昔をしのんで舞を舞い、供養を願うという能の大曲を演じきりました。

途轍もなく大きな存在であった伯父の観世寿夫師や父先代銕之亟師の跡を受けて、銕之丞という大きな名跡を継いだ彼がその重圧をはねのけ、当代銕之丞ならではの確固たる自分の能の世界を作り上げた記念すべき一夜でした。伯父や先代、諸先輩の教えを自分の身体に引き受け蓄積し、自己独自のものとして再創造するという、伝統の力が発揮されました。

能は一人では成り立ちません。ワキは宝生閑、間狂言は野村萬斎、地頭は梅若六郎（現桜雪）、囃子は笛藤田六郎兵衛、小鼓大倉源次郎、大鼓亀井広忠の各師。

彼らもそれぞれ何代もの血の流れを引き受け、独自の自己を確立してきた能役者です。広忠さんは、自分の最大の恩師先代銕之亟先生から最後に受けた謡いの稽古の曲『檜垣』を、三十歳最初の挑戦としたいという思いがありました。

彼は当日のパンフレットに「父を育て上げた祖父。自分を鍛えてくれた銕先生。受け継がれた精神性を大事に、二人の偉大なる故人を追悼する気持ちで『檜垣』に挑んでみたいと思います」と書いています。

父は亀井忠雄師、祖父が亀井俊雄師で二代続けての人間国宝です。この彼の熱い思いが全員に伝わり、素晴らしい舞台が出来ました。

先代がこの舞台を見たらどんなに喜んだでしょう。私が銕仙会で仕事をするようになったとき、先代銕之亟師から「銕仙会に命を預けてくれるか」と言われました。私は即座に「自分は演劇人、演劇に生きる人間として銕仙会に命を預けます」と答えました。

古典芸能の世界によくある、忠実な番頭役とか、事務係は私の任ではないと思ったからです。それ以来二十年近く先代と一緒に仕事をさせていただきました。

先代が若い能役者や息子を教える血がたぎるような激しい稽古にも、まだ子供だった広忠さんに謡いや仕舞の稽古をしているところにも立ち合ってきました。

先代と宮澤賢治による演劇も創りました。そして最晩年には『ようこそ能の世界へ――観世銕之亟能がたり』（先代はこの亟という字を好んで使っていました）という本を「暮しの手帖社」から出版しました。

素晴らしい能役者でした。その跡を継いだ銕之丞師が父を受け継ぎ、独自の世界を創り上げました。こんなに喜ばしいことはありません。

一緒にこの能を見た、二〇〇五年十月の韓国公演の日本側のプロデューサーである民輪めぐみさんと、そのスタッフの人たちと祝杯を上げました。先代が大好きだった一番搾りのビールを飲みながら、そんな先代との会話や仕事の数々が思い出され、先代と一緒に祝杯を上げているような気分になりました。

今ここに伝統という大事なものが、命から命に繋がったと感慨深く思った一夜でした。

伝統の現在

「今日の世界は演劇によって再現出来るか」という問いを、二十世紀の演劇人ブレヒトは発しました。古典芸能もその問いの前に立たされています。

二〇〇五年七月四日に、新宿文化センターで上演された多田富雄作の新作能『一石仙人《いっせきせんにん》』は、その問いに答え得る作品です。世界的な免疫学者の多田先生が、アインシュタインの相対性理論を能にしました。二〇〇五年はアインシュタインが相対性理論を発表した年から百年、国連総会は本年を国際物理年と定めました。それを記念しての上演です。

この作品はこれからも日本国内はもちろん、世界中で上演してゆくべき作品です。

多田富雄先生（一九三四―二〇一〇）は脳梗塞で倒れられ、車椅子の生活となっても、旺盛な創作意欲は衰えず、むしろ詩人、劇詩人としての優れた作品を発表し続けました。新作能の作者として、心臓移植と脳死の問題を扱った『無明の井』、戦争時の日本に強制連行され、過酷な炭鉱労働の果てに死んだ韓国人の残された妻をシテにした能『望恨歌《ぼうこんか》』、この『一石仙人』を書かれました。

ドイツ語で一はアイン、石はシュタイン、一石仙人なのです。多田先生自らこの作品について「なぜアインシュタインのことを能に書いたかというと、それは彼の理論が、私たち人類に大きな影を投げかけているからなのです。いま世界に深刻な脅威を与えている核問題も、もとはといえば彼が発見し、質量はエネルギーと同じ（$E=mc^2$）という理論から導かれたものです。熱烈な平和主義者であったアインシュタインは、この能の中でも核の脅威を訴えかけます。……日本の古典芸能と現代科学の出会い。能というものが、現代でも新しさと驚きの演劇であることがわかっていただけるでしょう」と書かれています。

先生とは十数年前に私の新作能『幻』を見て頂いて以来のお付き合いで、その頃から相対性理論を能にしたいとの構想を伺っていました。

その途方もない作品が書き上げられ、演出（清水寛二師と共同演出）させて頂いたのです。この作品にふさわしいスケールでの演出を考えました。縦二メートル、横三メートルほどのサイズの楕円形の隕石に見える美術を中空に吊り上げ、その背後に星雲の照明を仕込み、日蝕や壮大な銀河宇宙の世界がイメージできるようにしました。

後シテのアインシュタインの化身が「いで核子らを解き放ち、核の力見せ申さん」と核子の子方二人を呼び出します。核子は激しく動き、一度緊張を孕んで静止し、再び弾けるように舞い客席に消えます。そのあとシテは「かかる力を見る上は、戦、争い、破壊には原子の力よも使うまじ。忘るなよ人間」と謡います。

二〇〇五年は広島・長崎に原爆が落とされて六十年。多田先生は広島のための鎮魂の能『原爆忌』と、長崎の再生への祈りのための能『長崎の聖母』という新作能も書かれています。『長崎の聖母』は清水寛二師と私の演出協力により、十一月二十三日、長崎の浦上天主堂で上演しました。

六十年前のこの日、破壊された浦上天主堂で初めてのミサが行われました。その記念すべき日、浦上天主堂の被爆してお顔に焼けた跡の残る聖母マリアの木像が見守るなか、鎮魂と再生の祈りを込めた能が上演され、そのなかでグレゴリオ聖歌「キリエ・エレイソン（主よあわれみ給へ）」が歌われるのです。

戦争やテロによる殺戮の絶えない今日、鎮魂の祈りと再生を願う芸能の力は、いよいよ必要とされているのです。

第Ⅱ部　近世から現代まで

一　近世への架け橋

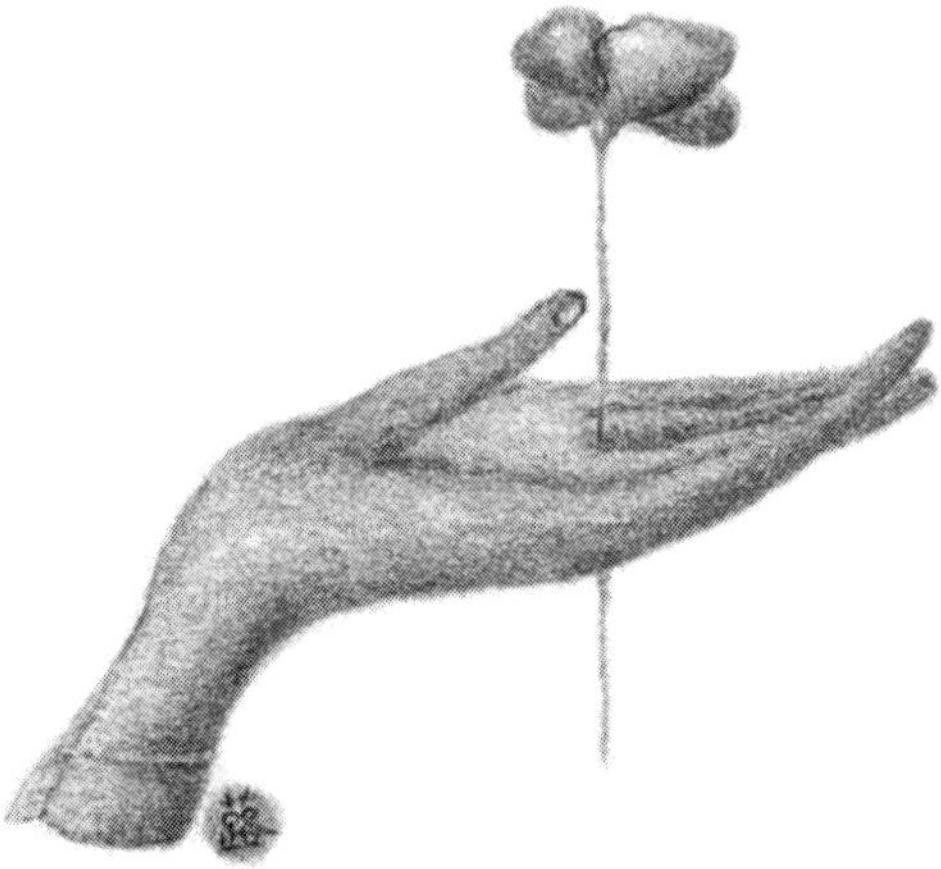

「芸能の力」を見直す

満開の山桜越しに眼下に広がる大海原は果てしなく、美しく、どこまでも海のかなたの別の世界を遠望させます。海のかなたを見詰める坂本龍馬像も、左手の下に見える松林の中に隠れています。

二〇一一年の四月、東日本大震災と津波の後、法事で高知に帰郷した私は、桂浜に行き太平洋を眺めました。長い長い歴史の中で、海に育まれた生物が陸に上がってきて、人間にまで進化し、今や地球に君臨しています。その人間の営みを一瞬にして破壊し、二万人の掛け替えのない命と共に海に引き戻した太平洋が眼下に穏やかに凪いで、黄金色の鱗に輝いています。なんという美しさでしょう。しかしその自然の残酷さを私たちは忘れることはできません。

芸能はその始まり以来、鎮魂と祝言とをつかさどるものでした。人間にとって避けられない死、その死者を悼み、死せる魂を鎮め慰撫するのが鎮魂です。他方、生の喜び、五穀豊穣、平安への祈りが祝言であり、その二つの極をつなぎ往還するのが芸能なのです。

その古代的な祝言の世界が中世の芸能——能と狂言にも引き継がれていきます。「能にして能にあらず」といわれ、古代的な痕跡を残した祈りの芸能が『翁《おきな》』です。シテ方の役者が担当する白い尉《じょう》の翁（白い彩色の福々しい老人の面をかける）は国土安全・天下太平を祈り、狂言役者が演じる三番叟《さんばそう》（黒い色の老人の面をかける）は五穀豊穣を祈願する祝言の世界であり、生産の喜び、生の賛歌です。これは共同体存続の最も基本的な祈りです。あの大震災の直後に東京で上演された『翁』では、演者も観客も一体となった国土安全への深い祈りと復興への願いを強く実感しました。

古代の鎮魂の儀礼は『古事記』の国譲りの物語に登場するアメワカヒコ（天若日子）が射殺《いころ》された折、八日八夜遊ぶと書かれているものです。この遊びが鎮魂の所業としての歌舞でした。このアメワカヒコのように、永遠に慰撫されることのない、無念の死を遂げた魂を招き、遊ばせ鎮めるという、鎮魂の行為としての芸能があります。古代から中世への歴史の転換を凝縮して見せたのが「平家一門」の興隆と没落です。その物語は鎮魂の芸能として琵琶法師たちが担い『平家』と呼ばれ、庶民から武士、貴族まで多くの人々を感動させました。室町時代、この『平家』から世阿弥は、修羅道に堕ちた平家の公達を主人公として、死者の視点から生の意味を問い直し、その魂を鎮める、複式夢幻能といわれる劇を創り上げました。例えば能『敦盛』ならば、討ち死にした敦盛の音楽への執心を、また能『屋島』ならば戦に生死を懸けた義経の戦場への執着を描きます。これらの題材と作品は日本の芸能の源流となりました。

本書の第Ⅰ部は、芸能の始まりから、中世の能・狂言の芸能までを辿りました。第Ⅱ部は中世の能・狂言が近世の人形浄瑠璃や歌舞伎に引き継がれ、それが美空ひばりまでつながる芸能の大河を下っていきます。人間の営みの本質と、芸能の力と、それを生み出した時代の力を共に見る視点を櫂にして。

東日本大震災から十年以上の歳月がすぎても真の復興は成就していません。以後自然災害は世界レベルで頻発し、人災の究極である戦争も起きて終わりが見えません。芸能の力を見直さなければなりません。死せる魂を鎮め、生の喜びと希望を語るために。

文字を遡る

第Ⅱ部の最初に、まず言霊という言葉、芸能、祝言と鎮魂、これらの言葉の源、ルーツに遡ってみます。

言霊という言葉は『万葉集』第五巻八九四の、山上憶良が最晩年、遣唐使に選ばれた人に与えた「好去好来《こうきょこうらい》の歌」に出てきます。「神代よりいひ伝《つ》て来らく、空見つ大和の国は、すめろぎのいつくしき国、言霊の幸《さき》はふ国と語りつぎ、いひつがひつつ……」(折口信夫訳＝大昔から、いい伝えてきたことには、この日本の国は、御先祖の神様たちのおこしらえになった、立派な国であり、それから、語には不思議な作用があって霊妙な結果を現わす国だ、と語り伝えしてまいりました……)と書き出され、その最後には「つつみなく、さきくいまして、早かへりませ」(折口信夫訳＝慎しまねばならぬような障り事もなく、達者においでなされて、早くお帰りなさいませ。わたしが、こうして語に出して祈る言霊の力で)と結ばれています。憶良は若き日に遣唐使として中国に渡り、貧窮問答歌で名高いように、社会派の歌を残しました。若き憶良が学んだ中国では、詩の本来の役割は皇帝の政治を正し諫めるものでした。その憶良にとっても、歌を詠むということは、その根源において、言霊による祈りを届ける、ということに他ならなかったのです。

『岩波古語辞典』の〈ことたま［言霊］〉の項には「人間にタマ（霊力）があるように、言葉にもタマがあって、物事の実現を左右すると未開社会では強く信じられている。コト（言）はすなわちコト（事）であり、言葉はそのまま事実と信じられている」とあります。

「芸能」という言葉は芸（旧字＝藝）と能からなります。中世の芸能というと今のように芸能人という狭い世界ではなく、歴史学者の網野善彦が強調したように、医者、学者、博徒、遊女、猿楽等々、実に多彩だったのです。藝は金文では〈図A〉のように手で苗を植える文字であり、愛しんで育てるという語源が見て取れます。能が良いというのは第I部「猿楽の源」（九二頁）に書いたように使い勝手が良い、能力に優れている、ということであり一芸に秀でることなのです。

祝言とは前項で書いたように、国土安全、天下太平、五穀豊穣への切なる祈りです。祝の文字は示＋兄で、金文では〈図B〉のように書かれます。示は祭卓、兄は聖なる祈りの言葉を入れた器𠙵《さい》を戴く人の形であり、来るべき幸を願い、めでたい言葉を述べることです。これまた共同体の切実な祈りに

図A

図B

他なりません。

鎮魂は古代の日本では「たまふり」「たましずめ」と訓《よ》みます。新嘗祭《にいなめ》の前日に催されるのが「鎮魂祭」で、天皇の重要な宮廷の祭りでした。それは天皇の霊力を更新し、奮い立たせる儀礼だったのです。漢字でいえば鎮は金偏と真の旁、真の旧字は眞であり、匕（か）＋県（けん）からなり、匕は化の元の字形で死者のこと。県も首が逆さまになり不遇の死を遂げた存在。彼らはそのままだと怨霊になる恐れがあるので鎮められなければならないのです。ではどうして眞という文字が永遠不変の真実、真理を意味するようになったのでしょう。死はその人間にこれ以上何も付け加えることができません。棺の蓋をしてその人間の真価が決まる。そこから不変の真実の意味が生まれました。能という芸能は死者がこの世に立ち返って、自らの果たせなかった夢を語るというドラマなのです。

新しい文化の担い手

ここからは近世の芸能の魅力を書いていきます。その近世も中世という渦中を潜り抜けて出てきたのです。突然新たなものが出てきたわけではありません。その意味でも中世という時代とその文化をもう一度見直しておきましょう。

一般的に古代は飛鳥時代から平安時代までの時代をいい、中世は鎌倉時代から室町時代、織豊時代までをいいます。そして近世は江戸時代、明治からを近代と呼びます。私が書こうとしているのはこれらの時代を貫く芸能史です。

古代はいわゆる王朝文化が成熟し、皇女の周りにいる女房たちの文化が花開きます。その成果を一つだけ挙げるとしたら、十一世紀の初めに紫式部によって書かれた『源氏物語』です。この時代にこれだけの普遍性を持った文学が書かれたことは驚嘆するばかりです。その細密で奥行きのある人間観は現代人が、世界の人々が感動するものです。しかしそれは貴族の限られた世界の中でのことでした。

中世という時代はその王朝文化が衰退し、新興の武士の時代が始まります。まず平家が権力の頂点に上り、貴族化し、それが源頼朝によって滅ぼされました。源氏も三代で滅び、北条一族がその後を支えますが、元弘三（一三三三）年鎌倉幕府は滅ぼされ、建武三（一三三六）年に足利尊氏によって、室町幕府が創始されます。

こうした歴史の変動の中で、平家一門の興隆と没落、その滅びを描いた叙事詩が『平家物語』です。先に書きましたようにこの『平家物語』から世阿弥の夢幻能が創られ、それ以降の芸能文化に大きく影響を与えたのです。その意味では『源氏物語』も能の題材になり、多くの芸能に影響を与えたことは同じです。しかし決定的に違うのはその享受のされ方です。『源氏物語』は宮廷の狭い世界で書き写され読まれました。それに対し『平家物語』は琵琶法師が市井で語り歩きました。もちろん高貴な人々にも招かれ語りましたが、国宝の絵巻『一遍聖絵』に活き活きと描かれている琵琶法師のように大道で民衆・庶民の中で語られたのです。

このことに象徴されるように中世の大きな特徴は、それまで表に現れてこなかった新たな階層の武士や、都市化が進む中で現れた多彩な生業、職業を持つ人々（これがまさに百姓であり、農民だけを意味するものではないと強調したのが網野善彦でした）が経済や文化を担っていったということです。海を通しての海外との交流も盛んになりました。かつての遣隋使・遣唐使の伝統は菅原道真の時代に中断していました。しかし平清盛は宋貿易に情熱を傾け、足利義満は明との公的な貿易を始めます。さらに応永一五（一四〇八）年には若狭（福井県）に南蛮船が初めて到来します。その船には象や孔雀といった、これまで日本人が見たこともない文物、生物が搭載されていました。中世を通して先進国中国との交流の再開と、西洋との出合いは、日本の文化に大きな影響を与えることになるのです。

こうした土壌の中で中世を代表する、そして現代まで脈々とつながる能・狂言、連歌、茶道、花道、作庭などが生み出されました。それらをつなぐものは座の芸能というべきものでした。個ではなく多彩な人たちが寄り合い、一つの世界を創っていくのです。そこでのキーワードは「一座建立」とか「一味同心」といわれる寄り合いの精神なのです。

「座」の誕生

世阿弥は『風姿花伝』に「この芸とは、衆人愛敬《しゅにんあいぎょう》をもて、一座建立の寿福とせり……貴所・山寺・田舎・遠国・諸社の祭礼に至るまで、おしなべて、謗りを得ざらんを、寿福達人の為手《して》とは申すべきや」（私訳＝能という芸能は多くの人々に愛され敬われて初めて一座としても運営がかなう……高貴な人から田舎人、寺社の祭りに集う人々といった、あらゆる観客から非難されることなく、楽しませることのできる役者が目出度い能の達人といえる）と書きました。この部分は、父・観阿弥のことを念頭に置いて書いているといわれます。観阿弥は五十二歳で亡くなりますが、最後まであらゆる人々から愛され、演技も自在であったと世阿弥は書いています。

それに比べると世阿弥の一座運営は、各人各様の強い美意識を持つ足利義満、義持、義教という三代の将軍相手に苦労をし、結果的には最晩年に佐渡に流されてしまいます。皮肉なことに世阿弥の晩年は不遇で、衆人愛敬とはいえなかったのです。しかし禅の思想を体現した芸道理論は孤高なまでの深みに至り、その能芸論の普遍性は時代を超えて世界の演劇に影響を与えています。

『風姿花伝』に書かれた一座建立という言葉の内実は、あらゆる階層の人々を楽しませ、共感させ、感動を与えることに主眼が置かれていて、茶道での「一座建立」という言葉が意味する「そこに集った主人と招かれた客人が一体となる茶会を目指す」ということに近いのです。とりわけ能という演劇は、今ここで集った人々と演技者たちとの一回限りの出会いの時間なのですから。

もともと座とは一堂に会した人々が円座をなして宴を催したり、歌を詠んだり、共通の趣味を楽しむことから始まっています。それが中世の時代になると、組織としての座が生まれます。本所（もとは荘園の実効支配権を有した者のことでしたが、室町時代には座の支配権者をも指すようになりました）といわれる公家や寺社などの保護を受け、座役を納める代わりに種々の特権を有した商工業者や芸能者の同業者の集まりです。

観世座、宝生座、金春座、金剛座の大和四座という、今日までも続く能の座は、奈良の興福寺に座役として出勤する義務を持つ代わりに、寺から保護されるという関係でした。その流儀が有為転変の時代を生き抜き、今日まで続いているのです。ちなみに能の五大流派の残るひとつ喜多流は、江戸時代二代将軍秀忠の贔屓で喜多七太夫という天才的な役者が一流を認められたものです。

『平家物語』を語る琵琶法師の座は「当道座」といわれる盲人の組織で、検校《けんぎょう》を頂点に、別当、勾当《こうとう》、座頭という位があります。室町時代に検校・明石覚一が『平家物語』の正本となる覚一本（現在最も多く活字になっています）をまとめました。ちょうど観阿弥の活動が絶頂期で世阿弥がまだ少年の時代です。明石覚一は足利一門であったので、室町幕府から庇護を受け、当道座を起こし、村上源氏の流れの久我家が本所として庇護をしました。

中世は新興の武士や都市化が進む中で現れた多彩な生業、職業を持つ人々が天下を動かしていきます。そこでおのずから古代とは違った文化を創り出していきます。その一番の根元となった市井の人々が集う場から、能・狂言も、お茶も、お花も新たな展開をしていくのです。

今様、婆娑羅、傾奇

今様《いまよう》、婆娑羅《ばさら》、傾奇《かぶき》。この三つの言葉は古代、中世、近世のそれぞれの時代精神を体現しています。そして芸能にとってもキーワードといえます。

「今様狂い」と評されたのが後白河法皇です。古代王朝が没落し武士の時代に取って代わる時代に生き、最後まで王権を擁護しようと権謀術数をめぐらし「天下一の大天狗」と源頼朝に言われた存在です。法皇は信西（藤原通憲）が「和漢の間、比類少きの暗主」と言ったように、治天の君主として修めるべき歌道や漢詩といった教養に無関心でした。その代わり今様といわれる当時の遊女たちが担った歌謡曲に現《うつつ》を抜かし、宮中に遊女を住まわせて師と仰ぎ、喉を三度も痛めたというほどでした。その成果は『梁塵秘抄《りょうじんひしょう》』という今様の詞章集と口伝集として残されました。

今様は旧時代の価値観を揺すぶり、新たな時代の先駆けとなるものです。その意味ではどの時代も今様を持つのです。能も若き将軍・足利義満には今様であり、婆娑羅も乱世の室町時代を象徴する今様であり、歌舞伎（傾奇）も桃山時代、江戸時代の民衆には今様でした。もっといえば戦後すぐの美空ひばりのヒット曲「東京キッド」も今様だったのです。こうした視点も芸能史には必要なのです。

婆娑羅大名・佐々木道誉は、中世の乱世の時代精神を体現した人物です。『平家物語』に次ぐ軍記物『太平記』の時代、その時代精神が婆娑羅であり、派手な異装を好んで人の目を驚かし、物狂いといわれる行動をした人々の呼称です。初めは執権・北条高時に仕え、鎌倉幕府を倒すべく兵を挙げた足利尊氏に従い、室町幕府の主要な守護大名として生き抜きます。それに加え芸術のパトロンとして、今風に言えばアートディレクターとしても活躍しました。

『太平記』にはそうした道誉の逸話が多く記されています。そのひとつに京都・妙法院の焼き討ちがあります。妙法院の紅葉の枝を折り取った道誉の家臣が散々に痛めつけられたと知った道誉が、その意趣返しに院を焼き討ちしたのです。さすがに幕府も道誉を流罪にすると、道誉は家臣の手ごとに籠に入れた鶯（鳴き声を競うのが当時の流行で、観阿弥は一座の戒めとして鶯を飼うことを禁じている）を持たせ酒を傾け、遊女と戯れつつ旅立ったというのです。

南朝の楠木正儀《まさのり》が道誉の館を占拠した際には、自邸に火をかけずに花、香で飾り立て、酒をなみなみと用意して立ち退きました。

また、幕府内で対立していた斯波高経の花見の誘いを無視し、大原野で大宴会を催した時は、猿楽から白拍子まで京中の芸人を集め、四本の桜の大木を生け花に見立てて根元に真鍮の花瓶を造らせ、貴重な香木をまるごと焚きました。宴席には百味の酒肴と、百服の本茶・非茶（京都・栂尾《とがのお》産の本茶とそれ以外の産地の非茶を飲み比べる賭け事）を当てさせ、その懸賞品を山積みにしました。芸道、花道、香道、茶道の目利きでありパトロンでもあった、アートディレクター・道誉の面目躍如と言うべきでしょう。この辱めを受けた高経は逆上し、結局自滅してしまいます。

時代を代表する文芸、連歌の興隆の立役者でもあった道誉の連歌は、関白・二条良基が撰《せん》した『菟玖波《つくば》集』に八〇首余りが入集しています。近江猿楽の保護者であり、能の目利きでもあった道誉が語った言葉を、世阿弥はその伝書にも書き留めており、深い影響を受けています。

神仏習合

あなたは仏教徒ですか、と問われたら何と答えますか？　ご自分の宗派の教義を詳しく学びましたか。もちろん特定の宗派の熱心な信奉者もいらっしゃるでしょう。しかし大半の日本人は、結婚は神式、あるいは若者ならば教会、葬式は仏式という雑食的スタイルで生きています。ある信仰心に関する調査では、宗教団体を「あまり信頼しない」「全く信頼しない」とした人が八〇％に上るとのことです。

前項の婆娑羅という言葉は聞き慣れない言葉です。婆娑羅はサンスクリット語で「金剛」を意味する語の音訳といわれます。金剛石はダイヤモンドと訳されますが、仏教では最も硬い物質のことで、これで作られた金剛杵《しょ》という武器で悪鬼、仏敵を払うのです。金剛力士（仁王様）の姿を思い浮かべてください。寺の入り口の門の両側に憤怒の口を開けた阿形《あぎょう》、口を固く結んだ吽形《うんぎょう》の一対で、今にも悪鬼を払い退散させる勢いの仏像。元はインド古代バラモン教の神が仏教に取り入れられ守護神になったものです。

仏教は比較的寛容な宗教で、日本では仏教が受容されて以降、神々との習合も進みます。中世は神仏習合とか本地垂迹《ほんじすいじゃく》（神々は仏菩薩が権《かり》に現れた姿＝権現だという理解）という教義解釈が完成されました。上手く棲み分けて平和共存していたのです。能の保護者であった興福寺と春日大社は古来重なり合い、習合していましたし、そこで庇護され創られていった能という芸能には、『翁』のように神事の祈りの系譜のものと、仏教の煩悩と救済をテーマにした『葵上《あおいのうえ》』や『野宮《ののみや》』のような作品の系列があるのです。

仏教徒の西行が伊勢神宮で詠んだ「何事の　おはしますをば　知らねども　かたじけなさに　涙こぼるる」という和歌は、日本人の寛大な宗教心を体現しているといわれますが、天照大神が密教の大日如来の垂迹であるという理解もその背後にあるのです。

古代の仏教は貴族中心の鎮護国家の宗教でしたが、西行の時代以降、新しい階層である武士や、都市の商業者、職人や地方の農漁業民に信徒を持つ、新たな宗派が生まれました。鎌倉仏教といわれる宗派です。法然の浄土宗、親鸞の浄土真宗、一遍の時宗という念仏宗の系譜、栄西・道元の禅宗、日蓮の法華宗。全てに共通するのは古代を代表する大寺院である比叡山延暦寺にひとたびは学び、そこを離れたこと。前時代を潜り抜けて新たな宗派が生まれたのです。これだけの宗派を一括りにできないのは言うまでもないことですが、それまでのような寺を建てたり、大きな寄進をする財力がなくとも、また厳しい修行や教学を学ばなくても、貴賤、男女、貧富の差なく、往生や悟りに至れるというのが基本的な姿勢です。宗教にとっても中世は画期的な新時代なのです。

「四条釈迦堂」
（円伊『絹本著色一遍上人絵伝』より）

　これら鎌倉仏教の最後に位置する一遍の時宗は芸能に直接的な影響を与えました。平安時代中期の念仏聖《ひじり》・空也を師と仰ぎ、欣喜《きんき》愉躍念仏＝踊り念仏を始めたのです。それは各地の盆踊りに芸能的につながり、一方時宗の阿弥号は芸能者の名になります。同胞衆といわれ、室町将軍の側近の文化人として抱えられ活動をします。能阿弥、芸阿弥、相阿弥の三代は画家として書画の管理・鑑定、造園、連歌、茶道と多才な活躍をみせます。また能役者の観阿弥、世阿弥や田楽法師の増阿弥のように、名だたる芸能一座の役者も阿弥号を名乗りました。

古刹 長楽寺――ライフワークの出発点に

「真葛ヶ原にそよそよと　秋は色ます華頂山　時雨をいとうからかさの　濡れて紅葉の長楽寺　思いぞ積もる円山の　今朝も来て見る雪見酒　エエそして櫓《やぐら》のさしむかい　よいよいよいよい　よいよいやさ」

堅い話が続きましたので祇園で京舞「京の四季」を見ましょうか。井上流先代家元、四世井上八千代の振り付けです。だらりの帯、振り袖の舞妓さんによく似合うはんなりとした振り付けです。歌詞だけでもある程度想像できますか? 今はYouTube(ユーチューブ)でも見られます。

その祇園町を抜けて祇園神社(八坂神社)と円山公園を左に、大谷祖廟を右に見て東山の坂を上ると、突き当たりにあるのがこの「京の四季」に唄われた長楽寺です。その紅葉は西行も愛し歌を詠んだ古刹《こさつ》です。十四世紀からは時宗のお寺で、重要文化財の一遍上人の立像を含む時宗祖師像が残されています。一遍の彫像は、全てを捨て去り、生涯を念仏一途に遊行して果てた厳しい魂が刻み込まれた傑作です。平家一門が滅んだあと安徳天皇の母・建礼門院が、文治元（一一八五）年五月一日、この寺の阿証上人によって剃髪しました。その折に寄進した安徳天皇の形見の御衣を裁ち直した幡《ばん》（仏具の旗）が寺宝として残されているのです。

私は御落飾八〇〇年の年である一九八五年、『平家物語』を基にした建礼門院の鎮魂のための語り『建礼門院』を作・演出し、一〇年間毎年五月に奉納しました。相阿弥が造ったという庭から、時宗に保護されていた熊野の歌比丘尼（千賀ゆう子さん）が時空を超えて現れ、今様を歌い物語るという作品でした。以来『平家物語』は私のライフワークとなり、さまざまな形で上演を続け、二〇〇八年にはこの長楽寺で『平家物語』の中の「女院出家」と「女院死去」の二つの章段を原文のまま女優・麻実れいさん主演で撮影、映像作品にしました。*

二〇一三年の一〇月末には東京の国立能楽堂と京都の金剛能楽堂で、若村麻由美さんの一人芝居『巴』『小宰相《こざいしょう》身投《みなげ》』と、狂言役者の野村萬斎さんの平重衡役、若村さんの千手役で『千手』を上演しました。これらは全て能になっているのですが、『平家物語』の原文の持つ力を、古典のままでもなく、また現代劇でもなく、古典を現代に生かした創造として、新しい表現を模索して稽古を重ねたものです。古典のテキストをいかに今に生かしていくか。これが私の根源のモチーフなのです。そのために芸能史を見直すのです。世阿弥を見直し、近松門左衛門を読み返すのです。彼らにとっても、先人たちが積み上げてきた作品群があり、それをいかに自分たちの今・現在の時代の作品にするか、という自問自答があったのです。私も彼らに学びつつ、仕事を重ねたいと思うのです。

さてもう一度長楽寺に戻りましょう。寺伝によると桓武天皇の勅願で八〇五年、最澄により天台の別院として創建。平安時代一条天皇の御代、巨勢広高が地獄変相の壁画を描くと『今昔物語』に記される。鎌倉時代初期、天台宗の隆寛が法然の教えを乞い、専修念仏長楽寺派を立て浄土宗に改宗。一三八五年、国阿が入寺し、時宗に改宗。江戸時代後期の思想家、漢詩人・頼山陽はこの寺を愛し、この寺に葬られています。

この古刹には古代から中世、そして近世と歴史の転変が刻み込まれています。

＊映像は『原典平家物語ＤＶＤ』灌頂巻（ハゴロモ発行）に収録。

二　中世から近世へ

観阿弥と世阿弥

二〇一三年は世阿弥生誕六五〇年、観阿弥生誕六八〇年でした。能にとって世阿弥の存在は計り知れない大きさがあります。世阿弥作の名曲の数々。複式夢幻能という独自の劇構造。深奥な能楽論の数々。これらがあったから今まで能が存続してきたといっても言い過ぎではないでしょう。そして何を隠そう世阿弥は私の師匠であります。当方の勝手な片思いですが、問えば汲めども尽きぬ答えが返ってきます。

世阿弥の後期の能芸論『花鏡』の中に「その者になること、三つ揃はねば叶はず。下地の叶ふべき器量、一。心に好きありて、この道に一行三昧になるべき心、一。また、この道を教ふべき師、一なり。この三つ揃はねば、その者にはなるまじきなり。その者と云《い》っぱ、上手の位に至りて師と許さるる位なり」と書いています。その道の上手にして師となれるということは第一人者ということ。そうなるには資質に恵まれていること、その道が好きで一心不乱になれる心掛け、道を教える良き師の三つが揃わなければならない、ということです。自らを省みていかがでしょう。三つ揃えば結構なのですが、凡人の我らはなかなかそうはいきません。どれか一つ欠けたりするものです。また素質に恵まれていても磨かなければ役に立ちません。いい声をもっているとか、いい顔に恵まれている役者はそこで留まってしまうことが多いものです。

人を感動させるのは美しい声や顔ではなく、心の働きを伴った声であり、演技です。これは演出家としての確信です。

良き師は偶然の出会いを待っていても現れません。自分で追い掛け見つけ出すのです。師は変わっていっていいのです。生涯の仕事を成し遂げるには師を変える力も必要なのです。

世阿弥は観阿弥三十一歳の年に生まれました。子にとって父は選ぶことができません。しかし幸いなことに能の師としての父・観阿弥は優れた技量と、知性も併せ持っていました。観阿弥もいくつかの能の台本を書き、能に新しいリズムの変化に富んだ曲舞を導入し、それまでメロディー中心だった謡に大きな変革をもたらしました。

観阿弥は利発な鬼夜叉（世阿弥の幼名）に高度な教育を与えました。さらに能にとって画期的な足利義満との出会いがありました。それは京都・今熊野神社で催された能の公演で、美少年世阿弥と若き将軍義満とが出会ったのです。以来義満は観阿弥・世阿弥親子を贔屓するようになりました（一〇〇頁「芸能としての翁」参照）。画期的なことです。「今様、婆娑羅、傾奇」（二〇一頁）で「能も若き将軍義満には今様であった」と書いたように、義満にとって親世代が贔屓にした田楽ではなく猿楽（当時は「田楽の能」と「猿楽の能」があり、世阿弥らは後者でした）が自分の時代にふさわしい芸能であり、今様だと確信したのです。

以来世阿弥は義満とその周辺の知識人から多くを学びます。摂政・関白を度々経験し、優れた文化人であった二条良基は世阿弥の美貌と才能に惚れ込み、藤若という名前を与えるほどでした。世阿弥は良基から連歌を学び、幽玄という連歌の美意識を能にも取り入れたのです。それが『花鏡』の「ただ美しく柔和なる体、幽玄の本体なり」という言葉に結晶するのです。まさに世阿弥は当時の最高の権力者や文化人、さらには時宗や禅宗の教えを師として多くを学び続け、自分の美意識を深化していったのです。それが世阿弥作の能と、能についての伝書に結晶し、自ら「上手の位に至りて師と許さるる位」に達したのです。

世阿弥の能『実盛』

世阿弥は時宗の教義と一遍その人を登場させる能を書きました。その詞章には、時宗の根本の信仰の言葉や一遍が庶民に教義を分かりやすく説いた和讃《わさん》がちりばめられています。時宗賛美の能といってていいほどです。そのころの時宗は武士から民衆まで受け入れられ広く信仰されていました。踊り念仏という民衆的な信仰のスタイルは近世の芸能につながっていくことになるのです。

足利義満の次の四代将軍義持は、遊行上人(時宗の指導者)の回国に際して、関所や渡しは通行自由という権利を与えます。その義持の時代の応永二一(一四一四)年の三月十一日、加賀国(石川県)に斎藤別当実盛の亡霊が現れ、遊行上人(遊行十四代他阿《たあ》太空《たいくう》上人)から十念(一〇回の念仏)を授けられたという巷説が広まりました。これを基に世阿弥が書いて上演されたのが能『実盛』です。話題になった出来事を直ぐに能に仕組んだのです。世阿弥の作家としてのフットワークの良さと才能です。これは演劇人にとっては当然のことなのです。

近世になればこの傾向はますます強くなります。近松門左衛門の『曽根崎心中』は、元禄十六（一七〇三）年四月七日の大坂新地天満屋の女郎はつと醬油商平野屋の手代である徳兵衛が曽根崎村の露天神の森で心中した衝撃的な事件を、ひと月経つか経たないうちに人形芝居として道頓堀竹本座で上演したものです。当時五十一歳で浄瑠璃作家として脂の乗り切った近松。その時に、歌舞伎ではこの事件がすでに芝居になっていたことが口上で述べられています。それほど、近世の演劇は三面記事に敏感に反応したのです。このことはまたあらためて近松のところで書きます。

『平家物語』巻七の「実盛最期」に書かれた実盛が篠原の合戦で、老い武者と侮られまいと鬢髭を黒く染めて出陣して討ち死にしたことと、故郷に錦を飾るべく平宗盛（清盛の息子）に大将が着る錦の直垂《ひたたれ》（衣服）を拝領したことを、上記の巷説と見事に結び付け、老武者の気概を描いたのです。これも世阿弥が五十一歳ごろの充実期の作品です。

遊行上人が加賀国篠原で説法をしていると毎日老人が説法を聴聞し、上人と言葉を交わすが、他人には姿が見えない。老人は上人に実盛の亡霊だと名を明かして消え失せる。ここまでが前半。上人は土地の者に実盛の最期の模様を聞き、先ほどの老人が実盛だと確信し、実盛供養のために踊り念仏を催す。「極楽世界に往きぬれば、永く苦海を越え過ぎて、輪廻の故郷隔たりぬ……」と和讃を唱和すると、錦の直垂に甲冑を帯した実盛の亡霊が池水から浮かび上がり、自らの最期を物語る。討ち取られた実盛の首実検をしたのは、源氏の大将として平家を追い落とした木曽義仲。かつて幼い自分の命を助けた老武者の鬢鬚が黒々としているのを不審に思い、池水で洗わせる。たちまち白髪となった首。人々は実盛の心意気に涙する。さらに実盛の霊は、錦の直垂を拝領して戦に臨み、義仲に組もうとするが手塚太郎に隔てられ、ついに首を討たれた有様を物語り、弔いを願って消え失せた。

まさに「老い木に花の咲かんがごとし」と世阿弥が言った老体の能の極致です。この名高い老武者の物語は近世の浄瑠璃『源平布引滝《ぬのびきのたき》』となっていきます。中世と近世では同じ種が全く違った花を咲かせます。

浄瑠璃の『実盛』の筋立て

世阿弥は能本の書き方を記した『三道』に、源平の名高き武将のことは『平家物語』のままに書くべしと記しています。能『実盛』の前半は当時流布した巷説から筆を起こし、後半は在りし日の斎藤実盛が討ち死にするさまを『平家物語』のままに再現することで、二〇〇年の時を隔てて篠原に現れた実盛の亡魂の鎮魂を果たすのです。『実盛』の登場人物は時宗の遊行上人とその従者、実盛の亡霊だけで、すべてのドラマは実盛一人の生きざまに凝縮していきます。

これが能の特徴で、シテ（主役）一人主義ともいわれます。

それが近世の人形浄瑠璃『源平布引滝』になると、多くの登場人物が互いに葛藤を抱え、事が展開していくので、筋が複雑になっていくのです。またその入り組んだ関係の中に人間の真実を見せるのです。能は活字本にして数ページのもので、『実盛』の上演時間は一時間四〇分。それに比べ浄瑠璃の台本は文字数でいえば一〇倍以上あり、事の発端から終結まで、通例五段に構成され、全段通して上演すると一日かかります。しかし現在では人形浄瑠璃（文楽）でも歌舞伎でも全段通しはまれで、名場面だけを取り出して上演しています。『源平布引滝』では現在上演されるのは主に二段目「義賢《よしかた》最期」と三段目「実盛物語」です。

平家全盛の時代、源義朝の弟義賢は、平家に服従すると見せて源氏再興を密かに志し、源氏の白旗を守っていた。しかし事が露わになり、平清盛の追っ手が迫る。その折、義賢は自分の子を宿した妻の葵御前を近江の百姓・九郎助に、白旗を九郎助の娘小万に託し、壮絶な討ち死にを遂げる。これが「義賢最期」。

「実盛物語」では、琵琶湖畔の九郎助の住まいに葵御前がかくまわれている。娘の小万は源氏の白旗を預かったまま戻ってこない。九郎助が孫の太郎吉（小万の子）と鮒捕りに行くと、白旗を握った女の片腕が掛かり家に戻る。そこに葵御前の産む子が男子であれば即刻殺せと命じられた平家方の斎藤実盛と瀬尾十郎が検分に来る。苦肉の策で九郎助夫婦は生まれたのはこれだと白い腕を差し出す。実盛は怒る瀬尾を押しとどめ帰らせるが、納得できない瀬尾は隠れて様子をうかがう。

実盛は「物語らんと座を構え」と、座を改めて事の次第を物語りはじめる。これが「実盛物語」という題の由来。実盛は語る。平家方の舟に泳ぎ寄った女が白旗を持っていたので、源氏に心を寄せる自分は白旗を平家方に渡すまいと、白旗を持つ女の腕だけ切り落としたと。そこまで語ったところに小万の死骸が運び込まれる。その死骸に例の腕を付けると、なんと小万は一瞬息を吹き返し、白旗が無事だったと知って死ぬ。九郎助夫婦は小万は実の子ではなく、平家の筋の者で光盛と銘のある守り刀とともに捨てられていたのを育てたと告白。折しも葵御前が産気付き、駒王丸（後の木曽義仲）を産む。実盛は太郎吉を若君の家臣にと葵御前に願うが、平家方の血を引く以上功を立ててから、と許されない。そこに瀬尾が現れ「若君を渡せ」と迫る。太郎吉が母親の形見の刀で瀬尾を刺す。瀬尾は実は小万の父親であり、太刀を太郎吉に持たせ首を切らせ、孫に手柄を立てさせる。これで太郎吉は若君の家臣になることが許される。さらに母の仇と実盛に迫る太郎吉（後の手塚太郎光盛）に、実盛は今と同じ姿に白髪を黒く染めて出陣し、戦場で討たれようと約束して別れ行く。

筋を追うだけで紙面が尽きました。次項では複雑に絡み合う物語の因果の糸を解きほぐしていきましょう。

浄瑠璃の『実盛』の劇構造

能と違い人形浄瑠璃の人物は一筋縄ではいかない葛藤を抱えています。それが荒唐無稽と言えるほどに複雑に絡み合っています。前項の粗筋（最小限にしています）だけでもその複雑さは十二分に伝わったことでしょう。これが近世です。

中世の能という演劇は余計なものを捨てに捨てて、その人間の一番大事なものを見せるために、亡霊を登場させるのです。生きていれば、さまざまな人間関係が葛藤を生み、事件を起こさせます。それが普通のドラマです。「文字を遡る」（一九四頁）で書いたように、死はその人間にそれ以上何も付け加えることができなくなることです。

「眞」は不遇の死を遂げた人を表す文字で、鎮められなければ怨霊になるかもしれないと同時に、真実を意味することにもなるのです。棺おけのふたが閉まっているのですから、生き直すことはできません。その人間が遭遇した事をいかに思い出し、意味付けるかしかないのです。これが能のドラマツルギー（劇構造）です。

中世の室町時代も、近世の江戸時代も武士の時代であるのに、この違いは何でしょう。中世は乱世であり下克上であり、今日の勝者が明日の敗者になった時代です。生も死も目前にありました。しかし『源平布引滝』が上演された寛延二（一七四九）年は天下太平の世。お家騒動や私的な喧嘩（例えば赤穂浪士の一件）はあっても、天下の覇者はとうに決まっていました。だからこそ人形浄瑠璃や歌舞伎を支えた町人たちは、悪場所と呼ばれた官許の遊郭と劇場で、虚構の恋に遊び、虚構の芝居に手に汗握り、涙したのです。

そこでは、表向きは平家の禄を食《は》んでいても、本音は源氏に心を寄せる斎藤実盛のように人間の二重性が見据えられています。また善と見えたものが実は悪であり、悪と見えたものが実は善になります。瀬尾十郎は平清盛の命を受けた検分役で、もう一人の検分役実盛が条理をわきまえた存在なのに比べ、荒々しく悪人面です。しかし、実は小万が若気の至りで捨てた我が子であったことを知り、わざと孫の太郎吉に討たれて手柄を立てさせるのです。このような演出を「もどり」と言い、それまで悪人と見えたものが主君や身内のために我が身を犠牲にして尽くすという、人形浄瑠璃や歌舞伎では重要な役柄であり演技です。瀬尾は自らの太刀の柄を幼い太郎吉に持たせ、刃先を自ら握って首を落とすのです。その結果太郎吉は、木曽義仲の家臣になることが許されます。時を遡り、その因縁のつながりを物語り、それが新たな関係を生んでいきます。

その核は『源平盛衰記』（『平家物語』を増補し多くのエピソードが記されている）にある源義賢の遺児・駒王丸を実盛が助け、木曽の中原兼遠に預けたという記事です。そこから遡って、能『実盛』に描かれた老武者実盛が白髪を黒く染めて討ち死にした名高い物語が何故起きたか、微細に解き明かすのです。世阿弥が能『実盛』に巷説を取り入れたように、この物語の仕立てに作者の並木宗輔は、女性が腕を産んだためにその村を手孕村《てはらみ》と呼んだという、享保十九（一七三四）年に書かれた『近江国輿地志略《よち》』の地名由来譚も盛り込みました。

歴史という、庶民には縁遠い世界を、想像力を駆使し、奇想天外の面白さや涙を絞る情愛も交えて、微に入り細を穿って芝居に仕立て、創り上げていったのが、近世の人形浄瑠璃の世界なのです。

能と秀吉

能『誓願寺』も『実盛』と同じく時宗の教義を取り入れた能です。一遍上人が熊野参籠で霊夢を得て、「六十万人決定往生」の札を広めようと京都・誓願寺に至る。女が現れ、札の意味を尋ねて称名念仏をたたえ、寺の額を「南無阿弥陀仏」の六字名号と掛け替えるように頼み、自分は和泉式部の霊だと告げて消える。上人が額を掛けると花が降り音楽が聞こえ、念仏を唱えると歌舞の菩薩と化した和泉式部が現れて寺の謂われを語り、菩薩聖衆も六字名号の額を礼拝する、という時宗賛美の能です。

この能のクセ（謡の一つ）は次のようなものです。

「笙歌《せいが》遥かに聞ゆ、孤雲の上なりや。聖衆来迎す、落日の前とかや。昔在霊山の御名《みな》は法華一仏。今西方の弥陀如来、慈眼《じげん》視衆生現れて。娑婆示現観世音、三世利益同一体ありがたや、我等がための悲願なり。若我成仏の、光を受くる世の人の、わが力には往き難き、御法の御舟の水馴《みな》れ棹、ささでも渡る彼の岸に、至り至りて楽しみを極むる国の道なれや。十悪八邪の雲も空晴れ、真如の月の西方も、ここを去ること遠からず、唯心の浄土とはこの誓願寺を拝むなり」

（私訳＝「聖なる音楽が聞こえるうちに、西方浄土から菩薩が迎えてくれる」という来迎の有様を詠った詩のように、この寺のご本尊阿弥陀仏は、霊鷲山で法を説かれたときの名は法華、いま西方浄土では阿弥陀如来、衆生に慈悲を施すべく娑婆に現れては観世音と、折々に名は変わっても、ご利益は過去・現在・未来の三世に変わらないと、衆生のために慈悲深い御誓願を立ててくださった。阿弥陀如来の慈悲を受ける衆生は、自力では往けぬ極楽へ易々と他力で渡ることができ、楽しみを極め、迷いの雲も消え、西方浄土も遠くではなく我が心にあり、という思いでこの誓願寺を拝むのだ）

これを謡い舞い、船中で切腹して果てた戦国大名が備中高松城主・清水宗治でした。天正十（一五八二）年六月四日のことです。織田信長軍の中国攻め大将・羽柴秀吉が軍師・黒田官兵衛の発案で行った、名高い高松城水攻めが功を奏し、宗治は降伏します。籠城の兵士数千人の助命と引き換えに自分の命を差し出したのです。小船に乗った宗治は秀吉から贈られた酒肴で別れの宴を行い、船中でクセを謡い舞い、「浮世をば今こそ渡れ武士《もののふ》の名を高松の苔に残して」という辞世を遺し切腹を遂げたのです。これを見届けた秀吉は宗治を武士の鑑として称賛したといいます。

実は六月二日に本能寺の変で信長が明智光秀に殺された情報を入手していた秀吉は、この情報を敵方に隠して和議を実現、一気に京に戻り、山崎の戦で主君の仇、光秀を討って信長の後継者の地位を固めます。

天下人となった秀吉は一〇年後、文禄の役（朝鮮出兵）の折に名護屋（佐賀県唐津市）の前線基地で能を稽古し、次々と舞います。さらに自分の業績を能に創らせ主演します。「太閤能」です。『明智討』では秀吉が光秀を討つという能を演じたのです。能は見るよりは演《や》る方が夢中になれます。これだけだと権力者の自己顕示にすぎないと思われることでしょう。しかし秀吉は自らが討ち滅ぼした敵将北条を能『北条』に創らせ演じました。勝利者を演じるだけでなく、敗者の亡霊を演じたのです。それは生と死が瞬時にして入れ替わることを目の当たりにした戦国大名ならではの行為です。天下人となり全てを手に入れた秀吉の辞世の歌は、「露と落ち露と消えにし我が身かな浪花《なには》のことは夢のまた夢」でした。あらゆる権力も栄華も束の間の夢にすぎないと身に沁みていたのです。

芸能を演じた天下人

能は戦国時代に終止符を打った天下人、織田信長（一五三四―八二）・豊臣秀吉（一五三七―九八）・徳川家康（一五四三―一六一六）の三人によって近世に橋渡しされていきました。

信長はよく知られるように、桶狭間の戦いに臨んで幸若舞の『敦盛』の一節を謡い舞って出陣しました。「人間五十年、化天（仏教の六欲天の最下層で、一日が人の世の五〇年に相当し、いかに人の命が儚いかを表す）のうちをくらぶれば、夢幻の如くなり。一度生を享け、滅せぬもののあるべきか」という詞章です。永禄三（一五六〇）年五月十九日、圧倒的多数の今川軍を少数の兵で急襲し、今川義元を討ち取りました。まさに決死の覚悟にふさわしい曲です。幸若舞は観阿弥が能に取り入れた曲舞の一種で、能と同じように武士に愛好されました。信長は能では丹波猿楽の梅若を贔屓にしました。

本能寺の変の直前、天正十（一五八二）年五月十九日には、安土の能舞台で幸若舞と梅若の能を上演して家康を供応しています。そのあと、わずかの近臣と堺見物をしていた家康は、六月二日の本能寺の変を聞き、自らの死を覚悟したほどでした。しかし命からがら伊賀の山越えをして伊勢から海路三河に戻り、生き延びました。このとき秀吉は前項で書いたように、高松城主・清水宗治の『誓願寺』の舞と切腹を見届け、中国から大返しをして明智光秀を討つのです。三者三様に死と直面していたのです。これが戦国武将の宿命です。だからこそ三人の天下人ばかりでなく名だたる戦国大名が、死を直視した能という芸能を愛好し、自ら舞ったのです。

秀吉も金春流の能を習い、自ら舞うようになります。そして大和四座に配当米を与えることを始めます。そのころ途絶えていた興福寺の薪能への大和四座の参勤を復興しました。これらは能の歴史にとって画期的なことでした。

家康は幼少のころから観世流と深い縁がありました。世阿弥の息子・観世元雅が不遇のうちに客死し、遺児・十郎とその息子の代で世阿弥の直系は途絶えました。それを世阿弥の甥・音阿弥の系譜の六世観世大夫元広が次男に再興させ、三世十郎大夫を名乗らせました。この十郎大夫は駿河の今川氏に保護されていて、家康が幼くして今川の人質であったころから家康の能の師だったのです。十郎大夫は『風姿花伝』『申楽談儀』などの世阿弥の貴重な伝書を家康に献上していたのです。この縁で、家康は若いころから年頭には能の謡をうたう謡初《うたいぞめ》を行っていました。江戸幕府を開府してからは、能・狂言を幕府の公式の儀礼に催す芸能である式楽と定めました。秀吉の政策を受け継ぎ、観世座を筆頭に大和四座に禄を与えて保護したのです。

家康が幕府を開く一〇年前の文禄二（一五九三）年十月に、秀吉が催した禁中での能・狂言上演のエピソードを書いておきましょう。秀吉、家康、前田利家がそれぞれ能を舞い、能の間に『耳引き』という狂言を競演しました。『耳引き』は現在上演されている『井杭《いぐい》』（『口真《くちま》似《ね》』という狂言だという説もあります）だと考えられています。秀吉が井杭（居食＝居候）役、家康が井杭の主人役で、利家が通り掛かりの算置《さんお》き（占い師）役です。天下人の秀吉が、天下人ナンバー2の家康とナンバー3の利家を相手に、自分が透明人間になったことをよいことに耳を引っ張ったり鼻を爪弾きにしたりして二人を喧嘩させるという、抱腹絶倒のドタバタ劇を演じ、興じたのです。しかしその五年後には秀吉が亡くなり、翌年には利家も死に、その翌年の慶長五（一六〇〇）年に関ヶ原の戦に勝利した家康が天下を手中にしたのです。

死を見つめる能、日常を笑う狂言

日本中世の最も重要な歴史書といわれる『愚管抄《ぐかんしょう》』（一二二〇年）に「保元、平治以降は皆乱世」と書いたのは、平安時代末期から鎌倉時代を生きた天台僧都・慈円でした。慈円は歴史を道理の展開によって理解しようとしました。貴族の時代から武士の時代になったのは、三種の神器のうちの宝剣が平家滅亡とともに海に失われ、その宝剣に代わって、武家の政権が世を治めるようになったのだと。源頼朝の鎌倉幕府をそのような道理で理解しようとしたのです。

この乱世は鎌倉、室町時代から戦国時代まで四〇〇年以上続きました。この間、武士は武芸を磨き、戦に臨み、一度戦に敗れたなら一族郎党、女子供まで犠牲にされる時代でした。そのような時代に能と狂言は創られました。それを自分たちの階級を代表する芸能として選んでいったのも武士でした。織田信長、豊臣秀吉、徳川家康の三人の天下人が三様に能を愛好し、自ら演じた（信長が舞ったのは幸若舞でしたが）ことは驚くべきことです。それは能が人の一生を死というフィルターを通して見直すという劇だったからであり、生死の淵を日々綱渡りすることを余儀なくされた武士は、死を見つめ、飼いならしておく必要があったのです。それでは狂言は彼らにとってどのようなものだったでしょう。その答えとして前項で、狂言『井杭』のことを書きました。居候の井杭は保護者である主人に会うたびに頭を扇で叩かれます。親愛の情の表現だと分かってはいても、それが嫌さに清水観音に祈って、姿が見えなくなる帽子を授かります。その帽子を持って主人を訪ねると早速に頭を叩かれそうになり、その帽子を被ります。主人は、急に消えてしまった井杭を探すために通り掛かりの算置き（占い師）をたのみます。井杭は透明人間になったことをよいことに、主人と算置きをさんざんなぶり喧嘩をさせるのです。

能と狂言は根本芸『翁』を、能役者が翁を、狂言役者が三番叟を担当することで共有します。やがて能は死者の魂を慰撫する鎮魂の劇として『敦盛』や『井筒』を、また祝言の芸能として、神々の由来や奇瑞《きずい》（喜ばしい不思議な現象）を再現する『高砂』や、仏法を守護する獅子がめでたく舞う『石橋』などの世界を表現する、歌舞の詩劇として完成していきます。

『井杭』
（伊勢門水『狂言画』より）

それに対して狂言は対話形式で、日常の人間の主従の争いや、欲望や、見栄や、夫婦の諍いといった、誰もが持つ愚かしさを描きます。人間、死と向かい合ってばかりでは生きてはいけません。日常の普段の時間が大半を占めます。その中で狂言の人間像をつくり上げてきました。それは現代の私たちにも感動を与えてくれる人間喜劇の原形です。

目先の笑いではなく、私たち人間の愚かしさを鋭く風刺もし、最後には笑いと共に許してくれるのです。

能と狂言が交互に上演されることの意義はここにあります。秀吉も家康も死に向かい合う能を演じるだけでなく、狂言を演じることで、権力者の駆け引きを、たわいない子供の悪戯のように笑い飛ばし、興がることも必要だったのです。

そのころにはもう、平和な時代になりつつありました。徳川の世になると戦乱はなく、町人の文化が台頭してきます。武士は精神として能・狂言を公式の芸能とします、戦乱による死に向かい合うことがなくなる分、その精神性を忘れないために能・狂言を式楽にしたともいえます。一方、外様大名が能・狂言役者を抱え、保護し、自らも舞ったのは、武器弾薬を蓄え強固な築城をする経費を遊芸に消費しているという、幕府に対しての平和主義宣言でもあったのです。

狂言綺語

能・狂言といえば中世の芸能であり、「歌舞伎狂言」（歌舞伎で演じられる芝居）といえば近世の芸能です。この中世と近世で使われ、時代をつなぐ狂言という言葉を見ておきましょう。

この言葉のルーツは「狂言綺語《きぎょ》」で、唐の大詩人・白楽天（白居易）。「狂言の人間観」（一五五頁）でも触れたのですが、大事な言葉なのでおさらいをし、新たにこれが近世とどのようにつながっていたかを見ていきましょう。

白楽天は最晩年に仏教に帰依し、自らの詩業の集大成『洛中集』を香山寺に奉納する折に、「われ本願あり。願はくは今生世俗文学の業、狂言綺語の過ちを以《も》て、転じて将来世世讃仏乗《せぜさんぶつじょう》の因、転法輪の縁となさんことを」と書いたのです。私の本当の願いは、狂言という道理を逸脱した言葉、綺語というきらびやかに飾った言葉で書かれた私の詩作品が、その過ちを転じて、結局は仏法を賛美することにつながること――、という願望であり宣言だったのです。この言葉が『和漢朗詠集』に採られ、平安時代の文人はこの言葉を理解していました。中でも紫式部は『源氏物語』を書く上で、玄宗皇帝と楊貴妃との悲恋を描いた長編詩「長恨歌」を下敷きにしたといわれるほど、白楽天の詩に深い影響を受けていました。

紫式部の時代になると、奈良時代に中国から渡来した散楽というアクロバットや笑いの芸能が、なまって猿楽と呼ばれていました。

さて白楽天は自分の詩を狂言綺語の過ちと卑下したようにも思えますが、実は優れた詩は言葉を日常の言葉のレベルから飛躍させることで、人間の内面の新たな美や価値を見せるという自負もあったはずです。

狂という文字は古来、理性と対立する逸脱の精神として理解されていて、清狂、詩狂といった日常性を超えた詩的狂気を示す言葉でした。大和言葉の「くるう」は、くるくると回転することであり、やはり日常からの逸脱であり制御し難い力に動かされる状態を言う言葉でした。

狂言綺語を狂言強盗という言葉と並べて比較してみましょうか。道理を逸脱し虚構の言葉で創られた詩作品に対し、ありもしないのに強盗に襲われたと虚構の芝居を打つのが狂言強盗。この言葉は演劇としての狂言の本質をずばりと言い当てています。ありもしないことを描きながら、現実の愚かな側面を暴き出すのです。主従関係や、夫婦関係や、さらにはこの世の特権階級の横暴といった、日常の人間関係に潜む不条理性は日々われわれが実感することです。これを風刺批評することも中国では詩の王道であり、白楽天も社会批判の詩を書いています。その視点が日常の対話劇の中に仕組まれると、狂言の風刺と批評的な笑いになるのです。

近世演劇として興隆してくる初期の歌舞伎には、多くの狂言師が参画していきます。やがて狂言という言葉は歌舞伎の脚本、さらには歌舞伎という演劇全体を指すことにもなります。狂言と歌舞伎（傾《かぶ》き）は同じ傾向の言葉なのです。

三　歌舞伎と浄瑠璃の時代

歌舞伎の始まり

京都の祇園四条駅のすぐ近く、南座も程近い鴨川の土手に、出雲の阿国《おくに》が長太刀を肩に扇を広げて踊っている銅像があります。歌舞伎の始まりといえば、徳川幕府が開かれた慶長八（一六〇三）年、ここ四条河原で阿国が始めた歌舞伎踊りだと、教科書でも習ったことでしょう。そのときの絵画資料では、阿国は男装で長い太刀を肩にしている姿で、舞台は全く能舞台と同じであり、お囃子《はやし》も笛、小鼓、大鼓、太鼓という能と同じ編成で、まだ三味線は登場していません。

戦乱の時代が終わりに近づき、戦で非業の死を遂げた人々の鎮魂のための御霊会《ごりょうえ》が催され、それに付随して念仏風流踊りが流行ります。こうした中から出雲の巫女であったという触れ込みの阿国が、幼子の踊り姿を模したややこ踊りで評判になり、さらに当時流行であった常識破りの姿の傾《かぶ》き者（歌舞伎者）の派手な姿に扮して歌舞伎踊りを始めました。男性が茶屋女（遊女）の元に通う様子を官能的に演じ踊ったのです。これが瞬く間に流行していきます。

当時、都市には公許の遊郭が作られ大勢の遊女が抱えられていました。やがてその遊女たちが自己宣伝のために着飾って舞台に登場し、客の心を引くようになります。総出演の顔見世レビューです。そのころには新参の渡来楽器・三味線（二十世紀ならばエレキギターに相当する革命的な楽器）が加わり、一層華やかな見世物になっていき、遊女歌舞伎と呼ばれました。なにせ遊女屋の客引き芸ですから、風紀を乱すことこの上ないと、お上から目を付けられ、寛永六（一六二九）年には禁止されてしまいます。

それに代わって流行るのが若衆歌舞伎です。美少年たちが舞台に上がる、今で言えばジャニーズ系のショーでしょうか。この伝統は今も根強く続いています。ただし今と大きく違うのは、遊女歌舞伎と同様、色を売るのが主目的のレビューだったことです。少年愛の美学は古代ギリシャ・ローマのお家芸ですが、われらが大和の国も長い歴史を持っています。これまでで名前が挙がった後白河法皇や足利義満をはじめ、これまた日本の伝統なのです。

この若衆歌舞伎も、風紀を乱すという理由で承応元（一六五二）年に禁止されてしまいます。

出雲阿国銅像
（作・撮影：山﨑正義。1994 年）

時代も江戸になり町人の文化となると、なかなか生々しいものがあるのです。私の文体もなんだか世話にくだけてきました。能を書くときとはおのずから違ってきます。

なにせ太平の世、遊女歌舞伎も若衆歌舞伎も、一気に流行し評判記がこまめに出版されました。例えば、何某という遊女は美貌は上等だが、踊りは並、されどなかなかの床上手。何某という若衆はいかつい顔立ちではあるが、踊りの上手で、それ以上に床上手——ってな具合。おのぼりさん、初心者向けの懇切なガイドです。

その禁止の歴史の果てに承応二（一六五三）年、野郎歌舞伎が認められます。若衆の象徴である前髪を剃って野郎頭にし、物真似狂言を上演することを条件にしてでした。これからが今につながる歌舞伎の歴史です。

ここで、狂言という言葉が表に出てきます。踊りやレビューではなく、本格的な狂言の芝居が要求されたのです。実は、遊女歌舞伎にも若衆歌舞伎にも狂言の小舞（世俗の歌謡や能の謡で舞う狂言独自の短い舞、能では仕舞に相当する）や寸劇的な筋立ては入っていました。それがいよいよ、寸劇から長い芝居への変身を求められたのです。

「憂き世」と「浮き世」

「憂き世」とは、仏教的厭世観をバックグラウンドに、世の無常を生きる苦しみを言う言葉でした。平安時代初期の『伊勢物語』八二段には「世の中に たえて桜の なかりせば 春の心は のどけからまし」という在原業平の名高い歌への返歌として、「散ればこそ いとど桜は めでたけれ うき世になにか 久しかるべき」という歌が書かれています。うき世という言葉の初出として古語辞書にも引かれる和歌です。「散る心配をさせる桜がなかったらどんなに春はのどかだろう」という歌に答えて、「散るからこそ桜はいいのだ、この無常の憂き世に変わらないものはないのだから」と屈折した和歌のやり取りです。返歌の詠み人は明記されていないものの、やり取りの舞台が「渚の院」といわれる、天皇になれなかった失意の皇子・惟喬《これたか》親王の別荘であり、その屈折度からしても親王自身と推測されるのです。

『源氏物語』若菜下の巻では、どうにもならないつらい男女の仲を思い切ることを、「口惜しくうきよと思ひ果て給ふ」という表現をしています。

これが、室町時代にもなると変化が見られます。永正十五（一五一八）年に成った歌謡集『閑吟《かんぎん》集』には「何ともなやのう　何ともなやのう　うき世は風波の一葉よ」（どうってことないじゃない、うき世は風や波に弄ばれる木の葉みたいなものよ、浮かれ流れていくのよ）という小歌があります。ここでのうき世は、そのすぐ後に収録された「何せうぞ　くすんで　一期は夢よただ狂へ」（分別くさい顔してどうなるものか、一生は夢のようなもの、ただ狂い浮かれ遊べ）という名高い歌とあわせて読むと、享楽的「浮き世」と「憂き世」が重なり合っているのが感じられます。

さらには江戸時代。元禄も間近い天和二（一六八二）年に書かれた大坂の井原西鶴の大ベストセラー『好色一代男』は、主人公・世之介が浮き世をひたすら色恋を求めて遍歴する物語です。その果てに世之介は、床の責め道具を満載した好色丸で、女だけが住む女護ケ島に船出し、消息を絶つという結末。ここまでくると求道的快楽主義か、はたまたニヒリズムか、と言いた

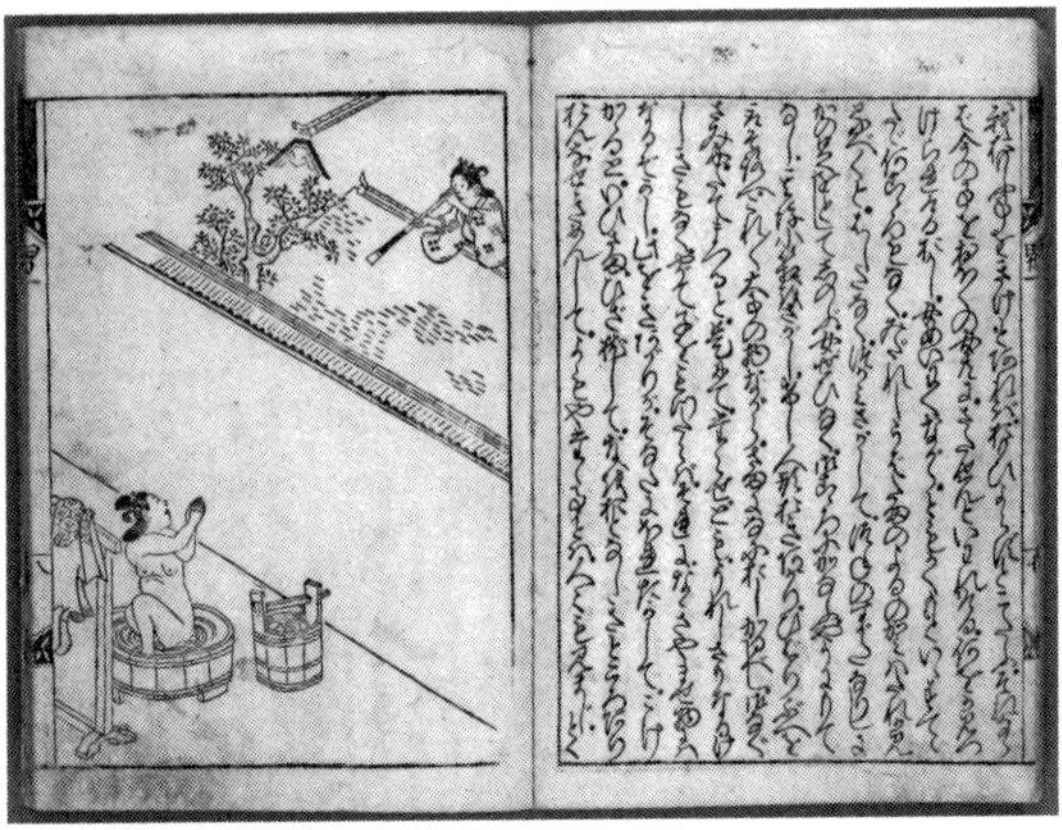

井原西鶴『好色一代男』巻一より
（画：菱川師宣。1684 年）

くなるほどです。まさに浮世の物語であり、それまでの仮名草子といわれるものから、この作品をもって浮世草子と名付けられた新しいジャンルが始まったのです。ちなみに、この本の江戸版には、浮世絵の創始者ともいわれる菱川師宣が絵を描いています。

さて、ヨーロッパで世之介に相当する放蕩者といえばドン・ファンです。洋の東西を問わず、放蕩者は数を誇る傾向が強いものですが、モーツァルトのオペラ『ドン・ジョバンニ（ドン・ファンのイタリア語）』の「カタログの歌」によると、ドン・ジョバンニの色恋の相手の女性は二〇六五人。対して、われらが世之介は、女性三七四二人、若衆七二五人と大きく水をあけています。まあこれが名誉かどうかは別の問題ですが……。

なにはともあれ、西鶴は大坂という経済都市で商業作家としての自己を確立しました。「憂き世」から「浮き世」へと時代がはっきり変わっていきます。

『好色一代男』を出した時、西鶴は四十一歳。それから元禄六（一六九三）年に死ぬまで、色恋だけでなく、現世＝浮き世に生きるさまざまな階層の人々の、悲喜こもごもを活写した作品を書き続けました。現代にも通じる人間の本質を浮かび上がらせているからこそ、樋口一葉や太宰治をはじめとする多くの作家に影響を与え、今も読まれ続けているのです。

西鶴・芭蕉・近松

「憂き世」から「浮き世」へ、古代、中世、近世と、この言葉の使われ方の変遷を見ました。時代の変化は言葉の意味するところの違いを生みます。憂き世と浮き世の関係はいつも裏腹です。浮かれて暮らせば、その果ては憂き暮らしになる。これまた人の世の道理。

一方で、言葉のルーツまで遡ると、憂きと浮きの共通項が見えてきます。白川静著『字通』の解説を要約すると「憂」は、愁うこと。喪に服す人の形。同声の優は、喪葬のときに憂愁の態をなすもの、つまりは泣き女。和訓＝うれえる、なやむ、おもいわずらう、くるしむ。「浮」は、水上に漂い流れること。水死体の形。よるべなく、根拠のないものをすべて浮という。和訓＝うく、うかぶ、ただよう、かるい、うわつく。

このように、憂きも浮きも死がその根にあります。憂きと浮きは表裏の関係にありながらも、ともに死という人間の避けられない定めと深く結び付いていることが分かります。

「浮き世」の時代となった元禄期（一六八八―一七〇四年）には、町人の力が興隆し新たな文化を生み出しました。この時代の芸能・文学を代表する顔触れといえば、井原西鶴（一六四二—九三）、松尾芭蕉（一六四四—九四）、近松門左衛門（一六五三—一七二四）が思い浮かぶことでしょう。これからのしばらくは、この三人を中心に話を進めていきます。

西鶴と芭蕉はほほ同世代で没年も一年違い。近松は二人とは十歳ほど離れています。西鶴と芭蕉はともに、談林派の西山宗因に俳諧を学んでおり、同門といってもいいでしょう。芭蕉は出身地の伊賀（三重県）に暮らしていたころは、貞門派の北村季吟に師事しており、延宝二（一六七四）年には秘伝書『俳諧埋木《うもれぎ》』を伝授されています。近松も十代から俳諧をたしなみ、季吟の門人・山岡元隣の俳文集『宝蔵』に家族を挙げて句を載せています。

このような共通点を持った三人が、後にそれぞれ独自の世界を創っていきました。西鶴は「浮世草子」と呼ばれた小説本の作家、芭薫は俳諧の革新者、近松は浄瑠璃と歌舞伎の作者として。

貞享元（一六八四）年は、若い近松が先輩二人に並んだ重要な年です。近松は旧作『世継《よつぎ》曽我《そが》』を、竹本義太夫の竹本座旗揚げのために提供。芭蕉はそれまでの貞門俳諧でも談林俳諧でもない、独自の風狂の境地を求めて『野ざらし紀行』の旅に出ています。

さて、西鶴です。この年、二年前の『好色一代男』に続いて、『好色二代男』とも呼ばれる『諸艶大鑑《しょえんおおかがみ》』を出版しました。翌年には諸国の珍談奇談を集めた『西鶴諸国はなし』を書きます。ちなみに太宰治は、この本を含む西鶴作品から自由な空想を働かせて『新釈諸国噺』を書き、「西鶴は、世界で一番偉い作家である」とオマージュをささげています。

西鶴の死後に編纂出版された『西鶴置土産』には「人間五十年の究《きわま》り、それさへ我にはあまりたるに、ましてや」と詞書《ことばがき》（前書き）し、「浮き世の月見過ごしにけり末二年」という辞世を残しています。人生五〇年からすれば二年も長く浮世にとどまった――というのです。

浮世草子という新ジャンルの創設に始まり、浮世の辞世に終わった西鶴。『西鶴置土産』が描く世界は、『好色一代男』の臆面も無いほど色道に邁進する世界とは大きく異なります。大尽遊びの果てに財も地位も全て失って零落した男たちの愚かしさ、諦念、誇り、意地などを見据え、人生の哀歓と真実を描き切った、実に成熟度の高い遺作です。

孤高の俳人、芭蕉

劇作家・井上ひさし（一九三四―二〇一〇）の戯曲に『芭蕉通夜舟』という傑作があります。三六の句をつなげる俳諧連歌の形式「歌仙」に倣い、三六の場面を設定。伊賀（三重県）で台所用人だったころから、大坂で「旅に病んで夢は枯野をかけ廻る」を詠んで没し、遺言によって遺体が舟で琵琶湖畔の義仲寺に運ばれる最終章まで、芭蕉の生涯を見事に描き出した一人芝居です。

初演は一九八三年で役者は小沢昭一（一九二九―二〇一二）。再演は二〇一二年で十世坂東三津五郎（一九五六―二〇一五）でした。三津五郎さんはご自身の初舞台から五〇年目の五十六歳にして、この長大な一人芝居に巡り合い、見事な舞台を見せてくれました。

最終章では芭蕉は死んでおり、舞台には登場しません。代わりに通夜舟の船頭を、芭蕉を演じてきた三津五郎さんが演じました。この船頭は世俗の俳諧愛好家の代表です。芭蕉は生涯を通して、面白おかしさや駄洒落の俳諧を否定し乗り越え、新たな境地を切り開いてきました。それとは裏腹な通俗の俳句の楽しみを、船頭が得々と棺桶に向かって語るという大胆な風刺を効かせた芝居で、笑いのうちに芭蕉の孤独を浮かび上がらせました。

その芭蕉。日本人にとって、作品をいくつかは暗唱できるほど近しい存在です。井原西鶴や近松門左衛門より、ずっと広い層に親しまれていると言っていいでしょう。

しかし芭蕉の生涯は、風雅の道を究めるべく旅を重ねた孤高の行脚であり、深い思索が刻印された俳句・俳文を残しました。以下の引用は『笈《おい》の小文《こぶみ》』の冒頭です。長いですが芭蕉の文体、思想が凝縮された名文です。まず声にして読んでみてください。独自のリズムと、言葉の凛とした美しさが分かるのではないでしょうか。

一行目に出てくる「百骸九竅《ひゃくがいきゅうきょう》」は、百の骨と九つの穴からなる人体、つまり自分のこと。「物」は風雅の道に駆り立てる狂おしい心の意味で、物の怪《け》の物であり、物語の物でもあります。

「百骸九竅の中に物あり。かりに名付て風羅坊《ふうらぼう》と云《いう》。誠にうすものの風に破れやすからんことを云にやあらん。かれ狂句を好むこと久し。終《つい》に生涯のはかりごととなす。ある時は倦《うん》で放《ほう》擲《てき》せん事を思ひ、ある時は進んで人に勝たむ事を誇り、是非胸中にたたかふて、是が為に身安からず。暫く身を立てむ事を願へども、これが為にさへられ、暫く学んで愚を暁《さとら》ん事を思へども、是が為に破られ、つひに無能無芸にして只此の一筋に繫る」

ここまでは、俳諧で生きようとする思いが、さまざまな葛藤や脇道も考えた末に、結局この道に一筋につながったという半生を、自伝的に語っています。以下は芭蕉の芸術論として名高い名調子です。

「西行の和歌に於ける、宗祇《そうぎ》の連歌に於ける、雪舟の絵に於ける、利休が茶における、其の貫道する物は一《いつ》なり。しかも風雅におけるもの、造化に随《したが》ひて四時《しじ》を友とす。見る処花にあらずといふ事なし。思ふ所月にあらずといふ事なし。像《かたち》花にあらざる時は夷狄《いてき》にひとし。心花にあらざる時は鳥獣に類す。夷狄を出で、鳥獣を離れて、造化にしたがひ造化にかへれとなり」

名だたる芸術家にとって風雅の道こそが一本の道である。万物を創造し生成させる自然に従い、四季を友とし自然に帰れ！　という芭蕉の芸術家としての宣言《マニフェスト》なのです。

芭蕉の到達点

狂言『地蔵舞』は実に洒脱な作品です。土地の掟により宿を断られた旅の僧が、仕方なく笠だけ主《あるじ》に預けて出てゆく。僧はその家に戻ってこっそり入り込み、笠をかぶって座る。見とがめられて、笠に宿を借りたと言うと、主は笑って許し、酒宴になり、僧は地蔵舞を舞うのです。

古来、笠は旅の必需品でした。笠の下には旅の孤独や行き倒れの危険と同時に、特別な自由な世界がありました。民俗学者の柳田国男は、「旅」は食物も先々で調達しなければならないので、たぶ＝たまう（給う・賜う）が語源だと言いました。

松尾芭蕉は旅に生き、旅に死にました。彼にとっての旅は、歌枕（古歌に詠まれた諸国の名所）を訪ね、先人の歌の思いの深さ切実さを反芻すること、それを賜う＝受け取りいただき、感応した自分の詩心を俳諧にすることでした。自ら竹で編み笠を作り「笠作りの翁」と称した芭蕉は、「旅創りの翁」でもあったのです。

その旅の集大成が『おくのほそ道』です。「月日は百代《はくたい》の過客《かかく》にして、行かふ年も又旅人也。舟の上に生涯をうかべ、馬の口とらえて老をむかふる者は、日々旅にして旅を栖《すみか》とす。古人も多く旅に死せるあり。予もいづれの年よりか、片雲の風にさそはれて、漂泊の思ひやまず、海浜にさすらへ、去年《こぞ》の秋江上《こうじょう》の破屋《はおく》に蜘の古巣をはらひて、やや年も暮、春立る霞の空に白川の関こえんと、そぞろ神の物につきて心をくるはせ、道祖神のまねきにあひて、取もの手につかず、もも引の破をつづり、笠の緒付かえて、三里に灸すゆるより、松島の月先《まず》心にかかりて、住る方は人に譲り……」という名高い文章に始まります。

これも前項の『笈の小文』のように、ぜひ声に出して読んでみてください。「句調《ととの》はんずれば舌頭に千転せよ」と弟子に教えたように、自ら声による推敲を重ねた結果が、この鍛え上げられた文章のリズム、音楽性となりました。

そしていたずらに高踏的にならないよう「もも引の破をつづり、笠の緒付かえて、三里に灸すゆるより」という俗な表現も取り入れて、弟子への教え「高く心を悟りて俗に帰るべし」という境地を実践しています。これが『おくのほそ道』で体得したといわれる「不易流行」の思想です。不易は変わらないことであり、永遠不変の誠の姿です。流行はその時代の新風であり、誠の変化の姿のことだといいます。またこうも言っています。不易が元となって流行に移り、流行が重なって不易が創り上げられ、その二つをつなぐものが「風雅の誠」だ——と。

これまで私が書いてきた文脈で言うと、古典と現代（今様）の緊張関係が、新たな創造を生むということです。芸能の本質を理解しようと志すなら、先人が残した作品群（古典）と出合い学び、それを自分が創造する現代作品に結実させることが重要です。その連なりが真の伝統となるのです。

芭蕉もまた古人（古典）の跡を慕う旅に生涯を送り、西行、宗祇、雪舟、利休の深い精神につながり、独自の世界を創りました。芭蕉の残した作品は古典として、汲めども尽きぬ豊かな貯水池となって、今を生きる私たちを潤してくれるのです。

その芭蕉の辞世（死の四日前）は、名高い「旅に病んで夢は枯野をかけ廻る」です。そして遺言により悲劇の英雄・木曽義仲の墓の隣に葬られました。芭蕉は最期まで、この句を推敲していたといいます。「命には終わりあり能には果てあるべからず」という世阿弥の言葉が思われます。

西鶴と近松の競合

先に、井原西鶴、松尾芭蕉、近松門左衛門の三人が、貞享元（一六八四）年に第一線に出そろい、近松は『世継曽我』を竹本座の旗揚げのために提供したと書きました。これが火種となって翌年、近松と西鶴が浄瑠璃作者として競合することになります。

竹本義太夫が大坂道頓堀に創設した竹本座は、人気を博していました。義太夫は天王寺村の百姓の子で、家業を捨てて浄瑠璃の道に入り、持ち前の大音と広い声域の芸で頭角を現しました。延宝五（一六七七）年には、京都の宇治加賀掾《かがのじょう》の一座に清水五郎兵衛という名前で出演。この時、興行師として加賀掾を支えてきた竹屋庄兵衛が加賀掾とたもとを分かち、新進気鋭の五郎兵衛と組んで独立します。しかし人気が出ず、六年間地方巡業を余儀なくされました。義太夫はその間に実力を付け、竹本座を旗揚げしたのです。加賀掾にすれば、自分の元で浄瑠璃を語っていた五郎兵衛が、自分を裏切った興行師と共に飛び出し、ついに大坂で一座を構えたわけです。しかもその旗揚げ公演の出し物は、同じく自分の元で勉強して一人前の浄瑠璃作者になった近松に書かせ、半年ほど前に上演していた『世継曽我』。著作権の保護がない時代とはいえ、加賀掾は腹に据えかねました。そこで貞享二年一月、道頓堀で竹本座に対抗して宇治座公演を仕掛けます。いわば芸術的殴り込み。この時に、大坂の大人気小説家であった西鶴を起用し、『暦』を書かせます。当時、中国渡来の宣明暦に代わり、わが国自前の貞享暦という新暦が使用され始めていました。作品は、暦の採用をめぐる善臣悪臣の抗争劇です。

これに応ずる義太夫側は急遽、井上播磨掾の旧作『賢女手習鑑《けんじょのてならいかがみ》』を近松に改作してもらいます。『賢女手習並新暦《ならびにしんこよみ》』という、タイトルからして木に竹を接いだような急ごしらえのものでしたが、各段の見せ場、特にからくり人形の演出が大好評。堅実ながら盛り上がりに欠ける『暦』を圧倒しました。

返り討ちに遭った形の加賀掾、これで収まるはずがありません。捲土《けんど》重来を期して、西鶴に『凱陣八島《やしま》』を書かせて再挑戦。義太夫は、近松の新作『出世景清《かげきよ》』で迎え撃ちます。共に五〇〇年前の源平合戦が題材。西鶴は能『安宅《あたか》』（後に歌舞伎『勧進帳』となる）や狂言『花子《はなご》』（これも後に歌舞伎『身替座禅』となる）など、多くの先行作品を取り込んだ盛りだくさんな内容でした。

近松は『景清』『大仏供養』などの能に登場する古典的ヒーロー・景清に、幸若の『景清』、古浄瑠璃『かげきよ』の要素も取り入れ、近世的な人間ドラマを創り上げます。遊女・阿古屋と高貴な小野姫との三角関係から、阿古屋は嫉妬に狂い景清を裏切る、その結果景清は囚われの身となり、後悔した阿古屋は景清に許しを乞うが許されず、景清との間にもうけた二人の息子を殺して自害する、という強烈な筋立てです。

この時は互角の戦い。しかし不運なことに宇治座は火事を出し、やむなく京都に帰っていきます。

西鶴四十四歳、加賀掾五十一歳の仕事盛りのコンビに対して、ほとんど新人の近松三十三歳、義太夫三十五歳の伸び盛りコンビが勝利したのです。この後、西鶴が浄瑠璃を書くことはありませんでした。一方、近松の『出世景清』は、人間の愛憎を軸に展開される緊密な劇と、義太夫を祖とする斬新な浄瑠璃・義太夫節で、それまでの作品とは一線を画しました。新時代の到来を告げる、まさに出世作となったのです。

作者・近松の誕生

加賀掾こと宇治嘉太夫(一六三五—一七一一)は紀州和歌山宇治の生まれです。能役者を志しますが、名家の生まれでないと秘伝を学べないと断念、浄瑠璃に転じました。「浄瑠璃は謡を親とすべし」と書き残したように、能の世界を根に据え、他のさまざまな音曲を取り込み、歌舞伎の演出も取り入れて、延宝三(一六七五)年、京都四条河原に人形浄瑠璃の劇場を構えます。その二年後、優れた芸人に宮家から与えられる国名を冠した名誉官位・加賀掾を受領。名実ともに京都の浄瑠璃界に君臨したのです。

その芸風は「節くばり細やかに、よわよわ、たよたよ、美しく語る」と評されます。繊細優美な謡と語りは雅な都人の好みに合い、大道芸的な要素の強かった浄瑠璃の芸をより高尚なものにしました。

一方、竹本義太夫（一六五一―一七一四）は、大音と声域の広さで豪快、明快に語り、加えて情を細やかに語る、古今無双の芸を持つ浄瑠璃の太夫でした。能の謡をはじめいかなる音曲を取り入れても、義太夫節の格に外れぬように歌わず語れ、と書き残しました。それが「浄瑠璃は謡を養い親とすべし」という言葉に結実します。これは加賀掾の「謡を親とすべし」を一歩先に進め、謡から語りに重心を移した語り物の芸能として、浄瑠璃の新時代を切り開くキーワードでした。

若き近松門左衛門は都の公家に仕えていたころ、加賀掾の元に出入りするようになり、浄瑠璃作者として修業を始めます。この時代は太夫が台本も演出も仕切り、浄瑠璃にも歌舞伎にも作者の名を冠することはありませんでした。ですから二十代後半の修業時代、近松が書いた可能性ありと推測される作品はあっても、名前を記した台本はありません。さまざまな資料から近松作であることが確実な最初の作品は『世継曽我』、次が『出世景清』です。はっきり作者として明示されるのは、貞享三（一六八六）年の『佐々木大鏡《おおかがみ》』（能『藤戸』と佐々木盛綱の先陣争いを主題にした浄瑠璃）からなのです。

おそらく近松は、書けども書けども作者の地位が確立しない加賀掾との関係に焦れていたのです。『世継曽我』という斬新な作品を提供しても、その評判は太夫が独占し、自分は名前も出ない。この焦れが、同世代の義太夫（近松の二歳年上）の旗揚げに、加賀掾が初演した『世継曽我』を提供させたのでしょう。そして『出世景清』の成功につながったのです。

しかし、これ以後も近松は、義太夫だけでなく加賀掾にも作品を提供し続けます。それほどに近松の作者としての技量が抜群であり必要とされたのです。少なくともこの一件によって、演劇界において作者としての近松の地位が上がったことは確かです。

このころに出た野郎歌舞伎の役者の評判記『野郎立役舞台大鏡』には、浄瑠璃本に作者名を書くのは誉められた行為ではなく、さらに近頃は歌舞伎でも作者を近松と記し、宣伝の辻札《つじふだ》にまで書くのは自慢が過ぎる、という世間の非難が残されています。しかし、それに対する近松擁護の記述もあって、近松が芝居事で朽ち果てる覚悟を決め、歌舞伎劇場の道具直しをしたり、辻講釈までしたとし、加えて幅広い知識を駆使した近松の詞章の素晴らしさを讃えています。

芝居をする人々が「河原者」と呼ばれていた時代。武家出身の近松が作者を名乗るのは、実は相当に覚悟の要ることでした。芝居の世界で朽ち果てるという、命懸けの決意が背後にあったのです。

浄瑠璃の源流

近松門左衛門と竹本義太夫による『出世景清』により、それまでの作品を古浄瑠璃、以後のものを新浄瑠璃あるいは当流浄瑠璃と呼ぶようになりました。まさに人形浄瑠璃の新時代を開いた作品だったのです。

そこに至るまでには、先に触れた宇治加賀掾はじめ、多くの芸能者の長い長い積み重ねがありました。ここで浄瑠璃の歴史と、浄瑠璃という言葉の源を見ておきましょう。流れを遡ると、中世を代表する芸能者・琵琶法師に行き着きます。彼らの表芸は『平家物語』を語ることでしたが、時代が下るにつれ、宿場や各地で流行りの芸能を取り込み、裏芸としてレパートリーに加えていきました。「上るり」（後述する『浄瑠璃御前物語』）「シャヒセン」（三味線）「小歌」（室町時代に流行った歌謡）「早物語」（早口で語る滑稽な物語）などです。

近世の演奏の主役となる三味線は、沖縄から貿易港・堺に入り、堺の琵琶法師が改良して一気に遊郭、劇場、民衆に広がりました。ちなみに「派手」という言葉は、三味線音楽の「本手」に対する、賑やかに崩した演奏法「破手」から来ています。能や茶道でいう「序破急」や「守《しゅ》破《は》離《り》」の、変化に富んだ展開部を意味する「破」の手のことです。

主要な宿場には必ず遊郭があり、遊女たちが担った芸能がありました。美濃国青墓（岐阜県大垣市あたり）の遊女たちは、後白河法皇が熱愛した「今様」という歌謡を伝承していました。

三河国矢作（愛知県岡崎市）で、土地の物語として語られていたのが『浄瑠璃御前物語』です。三河の国司・源兼高と遊女屋の女主人の妻が、鳳来寺の薬師如来に祈って授かった浄瑠璃姫。奥州に下る牛若丸と契り、病に倒れた牛若丸を薬師如来の御利益で蘇生させますが、姫は死んでしまう、という悲恋の物語です。牛若丸＝悲劇の英雄・源義経の物語ですから、瞬く間に全国的に流行ります。流行らせたのは琵琶を三味線に持ち替えた法師たちでした。これが今日の浄瑠璃につながってゆくのです。

薬師如来は「東方浄瑠璃世界」の教主であり、瑠璃（青色の宝石、ラピスラズリ）の光で衆生の病苦を救うとされています。徳川家康が死後、東方を照らすという東照大権現の名で祀られたのも、生母・於大《おだい》の方がこの鳳来寺に祈願して生まれた家康が、薬師如来の化現といわれたことから来ています。浄瑠璃姫は牛若丸を清らかな瑠璃光で包み、浄瑠璃という芸能の名称として名を残しました。

その浄瑠璃が人形と結び付きます。人形には長い歴史があります。縄文時代の土偶、古墳時代の埴輪、中国だと秦の始皇帝の兵馬俑などなど。人形も人形劇も世界中にあります。皆さんも、汚れてぼろぼろになっても手放せない人形や縫いぐるみを持っていませんでしたか？　人形は人間の本性に関わる重要な離れがたい分身なのです。

さて、人形劇。兵庫県西宮市の西宮神社はかつて、「夷《えびす》かき」と呼ばれる芸能者たちの拠点でした。首から提げた箱から人形を取り出し、門付けをして歩いた人々です。その人形遣いとの結び付きが、新たな芸能を生み出しました。

他に類を見ない完成度の高さを認められ、能・狂言、歌舞伎と並ぶ芸能として、世界の無形文化遺産にも登録されている人形浄瑠璃。その背後には、絶え間なく工夫改良を積み重ねた無名の放浪の芸能者たちと、それを動かした芸能を享受する名もない庶民たちがいたのです。

近松と歌舞伎

近松門左衛門の生涯は大きく三期に分かれます。第一期は三十一歳の作である『世継曽我』からの一〇年間で、浄瑠璃作者の時代。宇治加賀掾と竹本義太夫のために作品を提供します。第二期は四十一歳で歌舞伎『仏母摩耶山開帳《ぶつもまやさんかいちょう》』を書いて以来の一〇年で、歌舞伎作者として『傾城《けいせい》仏の原』『傾城壬生大念仏』『大名なぐさみ曽我』など傑作を含む三〇作ほどの歌舞伎を書きました。第三期は元禄十六（一七〇三）年に竹本座に書いた近松初の心中物の浄瑠璃『曽根崎心中』の大ヒットから七十二歳の死の年までの二〇年間。この時代は浄瑠璃作品が中心になります。竹本座の座付き作者として、人間と時代への深い洞察に裏打ちされた浄瑠璃の傑作を書き続け、また竹田出雲父子はじめ後進の浄瑠璃作者を育てました。こうして近松は生涯にわたって浄瑠璃、歌舞伎双方で時代を画する仕事をしました。

四十代が歌舞伎の時代であったのは、京都を代表する優れた歌舞伎役者・坂田藤十郎（一六四七―一七〇九）との提携によります。近松より六歳年上の藤十郎は、このころ名実ともに芸の最盛期でした。『仏母摩耶山開帳』は、当時話題となっていた摩耶山天上寺（神戸市灘区）の十一面観音の開帳を当て込み、お家騒動に廓事《くるわごと》（遊郭を舞台にした芝居）を絡め、最後は観音の奇跡で騒動が解決するという筋立てで、藤十郎が近松に依頼した典型的な元禄歌舞伎の作品です。

藤十郎は、当時、個人芸とその人気に頼っていた歌舞伎が、これからの時代に生き残っていくには、筋立てもセリフも練り上げられたものが必要だと考えていました。藤十郎は元禄八年には都万太夫座の座本（座長）となります。そのときに浄瑠璃作者として名を馳せていた近松を座付き作者として迎えたのです。あれだけ作者の地位にこだわっていた近松が、作者を尊重する藤十郎に迎えられたのですから、次々と傑作を生み出す土壌が整ったのです。

元禄時代、歌舞伎は大いに発展します。前の時代に遊女歌舞伎、若衆歌舞伎が次々と禁止され、物真似狂言尽くしの野郎歌舞伎が始まって三〇年以上たっていました。町人文化興隆の中、京・大坂の上方と江戸で、それぞれ独自の歌舞伎が生み出されます。江戸では市川団十郎に代表される「荒事」と呼ばれる荒々しい様式の歌舞伎が大人気。京都では藤十郎のほか、芳沢あやめという女形の名手らスターが輩出。藤十郎が得意としたのは、艶やかな色恋の演技様式「和事」でした。

『傾城仏の原』での藤十郎の役は越前藩主の長男・梅永文蔵です。家督をめぐり弟・帯刀の陰謀で追放され零落した文蔵が、愛人の今川と奥州という二人の遊女の手助けによって弟を討ち、秩序が回復され、寺のご開帳の場で目出度く総踊り（登場人物全員が踊る）となる幕切れです。中でも紙子姿（紙の着物を着た惨めな姿）に身をやつした文蔵が、傾城買い（高位の遊女との遊郭での遊び）の有様を面白おかしく、艶っぽく語る話芸が大評判になったのです。

今もこの時代の和事の演技が見られる歌舞伎演目が『廓文章』です。近松作の『夕霧阿波鳴《なる》渡《と》』の「吉田屋の段」を改作した作品です。遊女・夕霧に入れあげ勘当された藤屋伊左衛門が、編笠《あみがさ》をかぶり紙子姿で夕霧を吉田屋に訪ね、痴話喧嘩になります。このあたりが典型的な和事の演技。元禄歌舞伎の藤十郎が演じた伊左衛門の「やつし」の演技が残されているのです。これも伝統の底力というべきでしょう。

『曽根崎心中』の筋立て

「この世のなごり、夜もなごり、死にに行く身をたとふれば、あだしが原の道の霜、一足づつに消えて行く、夢の夢こそあはれなれ、あれ数ふれば暁の、七つの時が六つ鳴りて、残る一つが今生の、鐘の響きの聞き納め、寂滅為楽《じゃくめつぃらく》と響くなり」

名高い『曽根崎心中』の道行《みちゆき》の詞章。荻生徂徠が賛嘆したといわれる名文です。あだしが原は死体を投げ捨てる墓場、七つの時は午前三時ごろ。進退窮まった相愛のお初と徳兵衛が手に手を取って、曽根崎（大阪市北区）の天神の森までの道行き。すべては末期の目に見える景色、聞こえる物音もすべて見納め聞き納めなのです。装飾的な美文ではなく、深い思いに裏打ちされた切々たる当人たちの心情が書かれています。

この近松門左衛門初の世話物浄瑠璃は、元禄十六（一七〇三）年に竹本座で上演されました。

坂田藤十郎との歌舞伎の仕事から、再び浄瑠璃作者に専念する記念碑的な作品となりました。実際の心中事件が起きてからちょうどひと月後の上演です。このことは「世阿弥の能『実盛』」(二二二頁)で、話題性をすぐに取り込む近世演劇の例として挙げました。歌舞伎ではもっと早く事件の一週間後には舞台化、週刊誌のゴシップ記事並みの早さ。近松は歌舞伎での仕事により、生身の肉体による表現を学び、世間の話題性を取り込むフットワークがさらに鍛えられていたのです。この作品の新しさは、武士でも、歴史上の偉人でもない、大坂の今を生きる町人が主役であり、誰にでも起こり得ることが、ドラマとして緻密にかつ感動的に書き込まれていることです。あらすじとともにそれを追いかけましょう。

〈観音廻り〉堂島新地の天満屋の遊女お初は、田舎の客に連れられて、当時流行の大坂三十三所の観音廻りをする。その道中も久しく会えない徳兵衛への恋心が募るばかり。行く先々で恋の成就を一途に祈る。

〈生玉《いくたま》の場〉生玉神社の茶店で休んでいたお初は徳兵衛と偶然再会。徳兵衛は会えなかった訳を語る。叔父に当たる平野屋の主人からの縁談をお初ゆえに断ったところ、主人は激怒して徳兵衛の継母に渡した結納金を返せと迫り、大坂を所払いにすると宣告する。徳兵衛は何とか継母から金を取り戻したが、友達の九平次にその金を用立ててしまっていた。ちょうどそこに九平次が通り掛かった。金を返せと迫るが、九平次は金など借りていない、証文の判は紛失したものだと言い張る。だまされたと知った徳兵衛は逆上して殴り掛かるが、逆に袋叩きにされる。その喧嘩の最中、田舎客が帰ってきてお初を駕籠に押し込み天満屋に連れ帰る。

〈天満屋の場〉天満屋の座敷でお初は徳兵衛のことが気掛かりで沈んでいる。そこへ死ぬ覚悟の徳兵衛が忍んで来た。お初はそっと打掛に隠して縁の下に入れる。九平次が来て徳兵衛を悪者にして言いたい放題。縁の下で怒る徳兵衛をお初は足で押し沈め、九平次に言い返し、独り言になぞらえて心中の覚悟を徳兵衛に知らせる。徳兵衛もお初の足首で自分の首をなで、決意を知らせる。皆が寝静まり、お初と徳兵衛は薄氷を踏む思いで天満屋を抜け出す。

〈道行〉死に場所と定めた曽根崎の天神の森に向かった二人、連理の木(二本が一つにつながった木)に体を結び合い死のうとするが、互いの親や縁ある人を苦しめることへの嘆きは尽きない。ついに二人は思い切り、心中を遂げる。

十九歳と二十五歳のお初・徳兵衛の、けなげで、愛らしくて、切なくて、まっすぐな心中物語を、近松は「未来成仏、疑いなき、恋の手本となりにけり」と、二人への鎮魂の言葉で結びます。

『曽根崎心中』の同時代性

「げにや安楽世界より、今この娑婆に示現して、われらがための観世音、仰ぐも高し高き屋に、登りて民の賑ひを、契りおきてし難波津や、三つづつ十と三つの里、札所々々の霊地霊仏めぐ

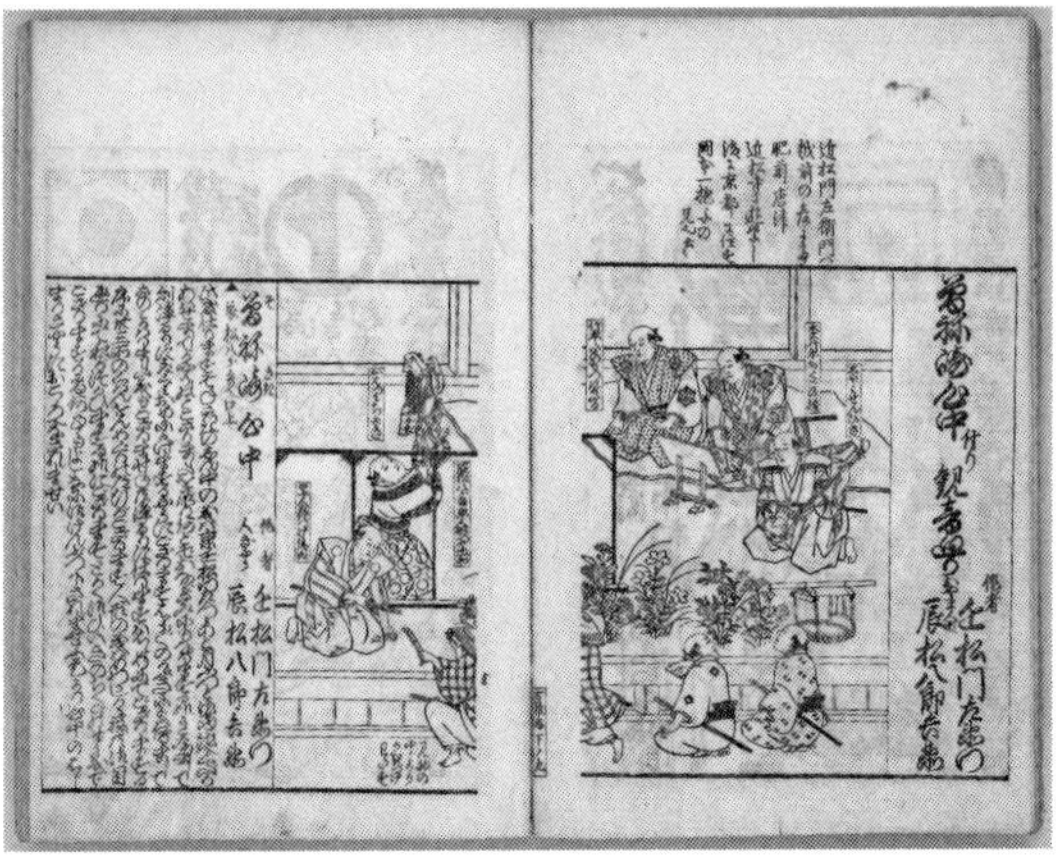

『曽根崎心中』の「観音廻り」上演の様子
（瀬川如皐『牟芸古雅志』1827年より）

れば、罪も夏の雲、暑苦しとて駕籠をはや、をりはの乞目《こいめ》三六《さぶろく》の、十八九なる顔よ花、今咲出しの、初花に傘は着ずとも、召さずとも、照日の神も男神、除《よ》けて日負けはよもあらじ、頼みありける巡礼道、西国三十三所にもむかふと、聞くぞありがたき」

　これは『曽根崎心中』の最初の「観音廻り」といわれる道行きの冒頭部分です。坂上田村麻呂が京都清水寺の観世音の霊験によって、夷狄を滅ぼすという能『田村』の引用から始まります。観世音菩薩が極楽の安楽な世界から、われら衆生の苦しみを救うために、この娑婆世界に現れてくださり（ここまでが『田村』の引用）、民の賑わいを約束してくれた難波の地の三十三の観音霊場を巡ると罪も消え、今咲きだした初花のような十八、十九の恋する美しいお初が駕籠を降りて現れる（ここで巡礼姿のお初が駕籠から降り姿を見せる演出）。お日様は男神だから、その美しさに遠慮して日焼けさせることもあるまいし、この観音巡礼は西国三十三所の巡礼に匹敵するほどありがたいことだ——というのです。

この後お初は巡礼を重ね、恋する徳兵衛への思いを募らせ、「三十三に御身を変へ、色で導き、情けで教へ、恋を菩提の橋となし、渡して救ふ観世音、誓ひは妙《たえ》に有り難し」と、観世音菩薩による救済を予言して場面が終わります。ここで、お初の人形が手妻からくり仕掛け（手品とからくり人形を合わせた技法）で金色の観世音菩薩に変身するという演出。お初と観世音菩薩は表裏一体となり、最後の道行きの果ての心中死があらかじめ鎮魂され、救済を約束されるのです。

この観音廻りについて、広末保著『近松序説』の「死んでいったお初に対する鎮魂曲」という説や、郡司正勝著『かぶきの美学』の「亡きお初の魂が舞台に招き寄せられる……招魂の行法」という説を踏まえ、歌舞伎研究家の今尾哲也氏は、観音廻りが心中への道行きにつながり、さらに再び観音廻りに回帰、循環することを、お初の死と復活に重ね合わせ、その重要さを説きました。これは、鎮魂の芸能としての心中物浄瑠璃の出発となる道行きだったのです。

しかし、この観音廻りはその後しばらくして上演が途絶えます。近松の死後、近松作品は上演されなくなり、たとえ上演されても改作物がほとんどになっていきます。

さて、竹本義太夫は『曽根崎心中』初演の二年前、元禄十四（一七〇一）年に筑後掾の名を受領し、名声は頂点に達していたのですが、竹本座の経営は赤字続き。この作品の大ヒットによって借財を返済し、厳しい経営からやっと解放されることになりました。ところが、これを機に仏道修行のために引退すると言いだしたのです。そこで、当時、大坂道頓堀の劇場経営に手腕を振るっていた竹田出雲（竹田からくりの考案者・竹田近江の子）が、義太夫が浄瑠璃の芸に専念できるようにと、竹本座の座本（経営者）を引き受けます。さらに近松を座付き作者として招きました。

近松の浄瑠璃と歌舞伎での実績、観客層と同じ庶民の劇を生み出した手腕は、それだけで観客を呼べるようになっていました。この三巨頭の新たな体制による緊密な協力関係の中から、これまでにない細やかな人間の情理を描く多くの傑作が生み出されていくのです。

わが修業時代

近代芸能史に大きな足跡を残した近松門左衛門。その作品を原作に忠実に演出する仕事が、演劇人としての私の基礎をつくってくれました。

歌舞伎の世界に私を導いてくださったのは、前項で触れた歌舞伎研究家の今尾哲也氏（一九三一―二〇一三）でした。私は一九六九年から今尾氏に師事し、近松の『曽根崎心中』や『冥土の飛脚』の講読をはじめ、世阿弥の『風姿花伝』『花鏡』、雅楽の伝書『教訓抄』、元禄歌舞伎俳優の芸談集『役者論語《ばなし》』、杉山其日庵『浄瑠璃素人講釈』などをテキストに実にさまざまな事を学びました。

七二年、今尾氏の紹介により、歌舞伎俳優の八代目坂東三津五郎丈の著作執筆の秘書となり、翌年まで務めました。三津五郎丈は舞台出演の合間に原稿を書きます。私は出版社からの執筆の依頼を取り次ぎ、赤坂のご自宅、東京・歌舞伎座、名古屋・御園座、京都・南座の楽屋などで、三津五郎丈の傍《そば》について原稿を受け取り、旧仮名遣いを直したり清書したりの仕事をしました。舞台裏に出入りしたことで、歌舞伎の『曽根崎心中』をはじめ、実際の舞台を多く見ることができました。そのころの歌舞伎界は中村歌右衛門、尾上松緑、松本幸四郎、中村鴈治郎、片岡仁左衛門（いずれも故人）という名優が綺羅星のごとくに競合していました。これが私が古典の現場に足を踏み入れた最初でした。

その数年後に、演出家として古典と出合ったのは、女優の関弘子さんが観世栄夫さん演出で、近松の『大経師昔暦《だいきょうじむかしごよみ》』『長町女腹切《おんなのはらきり》』『冥途の飛脚』を、渋谷にあった小劇場ジァン・ジァンで原文での「語り」シリーズとして上演した時のことです。私は舞台監督兼演出助手として参加。他に早稲田小劇場出身の古屋和子さん、千賀ゆう子さんの二人が加わりました。栄夫さんの緻密な演出を受けて、深い息と声で物語るという方法を一身に引き受けた関さん。近松の劇をこれまでにない形で立ち上げ、紀伊國屋演劇賞個人賞を受賞しました。

その仕事に対して広末保氏（近世文学研究者・演劇評論家）は、「節をもたぬ——というよりも節を拒否した語りによって近松のことばと、そのもっとも深い部分で出会おうとする。そうすることで、語りという行為そのものの意味をも問いなおそうとする。聞いていて、そう思う。見たところ小さな運動だが衝撃的な運動である」と評価してくださいました。翌年、栄夫さんの後を受けて、私は『曽根崎心中』『堀川波鼓《なみのつづみ》』『心中天網島《てんのあみじま》』を演出することになり、その稽古に明け暮れました。思えば、三十歳を過ぎたばかりのその時期が、私の演出家としての修業時代であり、基礎をつくってくれたのです。それは日本の演劇の根源にある「物語る」という方法の豊かさによって、近代演劇の身体と言葉をその根本から見直すことでした。「物語る演劇」という私のライフワークの出発が、この『曽根崎心中』だったのです。今でも観音廻りと道行の詞章はそらんじていますし、近松のドラマの息遣いの全てが体によみがえってきます。

近松作品の上演史は改作の歴史です。その改作にはそれぞれ時代の必然がありますが、こうして原文に戻って語ることで、近松が作品に込めたドラマの神髄、密度が明らかになりました。俳優にとっては、一つの役、一人の人格のみを演じる近代演劇と違って、一人で複数の人格を語りきる近松のドラマは、演劇的複眼とでも言うべき新たな地平を開きます。この仕事は私にとって、まさに古典と現代の俳優をつなげる仕事の始まりでした。

『曽根崎心中』上演途絶

前の時代の芸能を、同時代の観客の嗜好に合わせ、あるいはその時代を担う階層の要求に見合ったものに変えていくのは芸能史の道理です。『曽根崎心中』が当たったのは、自分と同じ階層の町人が初めて主役になっていたからでした。こうした傑作が世に出ると、次々と類似の目先を変えた作品が作られていきます。しかし近松門左衛門は目先の流行を追うだけでなく、新たな趣向を加え、より深く人間を凝視しその葛藤の深さをドラマとして書き込み、進化させていきました。心中物に限っても『曽根崎心中』の大ヒットのあとも、享保五（一七二〇）年に『心中天網島』という最高傑作、享保七年の最後の心中物『心中宵庚申《よいごうしん》』まで次々と傑作を書きます。幕府は享保七年、心中物の出版を禁止、翌年に心中禁止令を出し、浄瑠璃、歌舞伎の題材にすることも禁じます。以来心中物はしばらく上演が途絶えてしまいます。

文化勲章を受章されたドナルド・キーン氏が最初に研究したのは近松でした。一九五三（昭和二十八）年には、京都大学に留学し『曽根崎心中』を講読し作品の素晴らしさに魅せられ、英語に翻訳しました。しかし当時この傑作は上演が途絶えていました。不思議に思いその理由を演劇通に聞きました。その答えは、近松は一人遣いの人形のために書いたが、現在は三人遣いになっているので、人形の動きがテキストに合わなくなったこと。当時の音楽（節付《ふしづ》け）が失われていること。物語の筋があまりに単純で現在の観客に訴える力が足りないこと。この三つの理由でした。キーン氏は納得できなかったのですが、この一九五三年、宇野信夫脚色の台本で歌舞伎作品として、お初を二代目中村扇雀（四代目坂田藤十郎）、徳兵衛を父の二代目中村鴈治郎で復活上演されました。キーン氏は後日、京都・南座でこの舞台を見て感銘し、自分の判断力が間違ってなかったことを喜んだと、「近松と私」という講演で話されています。その後人形浄瑠璃（文楽）でも一九五五年、新たな作曲で復曲上演され人気曲になりました。

幕府の禁止令に加え、上演が途絶えた最大の理由はキーン氏が聞き調べたように、近松の頃の一人遣いの人形が、近松没後一〇年程して現在のような三人遣いの人形に改良されたことでした。その結果、人形の動きの精度の高さ（世界の人形劇で類を見ない超絶技巧）と引き換えに、近松の余計な修辞を排した端的で劇的な言葉では人形が使いきれなくなりました。節付けも時代が下るとより技巧的になり、三人遣いの人形の動きと相まって上演時間が伸びていきます。『曽根崎心中』の初演は一時間程の上演時間だったものが、今の技法で全曲上演すると二倍以上かかるでしょう。復活された歌舞伎ではセリフが中心になるので当然のことながら原文は改変され、また原作にはない九平次の悪が露見する場面も付加されました。歌舞伎も、人形浄瑠璃もともに観音廻りが全てカットされ、道行も省略化されました。人形浄瑠璃での詞章もまたわかりやすくという観点で改作されていたのです。もちろんそれでも感動的であることには違いありませんが、観音廻りの全面カットと、道行の省略化は作品の全体性からすると問題が多すぎます。これは多くの研究者からも指摘されていました。

それが世界的な写真家・美術家、杉本博司氏の手によって二〇一一年、この「観音廻り」が復活（作曲鶴沢清治）され、杉本文楽と銘打った『曽根崎心中』が上演されました。さらに二〇一三年にはヨーロッパで、翌年には東京でと再演を重ね、人形浄瑠璃の歴史に新たな一ページを加えました。

竹本座と豊竹座の競合

『曽根崎心中』が大ヒットした元禄十六（一七〇三）年の七月、竹本采女《うねめ》（一六八一―一七六四）という美声で人気の若き太夫が義太夫の元を独立、名も豊竹若太夫と改め、同じ道頓堀に「豊竹座」の櫓《やぐら》を揚げました。「西鶴と近松の競合」（二四二頁）で義太夫が加賀掾の元を飛び出した話を紹介しましたが、それと同じ構図です。

豊竹座の演目は堺で起きた糸屋の娘と手代との心中事件を扱った『心中泪の玉井』でした。しかし、これまた独立当初の義太夫と同じように成功せず、若太夫は地方を巡業し、独り立ちしてから四年後の宝永四（一七〇七）年、再び豊竹座を立ち上げます。

『曽根崎心中』のお初を遣った人形遣いの第一人者、辰松八郎兵衛と共同経営で組み、座付き作者に紀海音《きのかいおん》を迎えました。

これから数十年の間、人形浄瑠璃の歴史の中でもっとも活気に満ちた時期を迎えます。良きライバルが存在することで、創造、発展は加速します。

竹本座は道頓堀の西側、豊竹座は東側にありました。竹本座は西風と呼ばれ、堅実重厚で緻密に情を語り、豊竹座は東風といわれ、華麗にして技巧的な語り口が特徴でした。この二座が競合するなかで、優れた作品が次々と上演され、見物も大いに盛り上がりました。

竹本座（右）と豊竹座
（『竹豊故事　巻之中』より。『浪速叢書 別冊 鶏肋』1930年所収）

竹本座を率いた円熟期の義太夫と近松は、次々と傑作を生み出します。時代物ではまず『碁盤太平記』。これは元禄十四年に起きた浅野内匠頭長矩《ながのり》の殿中での刃傷事件とあだ討ちを『太平記』の世界に仮託して描いた最初の浄瑠璃です。後に近松が作家として育てた竹田出雲らが合作で『仮名手本忠臣蔵』に集大成します。

『傾城反魂香《はんごんこう》』は、通称「吃又《どもまた》」と呼ばれる場面が上演されます。絵師又平が死を覚悟して手水鉢に自画像を描くと、それが裏面に抜ける奇跡が起き、土佐光起の名を許されるという物語です。

このほか『嫗山姥《こもちやまんば》』は、能『山姥』をもとに坂田金時が山姥に育てられた出世譚をからめた作品です。

また世話物の『堀川波鼓《なみのつづみ》』では、武士の世界における妻の姦通事件と、その相手の男を夫が討つ妻《め》仇《がたき》討《う》ちの物語が描かれます。

同じ世話物の『冥土の飛脚』は、遊女梅川に入れあげた忠兵衛が友人、八右衛門の諫めも省みず三〇〇両の公金の封印を切って逃避行し、親の孫右衛門との障子を隔てた別れの場面を切々と描いた名作です。

こうした傑作を数々創った竹本義太夫にも、老いの影が差してきます。その後継者をめぐって混乱が起きます。

正徳四（一七一四）年、義太夫は六十四歳で亡くなります。その後継者をめぐって混乱が起きます。弱冠二十四歳の政《まさ》太夫は元々義太夫自身が後継者に指名していました。とはいえ、小音悪声であった政太夫がはたして一座を率いていけるのかという危惧と、反対する声があがります。その声を抑え政太夫を守り擁護したのが近松であり、竹田出雲でした。政太夫は自分の弱点をカバーし、作品を深く理解し、喜怒哀楽の情を巧みに細やかに語り込む太夫でした。政太夫が語りだすと劇場は水を打ったように静かになり、皆聞き耳をたてたので、小声でも隅々まで聞こえたといいます。

その政太夫を生かそうと、『国性爺合戦《こくせんや》』という作品を竹田出雲が知恵を絞り、近松が老練の技と力を発揮して書き、創り上げました。この作品は、評判に評判を呼び、なんと一七カ月、足掛け三年の空前の大ヒットとなりました。

『国性爺合戦』大ヒット

高知の観光名所のはりまや橋のからくり時計は、よさこい節の音楽にのって、城や鳴子踊りの踊り手などが現れて踊る仕掛けで、観光スポットになっていると聞きます。からくり人形や手品（手妻）は今も昔も大人から子供までわくわくさせるものです。

竹田出雲の父近江は、今から約三五〇年前、大坂道頓堀に「竹田からくり芝居」というからくり専門劇場を創りました。現代では再現できないくらい精巧で大掛かりなもので、一大観光スポットとなり、興行主としても大成功を収めました。

その驚くべき技術と財力を受け継いだ出雲は『国性爺合戦』に惜しみなくそれらを投入し、近松もそれを生かす浄瑠璃本を書きました。

当時の日本と中国をまたにかけ、明の再興のために戦った英雄、鄭成功《ていせいこう》を題材にしたスケールの大きな歴史劇です。

鄭成功は明が清に変わった時代、明の遺臣である鄭芝竜《しりゅう》が亡命中に日本人の妻との間にもうけた子供で、和唐内とよばれました。

和唐内は父母と明に渡り、父芝竜の中国での娘、錦祥女《きんしょうじょ》と、その夫の将軍、甘輝《かんき》の協力により明再興の戦いに挑み、国性爺と尊称されます。近松はこの歴史を縦軸に、『曽根崎心中』をはじめ世話物浄瑠璃で培ってきた人間ドラマの奥深さを横軸にして、時代物と世話物の世界を融合させたのです。この『国性爺合戦』は驚異的な大ヒットとなりました。

その理由は、まず第一に鎖国時代にもかかわらず中国を舞台とした異国情緒たっぷりの物語のスケールの大きさです。それに加え素朴なナショナリズム。異国での虎退治のシーンで伊勢神宮のお札で虎がおとなしくなるという場面が象徴的です。安易なナショナリズムは今の時代なら政治問題になりかねませんが、鎖国時代で問題にならなかったのです。

もうひとつは中国語らしく聞こえるが実はでたらめな言葉の面白さ。タモリの外国語のようなものです。こうした庶民に受ける笑いを近松は随所にいれました。

最大の理由は近松の筆力です。とりわけ三段目は、以後の浄瑠璃のモデルとなった名作です。義と情がせめぎあう劇的な頂点で、主要人物の自己犠牲によって危機が回避されるのです。

「和藤内」（初代河原崎権十郎）と「錦祥女」（三代目澤村田之助）（三代目豊国画『国性爺合戦』より）

そのクライマックス場面を見てみましょう。

明の再興を目指す主人公の和唐内たちは、もとは同じく明の遺臣でありながら今は敵の韃靼王《だったんおう》に仕える甘輝の協力を得ようと、その城を訪れます。

和唐内の母違いの姉で、甘輝の妻でもある錦祥女は、城の中から外の和唐内たちに向かい、甘輝が協力に応じてくれたら堀に白粉を溶いて流し、駄目な時は紅を流すと約束し、和唐内の母だけ人質として城に迎え入れます。甘輝は味方となる決心ですが、妻の縁にひかれて味方に転じたと世間に非難されないように妻を殺そうとします。母はそれでは義理が立たないと自分を殺してくれと頼みます。間に挟まれた甘輝は断念し、協力できないと宣告。錦祥女は紅を堀に流します。これを見た和唐内が城に乱入すると、錦祥女は懐剣で自ら胸を貫いて虫の息です。この血こそが堀を染めた紅だったのです。妻の死を無駄にしないと甘輝は味方となり、和唐内に国性爺の尊称を与え、戦うことを約束します。和唐内の母は、義理の娘を死なせて自分が生き残ることは許されないとその剣で自害します。これが「紅流し」と呼ばれる最大の見せ場です。

これらに加え、華やかでスピード感のある、からくり人形の多彩な技巧と演出が一体となり、空前絶後のロングランとなったのです。この作品で政太夫は義太夫の後継者の位置を不動のものにしたのです。

能『俊寛』から浄瑠璃「鬼界ヶ島の段」

近松門左衛門をこれだけ書き続けているのは、中世の能・狂言の世界を、近世の人形浄瑠璃と歌舞伎に橋渡しをした重要な存在だからです。しかもその作品はシェイクスピアにも匹敵する劇作品であり、今日も人気が高く、感動を与え続けています。

近松が能をどのように近世演劇に換えていったかを、晩年の傑作『平家女護島《にょごがしま》』で具体的に見てみます。

『国性爺合戦』の大ヒットから四年後の享保四（一七一九）年の作品です。『平家物語』を元に脚色し、清盛が熱死《あっちじに》するまでの横暴の数々と、頼朝の挙兵までの諸事件が描かれています。中でも今日まで上演が続く二段目「鬼界ヶ島の段」は、反平家・反清盛の陰謀事件で鬼界ヶ島に流された俊寛僧都《しゅんかんそうず》の物語が題材にとられています。

まず能『俊寛』です。反平家の首謀者である俊寛僧都と丹波少将成経《なりつね》、平判官康頼《やすより》の三人が九州の果ての孤島、鬼界ヶ島に流され早一年。平清盛の娘、中宮徳子の安産祈願で大赦が行われ、赦免使が鬼界ヶ島に向かいます。赦免状と聞き喜ぶ三人を前に赦免状が読み上げられると、俊寛の名だけがないのです。「こは夢か、さても夢ならば覚めよ」と嘆き伏す俊寛。清盛は、自分が目をかけ出世したのに陰謀をたくらんだ俊寛が、赦せなかったのです。

出船の時となり、せめて九州の地までもと訴え、追いすがる俊寛を残して船は出発。一人孤島に残された俊寛はむなしく船を見送るのです。人間の極限状態を描いた救いのないドラマであり、厳しい政治劇の世界です。

近松は『平家女護島』の「鬼界ヶ島の段」で、能の世界に二つの大きな変更を加えました。一つは男だけのドラマに、千鳥という島の海女の娘を新たに創作し、若い丹波少将成経の恋人にしました。二人が夫婦となるのを祝って俊寛は千鳥の父親代わりに、康頼は兄となり、新たな家族が形成されます。

もう一つは赦免使を二人にしたことです。能と同じく俊寛の名を外した赦免状を持たせた清盛の腹心の家臣、瀬尾兼康《せのうかねやす》と、父清盛の横暴をいさめる嫡男の重盛の意向で三人ともに帰れる

豊原国周画『平家女護島』より
（東京都立中央図書館蔵）

赦免状を持つ丹左衛門尉《たんさえもんのじょう》です。俊寛だけは赦されない赦免状が瀬尾によって読み上げられ、俊寛が悲嘆にくれるところまでは能と同じ展開です。そこに丹左衛門尉が三人ともに赦される文を読み上げ、一同喜び三人と千鳥も船に乗ろうとします。そこに瀬尾が割って入り、四人乗ることは赦されないと千鳥を引きのけ、男三人を無理やり船に乗せます。さらに瀬尾は俊寛に追い討ちをかけるように、愛妻の東屋《あずまや》は清盛の横恋慕に抵抗し殺されたと告げ、船出を命じます。残された千鳥は「武士はもののあはれを知るといふは偽りそらごとよ。鬼界ヶ島に鬼は無く、鬼は都にありけるぞや」と名高いセリフで嘆きます。俊寛は愛妻東屋が殺されたと知って都への帰還を断念、腰刀を奪って瀬尾を斬り殺し、その罪で自分はこの島に残り、代わりに千鳥を船に乗せるのです。そして思い切ってもなお残る未練で、岸の松の木の下で断腸の思いで見送るのでした。

近松は能『俊寛』の政治劇の枠組みに、人情劇・家庭劇の要素を加えました。その結果「鬼界ヶ島の段」は封建時代の秩序と、虚飾を取り去った自然の申し子である千鳥の、人間世界の現実との葛藤が切実に表現され、感動的で優れた劇作品となったのです。

近松の到達点『心中天網島』

享保五(一七二〇)年十月五日、大坂網島の大長寺の墓地で天満の紙屋治兵衛と曽根崎新地の遊女、紀伊国屋小春が心中しました。そのニュースを聞いた近松は住吉の料亭から大坂に帰る早駕篭の中で「走り書き、謡の本は近衛流。野郎帽子は若紫。悪所(悪場所・遊郭のこと)狂いの身の果ては、かく成り行くと定まりし」という道行「名残の橋尽くし」の冒頭を思いついたといわれます。

近松の最初の心中物『曽根崎心中』は若い相愛の男女がその愛ゆえに親族の縁談を断り、金を友人に騙し取られ、死によって一気に愛を完結させる物語でした。それから一七年、近松晩年の筆はこの最高傑作『心中天網島』を生み出しました。

この作では、誰が騙し騙されというでもなく、わが子、親兄弟、親族、世のしがらみが幾重にも重なり合う中、誰もがなんとか心中の悲劇を避けさせようと心を砕くほど、どうにもならない事態に陥るという、緊密で劇的な構成がなされています。

このドラマの要は女同士の義理の立てあいです。治兵衛の妻おさんが、このままでは夫は死ぬと小春に手紙を書き、女は相身互い、思い切り別れて夫の命を助けてほしいと訴えました。

小春はそれに答え、命にも代えられぬ大事な人だが、女同士の義理を重んじ、思い切ると返事をします。物語の水面下で、このやり取りがなされていました。物語の展開を見てみましょう。

紙屋治兵衛はおさんという女房と二人の幼い息子がいながら、遊女の小春となじみ、心中の約束までしています。治兵衛の兄・孫右衛門は侍に化け小春の本音を聞き出し、二人の縁を切らせようと小春と会います。小春は意外にも、心中の約束はしたが死にたくないと侍に打ち明けます。それを立ち聞きした治兵衛は狂乱、格子越しに脇差しで小春を刺そうとし、侍に腕を縛り付けられます。侍は治兵衛の縛《いまし》めを解き部屋に入れ、兄として治兵衛をいさめます。治兵衛も目が覚めたと、心中を誓い合って交わした手紙（誓紙）を投げ返し、小春に渡した誓紙も取り返し兄に託します。その中におさんからの文を見つける兄。小春はそれは大事の文と取りつく。小春の治兵衛への愛想尽かしはその手紙のせいだと察した兄は、誰にも見せず焼き捨てると誓い、小春もそれで面目が立つと涙ながらにいいます。何も知らない治兵衛は悔しさに小春を蹴りつけ、兄に連れられ帰ります。

一〇日後、腑抜けた治兵衛は何も手がつかず炬燵《こたつ》に寝転んだまま。孫右衛門とおさんの母が、小春が身請けされる噂を聞きつけ、治兵衛の仕業に違いないと詰問しに来ます。夫婦の言い訳で納得し兄と母は帰ります。このままでは小春は死ぬとおさんはうろたえ、自分が別れてくれと頼んだいきさつを治兵衛に打ち明けます。女同士の義理を立てるには、どうあっても小春を死なすわけにいかない。それには治兵衛に小春を身請けさせるほかはないというのです。おさんは身請けの金を工面しようと、秘蔵のお金を出し、不足を衣類を質に入れてまかなおうと支度します。そこにおさんの父五左衛門が来て驚き、おさんを無理やり連れ帰ります。

進退窮まった治兵衛と小春は心中の道を選びます。互いに髪を切って世俗の縁を絶ち、それでもなお同じ所では死ねないと死に所も変えて心中を遂げるのでした。

近松の最晩年の成熟した眼差しは、生きることのしがらみの重みを背負う人々に寄り添い、見据え、現実以上に緊密で真実味の深い劇世界を創り上げたのです。これが武士を捨て芝居者としての生涯を生きた、近松門左衛門の到達点だったのです。

近松の辞世

近松門左衛門七十二歳、死の十数日前に、辞世の言葉と和歌二首を残しました。この年の春、大坂は三分の二が焼けるという未曽有の大火事に見舞われました。竹本座も近松の住まいも焼け、仮住まいで辞世を書き、自らの生涯を回顧しています。

「代々甲冑の家に生れながら武林を離れ、三槐九卿《さんかいきゅうけい》につかへ咫尺《しせき》し奉りて寸爵《すんしゃく》なく、市井に漂ひて商買《あきない》しらず、陰に似て陰にあらず、賢に似て賢ならず、ものしりに似て何もしらず、世のまがひもの、唐の大和の教へある道々、妓能、雑芸、滑稽の類まで知らぬ事なげに口にまかせ、筆にはしらせ、一生を囀《さえず》りちらし、今はの際にいふべく、おもふべき真の一大事は一字半言もなき倒惑、心に心の恥をおほいて七十《ななそじ》あまりの光陰、おもへばおぼつかなき我世経《われよへ》畢《おわんぬ》」

要約すると、武士の家に生まれながら武士を離れ、公家に仕えたが爵位もなく、市井に住んでも商売も知らず、隠者に似ても隠者ではなく賢者でもない、この世のまがい者であり、知ったかぶりして何でもかんでも書き散らし、死を前にして言い残すべき真実一つないおぼつかなさ、恥ずかしさ、これで七十余りの生涯を終えるとは！　というのです。

ありもしないことが現実以上にあるかのような、虚構の芝居を書き続けた戯作者《げさくしゃ》精神に満ちているではありませんか。近松はこれに続けて「もし辞世はと問ふ人あらば」と書き、辞世の和歌を二首書き付けています。

「それぞ辞世　去るほどに　さてもその後に　残る桜の　花し匂ほはば」（私の辞世があるとするなら、去るほどに、さてもその後に、などと書き出して多くの浄瑠璃を書いてきたが、その桜の版木で印刷した浄瑠璃本が、桜の花のように咲き匂って、人々に喜ばれることだろうか）

つまりは自分の浄瑠璃作品が辞世なのだ、というのです。これに対し、次の歌はまったく反対のことを言っています。

「残れとは　おもふもおろか　埋み火の　消《け》ぬまあだなる　朽ち木書きして」（残れと思うのも愚かなことだ、埋めた火種が消えるまでの間に書いた、はかないいたずら書きにすぎないものが）と。

この二首の振幅度の大きさが、近松の劇作の幅広さでもあります。あるいはこうもいえるでしょうか、虚と実のはざまを書いてきた戯作者のそれが本領なのだ、と。

これまで名だたる人の辞世を見てきましたが、これほどまで徹底した戯作精神で創られた辞世は、「西鶴・芭蕉・近松」（二三五頁）で書いた、西鶴の辞世「浮き世の月見過ごしにけり末二年」（人生五〇年からすれば自分は二年も長く生き過ぎた）ぐらいでしょうか。若き日に十一歳年上の西鶴と浄瑠璃作品を競い合った近松。そのときは運よく勝利したものの、ずっと西鶴の書くものには注目していたのでしょう。まして竹本座の座付き作者となり、京都から大坂に移り住んだのですから、新興経済都市大坂が生んだ市井の作家に敬意を払い、かつ影響を受けていたのです。前々項で書いた『平家女護島』の女護島は西鶴『好色一代男』が最後に目指した島の名です。また西鶴が『好色五人女』で書いた暦屋の女房おさんと手代の茂平との姦通事件を、近松は題材として三〇年温め続け、ついに『大経師《だいきょうじ》昔暦《むかしごよみ》』という傑作に実らせます。

近松門左衛門。上部は辞世
（広済寺蔵）

世のまがい者と自嘲しながら、書いた多くの作品は、まがい者ならではの自由な視点で、あらゆる階層の人間の真実を描きだし、時代の鏡となり、今日ますます咲き匂っているのです。

近松の芸能論

「虚実皮膜論（きょじつひにくろん）」。「皮膜」と書いて「ひにく」と読ませます。これが近松の芸能理論の頂点といわれるものです。中世の芸能論を代表するものが世阿弥の花の理論だとすると、近世の芸能論を代表するものが近松のこの論です。

漢字の読みは「膜《まく》」ですから「きょじつひまくろん」と、読まれることが多いようです。しかしこの芸能論の出典である、穂積以貫《これつら》が晩年の近松から聞き書きをした『難波土産』には、「ひにく」と仮名が振られています。

「芸といふものは実《じつ》と虚《うそ》との皮膜（ひにく）の間にあるもの也……虚にして虚にあらず、実にして実にあらず。この間に慰みが有ったものなり」（芸は実と虚の皮と肉の間にあるものであり……うそのようにみえても、うそでなく、本物のようでいて本物ではない、その間に演劇としての慰みがあり、真実が表現されるのだ）と言うのです。

これはまさに演劇の本質です。前にも書いた「狂言強盗」のように真実らしい虚構だと言うのです。実際の心中事件から取材しても、ただ事実のままだと芝居にはなりません。時間も人間関係も凝縮し、実際に起きていなくても、起こりうる世界をも加味し虚構として描くということです。これはギリシャ劇、シェイクスピア劇、能・狂言そして、近松が書いた歌舞伎にも人形浄瑠璃にも共通する根本です。

近松の芸能論の根本であり大きな枠組みが「虚実皮膜論」だとすると、具体的ないくつかの各論があります。人形浄瑠璃の作詞のありようについての論です。

「浄瑠璃は人形にかかるを第一とすれば、……文句みな働きを肝要とする活き物なり」とあります。浄瑠璃の文章は人形を活かすためにあり、言葉は単に説明ではなく活きて動いて働かなくてはならないということです。それに続け「性根なき木偶《にんぎょう》にさまざまの情をもたせ」るためには地（心理描写や筋を運ぶ言葉）、セリフ、だけでなく道行などの風景を述べる文句にも情を込めなければ、感動が薄いと書いています。『曽根崎心中』の筋立て」（二五一頁）に書いた『曽根崎心中』の道行を思い出してください。ただの美文ではなく、お初・徳兵衛の死を目前にした思いの深さが表現されているから感動するのです。いたずらに語呂あわせをすることも戒めています。「年もいかぬ娘を」を、「年はもゆかぬ娘をば」のように七・五調に字配りすると品位に欠け、言葉の力がなくなる。言葉が足りないほうが、余白に思いを込める表現が可能になるからです。

また浄瑠璃の根本として浄瑠璃は憂いが肝要であると言っています。しかし、ただ「あわれなり」という言葉を多用したり、泣くがごとくに語るというのは自分のやり方ではないと。「某《それがし》が憂いはみな義理を専らとす。芸の六義《りくぎ》が義理につまりて、あはれなれば、おのずから節も文句もきっとしたるほどいよいよあっぱれなるもの也。……あはれなりといいはずして、ひとりあはれなるが肝要也」（私の作で憂いは物語の道筋からおきるように書いている。芸の表現方法が道筋にかなって、あはれであれば、節も文句も引き締まっている程、いよいよあはれになるものだ。……あはれなりと言わず、自ずからあはれになるのが肝要なのだ）。

近松はこのように先行芸能の古浄瑠璃や説経節が多用する「あら、いたわしや」とか、「さても哀れをとどめたは」という決まり文句を避け、憂いの表現を深化させました。しがらみが重なり合った物語の道筋から、どうにもならない憂いがおのずと現れるのです。ここに近松は劇作家としてのわざを尽くして新時代を切り開いたのです。

十世坂東三津五郎

歌舞伎座四月公演（二〇一四年）。何とか時間を作って三階席の一幕見で四世坂田藤十郎（一九三一―二〇二〇）の『曽根崎心中』と坂東三津五郎の『寿《ことぶき》靭猿《うつぼざる》』を見てきました。『曽根崎心中』は「坂田藤十郎一世一代にてお初相勤め申し候」ということで報道されました。満八十二歳ですからこれで演じ納めにするということなのです。また十代目坂東三津五郎は前年八月に大病をされ、家の芸ともいうべき『寿靭猿』で復帰です。これは見逃すわけにはいきません。

歌舞伎座は私にとって若き日、八代目坂東三津五郎の著作執筆の秘書として初めて楽屋に出入りした忘れがたい場所です。その歌舞伎座は二〇一三年、内装も昔と変わらないように建て直されました。幕見席は昔は階段しかなかったのですが、今はエレベーターがつきました。そして相変わらず熱心な歌舞伎ファンで満員になっていました。それではご一緒に歌舞伎見物といたしましょう。

常磐津舞踊劇『寿靭猿』は狂言『靭猿』がもとの作品です。女大名（中村又五郎）とお供の奴《やっこ》（巳之助）が、通りがかりの猿の革を靭（矢を入れて背負う道具で、矢羽が濡れないように毛皮で覆う）に欲しいと猿曳の寿太夫（三津五郎）に無理強いします。しかたなく猿を殺そうとするのですが、殺されるとも知らない猿はけなげにも猿の芸をはじめます。これを見た猿曳はとても殺せないと嘆き、女大名もともに泣き、猿の命を助けるというものです。

幕が開きました。歌舞伎ならではの音楽、色彩が心地よく観客を包みます。愛くるしい小猿が登場します。いたいけなものへの愛情が観客の反応として、はっきり伝わってきます。復帰した三津五郎が小猿を追って花道から登場すると、満場の拍手。その温かさ、復帰できてよかった、これからもいい舞台を見せて欲しいという観客の思いが実に実に素直に伝わってきます。歌舞伎は観客とともに創られていくのです。そしていざ猿を殺すというところになって「せめて今度は人間に」生まれよと言い含める演技の胸を打つ切実さ。それがあるから、猿の命が助かったときの喜びの深さ。歌舞伎座に集った観客の皆が、ああよかったと喜び、それが実に温かい拍手となって劇場を包みました。五十七歳で大病をして復活した三津五郎さん。前年には同年の盟友中村勘三郎さんを亡くしています。「自分はまだ使命を与えられている。先輩から預かったタスキを、次代に渡さなければという想いが強くなりました」という言葉がパンフレットに書かれています。息子の巳之助の奴も実に色気もありいいものでした。伝えようとし、それを受け取ろうとする親子の覚悟が違います。

三津五郎さんとは二〇〇七年東京藝術大学創立一二〇周年公演、坪内逍遥原作『新曲浦島』を上演したおりに、坪内逍遥役に三津五郎さんをお願いし、その台本を私が書き演出をしました。実にいい芝居をしてくれました。お嬢さんの菜生さんは玉川大学演劇科での私の教え子で、四代にわたってご縁があります。

いよいよ坂田藤十郎さんの『曽根崎心中』です。この作品のことは「『曽根崎心中』上演途絶」(二五八頁)でドナルド・キーンさんのことと一緒に書きました。歌舞伎座の今月の筋書き(パンフレット)にもキーンさんが「坂田藤十郎のお初」という一文を寄せられています。六〇年前にこの公演を見たときの感動と、「扇雀(現藤十郎の当時の名)のように美しい」という言葉が流行ったほど、美しかったと回想しています。

さあ開演五分前のアナウンスがありました。皆さんと一緒に席に着きましょう。いよいよ坂田藤十郎一世一代のお初の始まりです。

四世坂田藤十郎

さあ、幕が開きました。生玉社前《いくたましゃぜん》に観音廻りを終えたお初が登場します。その姿といい、声といい、全く年齢を感じさせません。久しぶりに恋しい人に会い、恨み言を言うお初の色気。徳兵衛が主人の姪と結婚を強いられ、それをきっぱりと断ったというのを聞いて、お初が胸の辺りで小さく手をたたいて喜ぶうれしさの表現のかわいさ、いじらしさ。場が変わって天満屋。死を覚悟して忍んできた徳兵衛をお初が縁の下に隠し入れます。そこに九平次が来て徳兵衛を悪者にして言いたい放題。お初は九平次に反論して徳兵衛をかばい、縁の下の徳兵衛に、こうなったからには死ぬる覚悟が聞きたいと、独り言のようにいいながら足で問いかけます。徳兵衛はお初の足首を持って自分の喉笛をなで、死ぬ覚悟を無言のうちに知らせるのです。ドナルド・キーンさんはここを「日本演劇全体の最高といえる瞬間であり」、「生涯忘れられない場面だ」と書かれています。キーンさんがこの感想をもたれたのは先代の鴈治郎と扇雀（現藤十郎）父子での舞台のことですが、いまや父親の鴈治郎が完成させた徳兵衛の役を息子の翫雀が伝承しているのです。お初の役を六〇年間、千回以上演じるなかで演技を練り上げ、「お初と自分は一心同体」となって生涯の当たり役に育てたように、後継者も育て上げたのです。初演の折、その歳でなければ出せない初々しさ、美しさで評判になったものが、その役を繰り返すなかで、演技が練れ、年輪を重ねるなかで役の理解が深まり、若き日の美しさに代わって表現の深さ、豊かさが増した舞台でした。これが古典芸能の力です。見納めかという観客の思いと、役者も演じ納めという万感の思いを持ち、互いにそれを惜しむ心と、これだけのものを見せてもらったことへの感謝の気持ちが重なる拍手の内に幕が下りました。歌舞伎という芸能は観客とともに創られていくものです。そのことを実感した、歌舞伎座の芝居でした。

この作品のヒットがきっかけで文楽（人形浄瑠璃）でも『曽根崎心中』が復曲され、吉田玉男の徳兵衛、吉田蓑助のお初のコンビで文楽一の人気作品に成長し、近松ブームに火がつき、近松の復活と継承が大きく前進したのでした。

この二項では歌舞伎座での感激をいささか実況中継的に書いてみました。芸能の歴史として書いているとはいえ、芝居は実際に見ないとストレスがたまるものです。

これまで触れてきた近松にはいくつか映像があります。ユーチューブではかつて文楽『曽根崎心中』がほぼ全曲見られましたが、今はアップされていません。歌舞伎は映像の管理が厳密でほとんど流されていません。それから観音廻りを復活した杉本文楽はＤＶＤが発売されています。ユーチューブでもごく一部が見られます。古くは『大経師昔暦』が一九五九年に日本映画の巨匠、溝口健二監督により『近松物語』というタイトルで映画化されています。主演は長谷川一夫と香川京子で、近松作品の映画化として最も優れた作品。栗崎碧監督の『曽根崎心中』

（一九八一年）は野外にセットを組み撮影した映画で、国際的にも数々の賞を受賞した名作です。しかしこの映像は現在発売されていません。栗崎監督は二〇〇三年に近松『平家女護島』を題材にした同じ文楽映画『俊寛』を、吉田玉男・蓑助・文雀の人形、竹本住太夫の語りという四人の人間国宝をそろえて創りました（私はシナリオの一部を担当しました）。これは文楽の最高峰の技芸者による作品ですが、残念ながら多くの負債を抱え、監督が亡くなられ、公開のめどが立っていません。日本を代表する文化映画として世界に出すに値する作品です。これも近松の継承の仕事であり、公開が望まれます。

四　三大浄瑠璃とその後

三大浄瑠璃の誕生

近松門左衛門によって浄瑠璃も歌舞伎も作者という地位が確立され、その結果演劇的にも文学的にも飛躍を遂げました。それが近松の死後さらに発展します。一人遣いの人形の目が動き、口が動き、指が動き、ついには三人で使うようになります。享保九（一七二四）年の近松の死から一〇年後の享保十九年、竹本座の『芦屋道満大内鑑《あしやどうまんおおうちかがみ》』（葛の葉子別れで名高い、陰陽師安倍保名と狐の間にできた子供安倍晴明をめぐる物語）で三人遣いの人形が登場します。作者は近松の薫陶を受けた竹田出雲。さらに二年後には人形も大きく作られ、ほぼいまの人形浄瑠璃のスタイルになります。この頃から三〇年程が人形浄瑠璃の絶頂期で、「操り（人形浄瑠璃のこと）段々流行して歌舞伎は無きが如し」とまでいわれました。そこで生まれたのが、三大浄瑠璃と呼ばれる『菅原伝授手習鑑《すがわらでんじゅてならいかがみ》』、『義経千本桜』、『仮名手本忠臣蔵《かなでほんちゅうしんぐら》』です。これらの名作が延享三（一七四六）年、四年、寛延元年と毎年初演されたのです。これらは歌舞伎にも取り入れられ、以降二七〇年以上、今日まで最も人気の高い演目として上演され続けています。

まさに奇跡の収穫の年が続いたのです。これは単なる奇跡ではありません、近松の登場以来長い時間をかけて準備されたものが花開いたのです。近松は晩年、作者の養成を心がけ、作者部屋を作ります。座元竹田出雲を作者として育て、その作品に添削を施し、一本立ちの作者とします。その出雲が息子の小出雲（二代出雲、一六九一―一七五六）を育て、この頃から合作の時代になり、その最大の成果が三大浄瑠璃となります。『菅原伝授手習鑑』の作者は竹田出雲・並木《なみき》千柳《せんりゅう》（一六九五―一七五一）・三好松洛《みよししょうらく》（一六九五―一七七一？）・竹田小出雲で、この翌年出雲は亡くなり、小出雲が父の名を名乗り二代出雲となります。あとの二作は二代竹田出雲・並木千柳・三好松洛の三人の合作です。並木千柳は豊竹座の西沢一風《いっぷう》の弟子として並木宗輔という名前で作者になり、一時歌舞伎作者になり、延享二年竹本座に招かれ、名を並木千柳と改め実質的な立作者《たてさくしゃ》（中心作者）として翌年からの三大浄瑠璃に参画。三好松洛は近松が育てた作者文耕堂《ぶんこうどう》（松田和吉）との合作で名前が知られ、竹本座の五〇余りの作品の合作者となり、補佐的に作品を纏《まと》め上げる能力に優れていました。

　この背景には竹本座と豊竹座が道頓堀の東西に位置して競い合う中で、人形の水準も、視覚的な演出も向上していたことがあります。前にも書いたようにライバルとの競合は表現の質を飛躍させます。それに加え、合作も各々の知恵を絞り、趣向を凝らし、競い合い優れた作品を生み出していったのです。

　近松から三大浄瑠璃の作者への中継となった竹田出雲が、作者の秘事として「木の葉の落てめぐむにあらず、下よりつわりめぐむによって落るなり。作者の趣向もその時に望みて出るにあらず、多年心がくるを以って趣向も出来るなり」と書き残しています。芽は葉が落ちたからではなく、内側から新しい生命が兆し突き上げるから出るのだ、作者としての趣向も長年にわたって心がけ考え育てることで生まれるのだというのです。妊娠期のつわりは悪阻《つわり》と漢字を当てますが、本来生命の兆し、息吹のことであり、長い時間をかけて受精卵が育ち命を育んだ結果なのです。このように近松が種を仕込みそれを出雲が受け継ぎ育み、次世代に渡したのです。

「寺子屋の段」

昌泰《しょうたい》四（九〇一）年、菅原道真は学問の家柄として破格の右大臣まで昇りつめ、ついに左大臣藤原時平によって大宰府に左遷され窮死しました。彼の霊魂は荒ぶる魂―雷神となって、内裏に落雷し、左遷した公家たちを殺したと恐れられ、御霊《ごりょう》として北野天神社に祀られました。御霊信仰といわれる日本の芸能を貫く柱です。非業の死を遂げた荒ぶる魂は、鎮められなければ祟ります。鎮魂としての芸能が生まれるゆえんです。

菅原道真の伝説的な生涯が能『雷電』で芸能化されます。雷神となって内裏を襲い自分を左遷した公家を殺そうとし、それを阻む僧正に柘榴を嚙み砕いて吐きかけると火炎となるという激しい怨霊の姿です。これを種に近松が竹本座に『天神記』を書いたのが正徳四（一七一四）年。これらをもとに、近松の息のかかった竹田出雲・三好松洛・並木千柳・竹田小出雲が、当時大坂の天満に三つ子の兄弟が生まれた話題に当て込み、梅王丸・松王丸・桜丸という名で、それぞれ道真、時平、斎世《ときよ》親王の舎人《とねり》（貴人に仕える牛車の牛飼い）になっている、という設定を加えて『菅原伝授手習鑑』を合作しました。斎世親王と道真の養女、苅屋姫との恋の取り持ちを桜丸がした結果、道真が陰謀によって王位を奪おうとしているとの口実を敵方に与え、左遷されます。その道真の遺児菅秀才《かんしゅうさい》を、道真の元の家臣武部源蔵と、三つ子の兄弟が自己犠牲によって守るという物語です。

こんなエピソードが伝えられています。三好松洛・並木千柳・竹田小出雲の合作の浄瑠璃の興行が当たり、座元の出雲が振る舞いの宴席を持ちます。その席で三好松洛がこの作品の構想を話し、その二段目、三段目、四段目の切《きり》（クライマックスの場面）に三様の親子の別れを描くことを提案しました。松洛が担当した二段目は道真と養女の苅屋姫との別れ（「丞相名残の段」、歌舞伎では「道明寺」）、千柳が書いた三段目は、三つ子の父、白太夫と末の息子桜丸との別れ（「桜丸切腹の段」、歌舞伎では「賀の祝」）、四段目の切が出雲作で松王丸と息子小太郎の死に別れ（「寺子屋の段」、歌舞伎では「寺子屋」）です。

『菅原伝授手習鑑』より「寺子屋の段」
（有楽斎長秀、秀麿画。1822年大坂角芝居。立命館大学アート・リサーチセンター蔵）

最もよく知られ、上演の多い「寺子屋の段」を見てみましょう。

道真のかつての家臣武部源蔵と妻の戸浪は、今は寺子屋を営んで身を立て、道真の子である菅秀才を密かに匿っています。敵方にそれが漏れ、菅秀才の首を差し出せと命じられます。時平の家臣、松王丸が首実検の役で遣わされます。子のない夫婦は、その日に入門してきた子供の首を身代わりに差し出します。このとき源蔵が妻に言うセリフが名高い「せまじきものは宮仕え」です。松王丸はこの偽首を実検し、緊迫した静寂の中「むうこりゃ、菅秀才の首討ったはまがひなし、相違なし」と松王丸は菅秀才の首と認めて去っていきます。実はこの首は松王丸の実子、小太郎だったのです。三兄弟の中でただ一人の敵であった松王丸も実は道真に心を寄せ、道真の子を助けるために実子を身代わりの犠牲にしたのです。松王丸と千代夫婦が白装束で我が子の供養に再び現れてこれが明らかになります。最初は敵役であったものが実は味方であったとわかるモドリといわれる役柄です。松王丸は小太郎が菅秀才の身代わりといわれて首を差し伸べ、にっこりと笑って討たれたと源蔵から聞き、「でかしおりました、……親に代わって恩を送り」と涙ながらに喜び、最後に「いろは書く子をあへなくも、ちりぬる命ぜひもなや……」と始まる名高い「いろは送り」で供養するうちに幕切れとなります。

『義経千本桜』

前項の『菅原伝授手習鑑』も能『雷電』と近松作の『天神記』が元になっていたように、本項で紹介する『義経千本桜』は、都落ちした義経と静との別れを描く前半と、大物浦《だいもつのうら》を船出した義経一行に平知盛の怨霊が襲いかかる後半からなる能『船弁慶』の世界を、巧みに換骨奪胎しています。

これに加え、近松作の『天鼓』という浄瑠璃を取り入れています。これは千年を生きた女狐《めぎつね》の皮で張った鼓があり、それを弥左衛門狐と弥助狐が守る話です。これを『義経千本桜』に生かし、初音の鼓とそれを守る狐忠信が産み出されます。

そして何より、二代目竹田出雲・三好松洛・並木千柳によるこの合作の最大の趣向は、滅亡した平知盛と平維盛、平教経が実は生きているという思い切った虚構の設定です。物語を追いましょう。

兄頼朝を討てという暗黙の命として後白河法皇から義経に賜られた初音の鼓。この鼓の裏表に張られた親狐を慕う源九郎狐が、義経の家臣佐藤忠信の姿と化して、主君義経や静を守ることになり、メルヘン的な味わいをこの世界に加えます。

初段、堀川御所で頼朝との関係が修復不能になった義経は都落ちします。

『義経千本桜』四段目の切「河連法眼館」の場
（初代歌川豊国画。1815年、江戸市村座）

二段目の口・伏見稲荷鳥居前では、義経一行と静の別れとなり、義経は静に初音鼓を与え、都で待つよう命じます。同行するという静を梅の木に縛り、去っていきます。残された静を敵方が襲うと、忠信（狐の化身）が現れ蹴散らします。そこに義経が再び現れ、忠信の忠勤を褒めて自らの着背長《きせなが》（大将着用の鎧）を与え、忠信に静を都に送り守れと命じて、自らは大物浦に去っていくのです。

同じく二段目の中・渡海屋と、切《きり》・大物浦は、実は生き残っている安徳帝と乳母、典侍局《すけのつぼね》と平知盛が、船宿の一家に身をやつして、源氏に復讐しようと企んでいるという設定。それも平家一門の亡霊と見せかけて義経を討とうとするという、能『船弁慶』を逆手にとっての劇です。『船弁慶』の謡《うたい》を要所要所で巧みに使いながら、その策略が義経には見破られており、結局、義経に追いつめられ、義経の慈悲で安徳帝は守られるが、知盛は大錨を担いで綱を身に巻き、「大物の沖にて判官に仇をなせしは、知盛が怨霊ぞと伝へよや」と言い残して入水するのです。能『船弁慶』の世界を実は知盛が生きていたと一度はひっくり返しておいて、最後には再び元の枠に納めてしまうという、したたかで見事な作劇術です。

三段目の鮨屋では、生きている平維盛が鮨屋の奉公人弥助になっていて、鮨屋の勘当息子いがみの権太が自分の子と女房を犠牲にする芝居です。

さらに四段目の口は華やかな「道行初音旅《みちゆきはつねのたび》」です。二段目で知盛の策略の裏をかき大物浦を船出したものの、嵐によって住吉に吹き戻され、そこから吉野山中に身を隠した義経。その義経を慕って、爛漫の吉野の桜のなか、静と狐忠信とが道行をします。二人は義経から拝領した、初音の鼓と着背長を桜の切り株のうえに据え、それを義経と見立てます。忠信はその前で、景清と三保谷四郎が兜の錣《しころ》を引きあって戦い、佐藤継信が義経の身代わりになり討ち死にした有り様を再現して見せます。

そのあとが名高い「四の切」と呼ばれる「川連法眼館《かわつらほうげんやかた》」です。ここで二人の忠信の存在が明らかになり、狐忠信は初音の鼓に張られている両親の革を慕って静の供をしてきたことが知れます。義経はその思いを哀れみ、鼓と我が名源九郎を狐に与えるのです。狐は喜び、追手の衆徒を狐の神通力で手玉にとります。ここでは手妻からくりの技法が駆使され（歌舞伎だと宙乗りの演出がされたりします）、狐の情愛の深さが、肉親の愛に恵まれない義経との対比で描かれ、メルヘン的な情愛の世界が完結します。

『仮名手本忠臣蔵』

独参湯《どくじんとう》という言葉があります。本来は気付け薬の妙薬のことですが、芝居の世界では、この『仮名手本忠臣蔵《かなでほんちゅうしんぐら》』を出すと、必ず当たりをとり、経営の危機を脱するので独参湯だといわれるのです。三大浄瑠璃の最後の作品として上演されて以来、すぐ歌舞伎にもされ、人形浄瑠璃でも歌舞伎でも頻繁に上演され演出が練り上げられました。それぞれにさまざまな風《ふう》（その作品を初演した太夫の語り方）や型（役者の独自の演技の工夫）が残っています。この風と型は日本の芸能の根源的な言葉ですので、次々項であらためて書きます。ともかくこの作品は三大浄瑠璃の中でも最も名高く、近世の芸能を代表する作品です。

『忠臣蔵』の世界は現代でも毎年暮れになると、これに絡んだテレビドラマが作られる程に日本人になじみ深い世界なのです。

歌舞伎では役がつくと、一人の役者の受け持つ箇所だけを書き抜いた略式台本「書抜《かきぬき》」が渡されます。八代目三津五郎さんが若かりし頃『仮名手本忠臣蔵』の役がついたとき、その「書抜」には、ただ役名があるばかりだったというのです。普通の演劇からすれば台本全体が書かれてない「書抜」だけで役作りができるのかと思うでしょう。それが『仮名手本忠臣蔵』では役名が振り当てられるだけで、そのセリフさえも渡されないのです。セリフはもちろん、演技のことなど人に聞くのは恥ずかしいことであり、役者として当たり前に知っていてできなければならない世界だということです。恐るべきことです。

元禄十四（一七〇一）年、浅野内匠頭《たくみのかみ》が江戸城松の廊下で吉良上野之介《こうづけのすけ》に斬り掛かり、即日切腹となり、家は断絶。翌年の暮れ、その家臣の四十七士が吉良の屋敷に討ち入り主君の仇《あだ》を討ったことは、太平の元禄を揺るがす大事件でした。これほどの大事件を芝居が題材にしないはずがありません。とはいえ幕府の根もとを揺るがすような事件をそのまま芝居にはできません。またそれとわかれば即刻禁止です。実際、歌舞伎では義士切腹の二週間後に曽我十郎・五郎の仇討ちに仮託した歌舞伎が上演され三日で禁止された記録があります。以来しばらくはこの事件を取り上げたものはなかったといいます。

元禄の時代を室町時代に移して浄瑠璃にしたのが近松でした。宝永三（一七〇六）年の『碁盤太平記』です。この作で吉良上野介を高師直《こうのもろなお》、浅野内匠頭を塩冶判官《えんやはんがん》、大石内蔵助《くらのすけ》を大星由良之助と名を置き換えたのです。ここにも近松の手腕があります。この世界を踏襲し、ほかで上演された数々の義士劇をも取り入れ、さらに練り上げ、合作という形で完成されたものが『仮名手本忠臣蔵』なのです。

これがこれほどに人気があるのはまず事件そのものが江戸という時代を象徴する大事件であったという骨格の大きさがあります。その塩冶判官の刃傷から切腹にいたるまでと、切腹に駆けつけた由良之助が切腹の小刀を形見に受け取り、主君の無念を受け継ぎ仇討ちを誓う、緊迫感のあふれるドラマが展開します。一方主君の大事に、逢い引きのために居合わせなかった早野勘平とお軽の悲劇が涙をしぼります。さらに華やかさと哀愁感を併せ持つ由良之助が仇討ちの本心を隠しての、祇園一力茶屋での遊興のさまが描かれ、最後の重厚な悲劇、加古川本蔵の死（「山科閑居《やましなかんきょ》」の場）と、息もつかせぬ芝居が続き、そして段詰んだ最後が討ち入りです。

次項ではその「山科閑居」と呼ばれるドラマを詳しく見て見ましょう。

「山科閑居の段」

『仮名手本忠臣蔵』の九段目の「山科閑居《やましなかんきょ》」はおいそれと語れる段ではありません。明治・大正・昭和と活躍した名人、豊竹山城少掾《とよたけやましろのしょうじょう》はついにこの「山科閑居」は語りませんでした。山城少掾が育てたのが昭和の名人といわれた八世竹本綱大夫であり、その弟弟子が四世竹本越路大夫でした。二〇一四年、現役を引退することを表明した七世竹本住大夫も弟子でした。昭和を代表する太夫を育てた方です。私は山城少掾を録音でしか聞いていませんが、私にとっての義太夫の規範となる太夫です。私が現役で生で聞いて最高の太夫であった越路大夫が山城少掾の『平家女護島《へいけにょごがしま》』「鬼界ヶ島の段」を聞いて、とても師匠を超えられないと、義太夫を語るのが嫌になったと書き残しています。越路大夫は義太夫の修業は一生では足りなかった、もう一生欲しかった、といわれた方です。芸というものの恐ろしさ、深さは底知れません。

討ち入りを目前にして由良之助は山科に閑居しています。そこに加古川本蔵の女房・戸無瀬《となせ》が花嫁姿の娘、小浪を伴い訪ねてきます。小浪は大星由良之助（大石内蔵助）の子、力弥の許嫁でした。

ところが戸無瀬が許嫁の力弥と小浪の祝言の話を切り出した途端、由良之助の妻お石は釣り合わぬと拒みます。戸無瀬も納得がいかず言い争いになります。

豊国画『仮名手本忠臣蔵』より「山科閑居の段」
（Nationaal Museum van Wereldculturen 蔵）

実は本蔵は、主君の桃井若狭守が高師直《こうのもろなお》（吉良上野介）に侮辱されて斬ろうと決心していることを知り、師直に賄賂を贈って懐柔し、主君の暴発を防いだのです。このため師直の理不尽ないじめが塩冶判官《えんやはんがん》（浅野内匠頭）に向かい、刃傷沙汰に及んだのです。それを知るお石は、小浪の父親の本蔵は進物を贈り媚《こ》びへつらう追従武士なので、息子とは釣り合わないというのです。さらにお石は、本蔵が後ろから抱えて止めたため師直を討ち果たせなかった無念を理由に、破談を告げます。

しかし小浪は力弥以外に夫は持たぬと聞き入れません。戸無瀬は、小浪を殺し、自分も死のうと覚悟を決め、刀を振り上げます。その時、祝言を許すというお石の声がします。その代わりにお石は、聟《むこ》への引き出物に本蔵の首が欲しいと要求します。そこへ先ほどから外で尺八を吹いていた虚無僧（実は本蔵）が家に入り、お石に向かって由良之助の悪口雑言。聞くに堪えかねた力弥が本蔵の脇を槍で突きます。

本蔵は娘のために死ぬ覚悟でわざと力弥の手に掛かったのです。奥から現れた由良之助は、その本蔵の真意を「力弥の手に掛かりさぞ満足であろう」と見抜きます。本蔵も「忠義にならでは捨てぬ命、子ゆえに捨つる親心推量あれ由良殿」と涙ながらに語るのです。

由良之助は本蔵に裏庭の雪で作った二つの五輪塔を見せ、仇討ちを果たしたのちの死ぬ覚悟を知らせます。その本心を見た本蔵は、力弥への引き出物にと、敵方・師直の屋敷の絵図面を手渡します。由良之助は師直の館へ討ち入りの際、庭の竹をたわめ、その反動で雨戸をはずす方法を、自ら庭に下りて本蔵に見せ、これを見た本蔵は満足して死んでいきます。

寛延元（一七四八）年の初演の折、この雨戸をはずす場面で騒動がもちあがります。「忠臣蔵騒動」です。由良之助を遣っていた人形遣いのスター吉田文三郎が、竹本此太夫に間が詰まって人形が遣いづらいので、長く語って欲しいと注文を出します。結局座元の二代出雲は吉田文三郎の言い分をいれ、面目をつぶした此太夫とその弟子たちが豊竹座に去り、豊竹座の太夫が竹本座に入れ替わりました。竹本座の西風、豊竹座の東風と言われた、両座の芸風が交じり合うようになったのです。

風と型

風と型は日本の芸能の重要な言葉です。「風流をつける」という言葉は京都の葵祭で葵《あおい》（ふたば葵）の花を頭に挿したことから来ています。それが風流踊りという華美を競う芸能の名称になり、祭りの山車《だし》も意味するようにもなりました。世阿弥の『風姿花伝』では風姿は単なる容姿ではなく能楽の芸術的美を表現する言葉となりました。

また漢字の成り立ちから見ると「風」は鳥形の神であり、風神としてその地に風行して風気・風土をなし、人がその気を承《う》けて風俗・風格をなすとされました（白川静『字通』より）。

人形浄瑠璃で使う風は芸風―スタイルのことであり、芸の伝承の重要な言葉となったのです。

一方、形・型は、規範となる鋳型のことです。これは歌舞伎の演技をいう時に、その演技を完成させた役者の名をとって九代目団十郎の型とか六代目菊五郎の型とかいわれます。これも重要な伝承の規範となるものです。日本の古典芸能では世阿弥以来、形・型付けが重要視されてきました。とはいえただの鋳型であればステロタイプ・金太郎飴的な表現しか出てきません。その型が生まれた根拠を探し求め、それが生まれた創造性を追体験できなければ、生き生きとして人に感動を与える表現にはなりません。型を知り型を超える力が要求されます。

前項で、忠臣蔵騒動で竹本座の西風と豊竹座の東風が交じり合うようになったと書きました。

この騒動で竹本此太夫、島太夫、百合太夫、友太夫が豊竹座に移籍、逆に豊竹座から竹本座に大隅掾《おおすみのじょう》、千賀太夫、長門太夫、上総太夫が招かれたのです。その結果、それまでの西風といわれる竹本義太夫と二代義太夫以来の堅実かつ緻密に情を語る芸風と、東風と呼ばれた豊竹座の豊竹若太夫以来の、華やかで音曲性に富んだ芸が交じり合うようになったのです。これは新たな時代の到来でもありました。それまで座単位での大きな芸風であったものから、より細かに初演した太夫の名を付け、さらには新たな工夫を加え完成させた太夫の名を付け、細分化が進みました。この風を芸の規範としたのです。

実は両座が競い合う中で、それぞれの作風の融合も水面下で進行していました。この合作の三大浄瑠璃の作者を見てもわかるように、並木千柳は豊竹座で出発し、後に竹本座に参加した作者です。もともと東風の優美な芸風からして女の人形を生かす作品が多く生まれ、西風の男性的な芸風を生かす作品（吉田文三郎は由良之助をはじめ立役《たちやく》遣いの第一人者でした）が作られる傾向があったものが、作者のレベルでも混交が進んでいたのです。その結果、男女ともに活躍し、かつ緻密な趣向の面白さにあふれた作品が創られ、それを語る太夫も多様な語り口が要求されてくるようになっていたのです。

さらにこの時代、人形遣いの文三郎が太夫よりも人気があったということは、観客の視覚的な要求が強くなっていたのです。前にも書いたようにこの時代の人形浄瑠璃は歌舞伎を圧倒していました。三人遣いを完成させた文三郎の操る人形は人そのままに動き、また歌舞伎役者の所作よりも見事であったと評されたのです。また忠臣蔵騒動の原因になった由良之助の人形は、歌舞伎のスターであった沢村宗十郎の振りを写したものでした。人気の頂点を極めていた人形浄瑠璃が歌舞伎役者の振り姿、演出を取り込んでいたのです。

頂点を極めた後は衰退が待っています。この後、人形浄瑠璃は名作、ヒット作を繰り返し上演していくことが多くなり、創造性を失っていったのです。この『仮名手本忠臣蔵』からわずか一七年後の明和二（一七六五）年に豊竹座が終焉を迎え、さらに二年後の明和四年には竹本座も終わりを迎えます。

近松半二

三大浄瑠璃で頂点を迎えた人形浄瑠璃は、わずか二〇年の内に豊竹座も竹本座も相次いで終わりを迎えます。その人形浄瑠璃の世界に作者として最後の輝きをもたらしたのは近松半二（一七二五―八三）でした。彼は近松門左衛門が亡くなった翌年の享保十（一七二五）年、穂積以貫《これつら》（一六九二―一七六九）の次男として誕生。穂積以貫は「近松の芸能論」（二七四頁）で書いた近松の芸能論「難波《なにわ》土産」を編んだ儒学者です。

半二は近松に憧れ、私淑し、二代目出雲の弟子として作者修業を始めます。近松半二という名のごとく、近松への憧れと同時に、その偉大さに比べ自分は半分の才だと名前を付けたのでした。しかしたちまち才能を発揮し、宝暦九（一七五九）年『日高川入相花王《ひだかがわいりあいざくら》』を書きます。これは能『道成寺』を換骨奪胎した人形浄瑠璃『道成寺』ものの代表作です。

さらに三年後の三十七歳で『奥州安達原』を仕立てます。これは三段目「袖萩祭文《そではぎさいもん》」と四段目「一つ家」が知られています。翌年からは名実ともに立作者《たてさくしゃ》として活躍します。

明和三（一七六六）年には『本朝二十四孝』が続きます。これは三段目「勘助住家《かんすけすみか》」、四段目「十種香《じゅっしゅこう》」「狐火」が有名です。これを書いた翌年、竹本座は経営が成り立たず、歌舞伎の劇場になります。しかしその後も傑作を書き続け、一時は竹本座を復興させます。

有名な作品と段を引き続き列挙すると、『傾城《けいせい》阿波の鳴門』（八段目「順礼歌の段」）、『近江《おうみ》源氏先陣館《げんじせんじんやかた》』（八段目「盛綱陣屋」）、大化の改新の時代設定に三輪山伝説を取り込んだ壮大なスケールの物語『妹背山婦女庭訓《いもせやまおんなていきん》』、『心中紙屋治兵衛』（近松門左衛門の『心中天網島』の改作「河庄の段」）、お染・久松の心中物『新版歌祭文《しんぱんうたざいもん》』（「野崎村の段」）があります。半二は現在まで人形浄瑠璃、歌舞伎で度々上演されているこれらの作品を書き、天明三（一七八三）年、渡辺数馬と荒木又右衛門の仇討ち事件を劇化した『伊賀越道中双六《いがごえどうちゅうすごろく》』の「沼津の段」を執筆中に亡くなります。

半二の作劇術の特徴は、三大浄瑠璃の合作で展開した趣向の面白さを、さらに推し進めたことです。その結果、ひねりにひねり、どんでん返しにつぐどんでん返し、といった複雑な物語の展開を仕組みました。三人遣いの人形による、近松の時代とは違った、より精緻な人間の如き動きを生かすべくセリフを多くし、人形の演技をたっぷり見せる詞章にしました。もう一つは、舞台装置も豪華になったことをうけて、より視覚的絵画的な場面を創り上げたことです。

例えば『妹背山婦女庭訓』の「吉野川の段」。まず華やかな舞台が目を引きます。吉野山の花盛り、中央を流れる吉野川を挟んで向かって右（上手）は大判事と息子久我之助の住まい、左手（下手）には太宰家の後室定高と娘雛鳥《ひなどり》の住まいがあります。両家は長年不和であり、ひそかに恋する雛鳥と久我之助の二人の嘆きは深いのです。入鹿の命により、大判事には久我之助を出仕させよ、定高の娘雛鳥は入鹿の側室に差し出せと命じられます。入鹿の命に従わず、我が子の恋を叶えようと決意した二人の親は、それぞれ久我之助、雛鳥に事の顚末を語り、涙ながらに子を手にかけ、死して二人の恋は成就するのです。雛鳥の首桶《くびおけ》が久我之助のもとに川を渡って輿《こし》入れする、その美しさ、悲しさ、親の嘆きの深さ。これらが爛漫の桜の中に響きわたる見事な仕掛けです。

「文楽」の時代

これまで人形浄瑠璃（文楽）と書いてきましたが、現在では文楽の方が普通に使われていますので、なぜそのように書くか違和感を持っている方もいらっしゃるでしょう。これには歴史的な背景があります。

竹本義太夫と近松門左衛門が両輪となって義太夫節による人形浄瑠璃が確立し、二人の没後、合作の時代が到来し、三大浄瑠璃が生み出され、創造的な頂点がきわめられました。前項でその最後の光芒として近松半二の活躍を書きました。それ以降は新たなものを生み出すよりは、これまでの名作の「見取り」（良いところを選び取って）上演する傾向が強くなっていきます。ある時期までは歌舞伎を圧倒していた人形浄瑠璃に対して、歌舞伎は人形浄瑠璃の台本の緻密さと、音楽性とを取り入れ、さらに回り舞台などの大掛かりな劇場機構の大改良を加えて再び力を取り戻していきます。その流れと入れ替わるように豊竹、竹本両座が退転したのです。

それ以降の人形浄瑠璃は、寺社境内などにある常打《じょうう》ちの小屋（小規模な劇場）での公演が多くなります。こうした時代の中で淡路島（今も淡路島は独自の人形浄瑠璃を上演しています）出身の浄瑠璃の嘉太夫（雅号・文楽軒）が大坂に出てきます。文化年間（一八〇四―一八年）に博労町の稲荷境内に常設の小屋をつくり、それが二代目、三代目と興隆して、明治五（一八七二）年には文楽座という座名で、明治の人形浄瑠璃界を牽引する役目を果たしました。それ以降、この文楽という座名がそのまま義太夫節による人形浄瑠璃の総称となります。明治四十二（一九〇九）年に文楽座は松竹の傘下となり、その松竹も昭和三十八（一九六三）年に文楽を手放し、「財団法人文楽協会」がつくられ今日に至ります。現在では全ての技芸員はこの協会に所属しているのです。

竹本義太夫や近松門左衛門、竹田出雲、近松半二の時代には文楽という名称はなかったので、この時代のことを書くときは人形浄瑠璃と書き、文楽座ができた明治の初め以降は文楽というのが一般的です。この幕末から明治にかけての時代は、文楽は太夫、三味線、人形の三業の技芸の洗練と深化が進み、多くの名人を生みました。新作の目新しさ、面白さよりも、繰り返し上演される名作をより深く掘り下げ緻密に表現する時代になっていったのです。古典化の時代です。

前にも書いた杉山其日庵《そのひあん》『浄瑠璃素人講釈』（初版一九二六年）という名人の芸談を読むと恐ろしいまでの修行の果てに到達した芸の位というものが伝わってきます。これは今も岩波文庫で出版されていて、義太夫芸の最良の芸談であり、曲目の勘所を押さえた名著です。若き日に私は今尾哲也師のもとでこの本を講読しました。残された過去の名人の音声記録を聴きつつ、この本を読んだことが私の芸を見分ける基礎になっています。この本には、義太夫節が満天下に流行することで名人が生まれ、その芸の妙味が拡大し、修行が激しくなってきた、しかしその修行が緩めば芸は衰退すると書かれています。これはどの時代のどの芸能にも当てはまる普遍的真実です。

ちょうどこの時代の最盛期の文楽を見たのが中江兆民です。土佐藩の足軽の息子として生まれ、明治四（一八七一）年にフランスに国費留学し、民権論者であり、東洋のルソーと呼ばれた人です。兆民は最晩年の明治三十四（一九〇一）年四月、喉頭がんを宣告され、余命一年半と宣告されます。その年の八月には遺言ともいうべき『一年有半』が出版され、当時としては驚異的、記録的な二〇万部以上を売り上げました。その中で最大の賛辞を書き遺したのが文楽の名人たちのことなのです。

中江兆民と文楽

もしあなたがあと幾何《いくばく》の命と宣告されたら、その生涯の終わりの残された時間に何を思い、何をしたいと望むでしょう。重い問いです。たとえ途中で終わるにしても、生涯をかけ積み上げてきた仕事を、残された時間の限り追求しようとしますか。あるいはまったく違った、これまで身過ぎ世過ぎで封印してきた願望をかなえようとしますか。

「近日東西の新聞一も興味の事有る無し、……余の期待する所は、一葉落ち涼風生ずる後、大坂堀江明楽座と御霊文楽座と開場するに及び、幸にして余猶ほ往来するを得て、今両三回大隅太夫、越路太夫の義太夫を聴き、玉造、紋十郎の人形を視《み》て、以て暇《いとま》を此娑婆《しゃば》世界に告ぐるを得んこと至願也。……此等傑出せる芸人と時を同じくするを得たるは真に幸也」。

これが中江兆民の遺著『一年有半』の最後の文章です。自由民権論者として明治の論壇に重きをなした思想家が生涯の終わりに、現在進行形での政治の動きには興味関心を一切持てず、文楽の名人たちの至芸を最後に見て死ねればこの上ない幸せだというのです。芸能に携わる者として、この文章に出会ったときの恐ろしいほどの感動を忘れることが出来ません。以来これは芸能について考えるとき常に念頭に浮かぶ言葉であり、自分の仕事への戒めの錘《おも》りです。

ここで書かれている三代目大隅太夫（一八五四—一九一三）と二代目越路太夫（一八三六—一九一七）は明治を代表する名人でライバルでした。ともに五代目竹本春太夫の門下でした。越路太夫は美声で華やかな芸風の正統派で早くから世に出、文楽座の紋下（最高位の太夫）となり活躍します。一方大隅太夫は明治の三味線の名人豊沢団平のもとで血の出るような修業をします。その修業の様は安藤鶴夫作『芸阿呆《げいあほう》』になっていて、八代目綱太夫の語る名演がCDで今も聞けます。大隅太夫は越路太夫に比べると、悪声でありながら、写実的で迫真力の強い芸でした。

兆民は文楽座で、越路太夫の『菅原伝授手習鑑《てならいかがみ》』四段目「寺子屋」、『仮名手本忠臣蔵』七段目「祇園一力茶屋」、九段目「山科閑居《やましなかんきょ》」を聴き、七段目のお軽を語る越路太夫の優美な音声と婀娜《あだ》なる曲調を比類ないものと讃《たた》え、残された時間のなかで三度も越路を聴けたことは、孔子が「朝に道を聞きて夕べに死すとも可なり」といったように、一年半が早すぎることはない、いつ死んでもいいとまで書いているのです。

大隅太夫については団平の教えを受けて師春太夫の芸域にせまっていると褒めます。団平の作曲で、大隅太夫が語った、盲目の沢市と妻のお里の夫婦愛と壺坂観音の奇跡劇『壺坂霊験記《つぼさかれいげんき》』を聞きます。「夢が浮世か、浮世が夢か」という法師歌に感銘し、ああ、これは果たして浄瑠璃か、噺《はなし》か、活劇か、他人の浄瑠璃だが、大隅の浄瑠璃は事実そのものであり、しかも観客の拍手喝采を求める心もなく、ただ自ら語り、自ら研究して、自ら満足し、自ら楽しむ、真に高尚上品にして、他者と比較ができない、この道の聖だと、絶賛するのです。人形の初代吉田玉造の男役と初代桐竹紋十郎の女形を神品といい、玉造の男役は九代目団十郎に似、紋十郎の女形は五代目菊五郎に似る。人形すなわち人であり、役者であり神技だと。

明治時代、義太夫の芸はここまで到達していたのです。それに立ち会えたからこそ中江兆民の「傑出せる芸人と時を同じくするを得たるは真に幸なり」という遺言が書かれたのです。現代の私たちは同時代にそれだけの芸能者を果たして持ち得るのでしょうか。

五　歌舞伎の多様性

一〇〇万人都市江戸

これまで書いてきた人形浄瑠璃・文楽は京都・大坂の上方の文化圏が中心になって創りあげられました。その中でも京都と大坂は江戸時代に入って大きく変貌していきます。

京都という平安以来の歴史を持つ都市の文化力と、新興の経済都市として江戸時代に入って興隆してきた大坂との違いは歴然とありました。江戸初期の一六五〇年頃の三都の人口は京都四〇万人、大坂二〇万人、江戸四〇万人と推定されています。近松門左衛門はこの京都で修業時代を過ごし、公家の文化の土壌で育ったのでした。近松が座付き作者となった歌舞伎の坂田藤十郎も京都の役者でした。しかし近松が大坂の庶民を主人公にした『曽根崎心中』を書いて大ヒットしたのは、大坂道頓堀の竹本義太夫の竹本座で元禄十六（一七〇三）年のことでした。この時代になると京都、大坂はほぼ同じ人口の四〇万人となっていました。そして近松が竹本座の座付き作者となり、大坂に移住した一七〇五年は大坂の人口が京都より多くなっている時代です。天下の台所といわれ、物流の中心地である大坂は、伝統と文化の京都とは違った新たな文化を創造しはじめたのです。その典型が近松と義太夫による人形浄瑠璃という芸能でした。

江戸という都市は、幕府の膝元であり、参勤交代によって武家が集まり、出稼ぎ人が流入し、一六五〇年以降には一気に膨脹していきます。一七五〇年（宝暦）頃には一〇〇万人を超えていたといわれます。独自の文化を生み出していくことになるのです。

元禄時代までの市川団十郎の荒事はまさに江戸根生《ねお》いの文化でした。そして江戸の人気俳優を生み出します。しかし芸能的には、これまで書いてきたように上方（京都、大坂）が先行していました。それが江戸中期の宝暦（一七五一―六四年）、明和（一七六四―七二年）を迎えると、一〇〇万人都市となった江戸は独自の文化をはっきりと打ち出すようになります。粋・いなせ（魚河岸の威勢のいい若者が髷をボラの子の鯔《いな》の背に似た形に結っていたことから生まれた言葉）な江戸っ子という言葉が生まれるのもこの時代だといわれています。

中村座の顔見世『艤貢太平記』の様子
（奥村政信画『芝居狂言浮絵根元』1743 年）

江戸っ子という言葉が生まれた頃、江戸の歌舞伎では女形の舞踊が大いにもてはやされていました。江戸の人口は半分が土着ではなく、出稼ぎや、参勤交代で地方から来た武士などさまざまな国から集まった人々でした。そこでは言葉よりも身体で見せる舞踊が最も好まれました。音楽も江戸で発達した長唄が舞踊劇を主導していきます。

今も名高い歌舞伎舞踊の大作『京鹿子《きょうかのこ》娘道成寺《むすめどうじょうじ》』

三代目歌川豊国画『京鹿子娘道成寺』
（1852年）

が初代中村富十郎によって江戸中村座で初演され大当たりをとったのが宝暦三（一七五三）年でした。

能『道成寺』はいかにも中世の芸能を代表する能の大曲です。愛する男に裏切られた女の執心の激しさは、女を蛇の体に変身させ、男を追い、男が隠れた道成寺の鐘に纏《まと》わりつき中の男を鐘ごと熔かし焼き殺すという激しいドラマです。これを乱拍子という小鼓一丁と役者との息詰まる一騎打ちで表現します。それを富十郎は能『道成寺』の枠組みはそのままにして、見せ場は町娘から遊女まで、生娘から年増までさまざまな女の色恋の諸相を次々と踊りぬく舞踊劇に仕立てたのです。情念のドラマから、当代の女のさまざまな恋の媚態をレビューのように踊って見せたのです。これほど、中世の能と近世の歌舞伎との違いが明確に表現された例は稀有であり、それを受け入れたのは江戸という都市の民衆だったのです。

舞と踊

中村富十郎の『京鹿子娘道成寺』には先駆がありました。初代瀬川菊之丞です。能『道成寺』と能『石橋』（華やかで豪壮な獅子舞が眼目の能）を種に『無間鐘新道成寺《むけんのかねしんどうじょうじ》』（一七三一年）と『風流相生獅子《ふうりゅうあいおいじし》』（一七三四年）という、長唄による舞踊劇として上演し、菊之丞は江戸で大人気を得ました。富十郎、菊之丞という大坂・京都出身の役者が江戸で踊りでブレークしたのです。これらの大当たりで江戸歌舞伎では舞踊が大きくクローズアップされてきます。

舞踊という言葉を遡って見てみましょう。舞と踊という二つを合わせた言葉が舞踊ですが、実はこの言葉は一九〇四年に坪内逍遥が、ヨーロッパの演劇やダンスに対して日本の新しい演劇・舞踊がいかにあるべきかを書いた『新楽劇論』という理論書の中で使った言葉です。意外と思われるでしょうが、舞、踊、所作事《しょさごと》とさまざまに呼ばれていたものを「学理的の総称を設ける必要」があるからと造語した、新しい言葉なのです。逍遥は常に理論とその実践としての作品を同時に世に問う人でした。たとえば近代小説のあり方の理論と方法論を書いた『小説神髄』と、その実践としての小説作品『当世書生気質《かたぎ》』を同時に世に問いました。それと同じように『新楽劇論』の実践編としての作品が楽劇『新曲浦島』でした。これについては西洋と出会った明治という時代の重要な芸術的成果として改めて書きます。

「舞」はまうという旋回行為であり、それで巫女《みこ》が神憑りし、神のお告げをするという古代的なルーツを持っています。白川静『字通』では、漢字の舞という字のもとは巫女が両手に飾りをつけた雨乞いの舞だとあり、一方「踊」の甬は筒形で上下に動くもの、跳躍を意味するとあります。舞は旋回するという求心的な動きから神憑りしやすく、あるいは神憑りを誘発するために同一方向に回るとも言えます。能という芸能の世界では舞うという行為を、たとえば「序之舞」のように、自らの生涯の至福の時や内面性の深みを想起する特権的な時間にまで高めました。踊りは空也上人から一遍上人につながる欣喜愉躍《きんきゆやく》念仏―念仏踊りにつながり、盆踊り、そして歌舞伎踊りにまでつながっていきます。そこには集団的な歓喜、祝祭的な要素が強くあります。日本の芸能の源に舞と踊りという二つの系譜があり、それが融合しながら芸能史が形成されてきたのです。

そのさらに根元には神話時代の『古事記』に描かれた天の岩戸に隠れたアマテラスオオミカミを呼び返すべく、アメノウズメノミコトが桶を伏せて踏み轟《とどろ》かし、神憑りして胸もあらわに、腰紐をほと（陰部）が見えるまでに下げて舞い踊ったという物語があります（二八頁「芸能のはじまり」）。『古事記』の原文には踏み轟かすとあるばかりで舞うとも踊るとも書かれていません。神憑りして笹を手に、とあるのは舞を連想させますし、桶を踏むその音とリズムは踊りを連想させます。この芸能の始原といわれる物語では舞と踊りの両方の要素を持っていたのです。

歌舞伎の世界でもそのルーツは出雲阿国の風流踊と、狂言から来た小舞の二つの要素が混じっていました。それが織りなされて歌舞伎舞踊が形成されていきました。歌舞伎という演劇のセリフ劇の地芸に対し、舞踊（所作事とも呼ばれる）は花と呼ばれました。この所作事という花がとりわけ江戸では大切にされ、「江戸にては所作事が未熟では当たりが取れない土地」だといわれたのです。それが江戸の音楽である長唄による歌舞伎踊りとして花開き、まさに歌舞伎の財産になったのです。

歌舞伎舞踊の展開

日本演劇史は「実は舞踊の歴史である」といったのは歌舞伎研究家の郡司正勝でした。前項で歌舞伎という芸能にはその出発から風流踊りと狂言の小舞との二つの要素があると書きました。それらは歌舞伎という芸能の伏流水となって、それが綯交《ないま》ぜになって時代時代に多様な花を咲かせたのです。その大輪の花が江戸中期の長唄による女形の舞踊劇『京鹿子娘道成寺』でした。本項では舞踊劇の展開という視点で歌舞伎の歴史を見てみましょう。

初期の遊女歌舞伎も若衆歌舞伎も基本は美しい遊女や若衆が華やかに着飾り、異装をして、その美しさ、セクシュアルな魅力を発露する踊りや舞を見せるレビューでした。それ故に風紀を乱すと禁止され、狂言尽しという芝居が中心に据えられました。元禄歌舞伎を代表する女形初代芳沢あやめは、「所作事（舞踊）は狂言（歌舞伎）の花なり、地（台詞劇）は狂言の実なり」

と言っています。あくまで地を基本としたのです。「七化け」といわれる変化舞踊を得意とした、女形のライバルでもあった水木辰之助を意識しての言葉です。水木は女形としての生命は短く、逆に芳沢あやめが今日まで続く女形の演技を確立したといわれています。とはいえ歌舞伎という芸能には、異装や日常とは違った身体の動きを求める「かぶく──傾《かぶ》く」精神が生きつづけ、地の芝居だけでなく、踊り狂う解放感も求められました。

『京鹿子娘道成寺』の魅力は、かつての遊女歌舞伎が何人もの遊女の媚態を飾り窓のように並べて見せたもののリヴァイヴァルだったのです。違いは中村富十郎という役者が一人で次々と演じ分けて見せたところにありました。

このように舞踊劇がもてはやされる背後には、歌舞伎に人形浄瑠璃が与えた大きな影響があります。三大浄瑠璃が次々と歌舞伎化され上演されるなかで、義太夫の節と三味線音楽に乗って演技するという独自の音楽劇的──ミュージカル的な要素が歌舞伎に定着していきます。芝居か踊りかという二者択一ではなく、融合が始まったのです。この義太夫狂言と呼ばれる新しいスタイルの歌舞伎は、役者に踊る体を強く目覚めさせました。それに加え江戸という舞踊を好む土地柄も加わり、この時代以降、舞踊劇は江戸が先行していくことになります。天明時代（一七八一──八九年）になると、狂言所作事といわれる、レビュー性よりも芝居がかった立役（男性俳優）の舞踊劇が生まれます。それを主導したのが江戸の歌舞伎役者中村仲蔵であり、音楽が常磐津でした。長唄は唄の要素が強く、細棹《ほそざお》の三味線で繊細で高音域を効かせます。それに対して常磐津は中棹といわれる、義太夫三味線の太棹と長唄の細棹の中間の太さの三味線で、唄と語りが相半ばする、まさに狂言所作事にふさわしい劇場音楽でした。その仲蔵の代表作『積恋雪関扉《つもるこいゆきのせきのと》』は天明四（一七八四）年に初演されました。逢坂の関を舞台に関守関兵衛（実は大伴黒主という公家の陰謀家）と小野小町と良峰宗貞《よしみねむねさだ》が絡む、天明ぶりといわれる古風で大様で、芝居っ気に富んだ舞踊劇です。

さらに時代が下って文化・文政（一八〇四―三一年）の江戸が爛熟退廃した時代になると、高い声を官能的、刹那的に聞かせ、また粋さ洒脱さをもつ清元が人気を得て、変化舞踊が流行ります。踊りも時代の相を映します。この時期を代表する二人の名優三代目中村歌右衛門と三代目坂東三津五郎が競い合って変化舞踊を創りました。こうして義太夫・長唄・常磐津・清元という劇場音楽が出そろいました。

悪場所とは

江戸時代、劇場と遊郭は場所を囲い込まれ、ともに悪場所（悪所）と呼ばれ、負の価値をつけられていました。これは江戸幕府の政策でした。しかし一方でそこは誘惑的であこがれの場であり、江戸という時代の流行の発信地でもありました。京都では島原、大坂の新町、江戸の吉原が官許の遊郭です。劇場は京都の四条河原町、大坂は道頓堀、江戸は猿若町。もっとも遊郭も劇場も、江戸二五〇年の間には都市が大きくなるに従い、移転を強制され、より辺鄙な場所に移ったりしました。それでもそこに通う人は後を絶ちません。人気役者の髪型や着物の着方、色の好みが巷に流行ります。吉原の風俗も同様でした。吉原つなぎという模様は今や浴衣や手拭きによく見る模様ですが、元は吉原の暖簾の模様からきています。

歌舞伎という芸能には遊郭は不可欠です。江戸ならば吉原そのものが舞台になった芝居や舞踊がたくさんあります。なかでも長唄『吉原雀』はヨシワラスズメ（ヨシキリのこと）と呼ばれる騒がしく鳴く鳥と、吉原の冷やかし客を重ね合わせ、男女二人が、吉原の遊女と遊び客との駆け引きを再現し、吉原の案内をするといった舞踊劇です。舞台の背景には仲ノ町といわれる吉原の町並みが遠近法で描かれ、その中央に桜並木があります。この吉原の桜は桜の季節にだけ植えられ、花が終わると根こそぎ抜き去られます。虚構の色恋の街にふさわしい、根付かないその場限りの花なのです。清元『北州千歳寿《ほくしゅうせんねんのことぶき》』は吉原の年中行事を詠み込み、吉原に生きる人々を活写する清元の代表作です。吉原は江戸の北にあったので、通称北州《ほくしゅう》と呼ばれていました。この詞章にも「柳桜の仲ノ町……」と唄われています。

この虚構の桜が象徴している世界は劇場も同じです。劇場では虚構の芝居が真実以上に人の涙を絞ります。虚構の恋が金でやり取りされる遊郭と劇場が悪場所であるゆえんなのです。その二つは提携しながら江戸の文化を創っていきました。

劇場も大きく変わっていきます。劇場の変遷が演技・演出の変化を産み、新しい表現、緻密な虚構を生み出していきます。阿国歌舞伎では舞台は能舞台のままでした。能と狂言は能舞台というスタイルが室町の末期にできてから、基本的にその舞台の大きさも機構も変えていません。演技を三間（五・五メートル）四方の同じ空間で繰り返すので、そのぶん演技の密度と凝縮度が高くなっていきます。それが能の歴史です。

一方、歌舞伎は能と同じ舞台から始まりましたが、時代を追って変わっていきます。一六六〇年代には引き幕（能舞台では幕は橋掛かりの付け根にあるだけで、舞台全体を幕で隠すことはいまだにありません）と花道が作られます。しかしまだ屋根は舞台の上だけで、客席には屋根がありません。相次ぐ大火で劇場が焼けた結果、幕府は享保八（一七二三）年に防火のために瓦屋根と塗り壁を義務付け、その結果劇場がすべて屋根に覆われるようになります。舞台の間口は六間半ぐらいに大きくなります。一七五〇年前後に歌舞伎の劇場機構はさらに変わっていきます。大坂の狂言作者、並木正三《しょうざ》が廻《まわ》り舞台を創始し、舞台転換が画期的に速くなります。舞台が一八〇度回転すると裏に準備しておいた場面が現れ、もう一八〇度回転させると、もとに戻ります。裏面の装置を手早く転換すれば次々と新しい場面を見せられます。同じころ能舞台の遺物である本舞台の屋根がなくなります。セリやすっぽんといわれる舞台の一部が上がったり下がったりする仕掛けもできます。世界にも類を見ない劇場機構の充実により歌舞伎はますます面白くなっていくのです。

顔見世と世界定め

歌舞伎は京都・大坂・江戸の三都を中心に年中行事化していきます。俳優の劇場との契約は一年が単位で、十一月から翌年の十月まででした。歌舞伎の一年は十一月の顔見世興行から始まるのです。その一年の新しい役者を含む座組が決まり、お披露目するのですから、顔見世は大事な行事でした。

江戸では顔見世に先立って、官許の中村座・市村座・森田座の三座の幹部が夏ごろから寄り合い、役者の配分を取り決め、九月十二日には、どのような時代・世界の芝居にするかを相談します。これが「世界定め」と呼ばれる重要な取り決めで、外国にも日本にも類のない作劇手法なのです。「世界」とは歌舞伎役者たちが依拠する物語の大きな枠組みです。たとえば『伊勢物語』、「保元・平治」、『平家物語』、『義経記』、『太平記』、『太閤記』といったものが世界であり、それを縦軸にし、横軸にさまざまな趣向を加えて台本化し、十一月一日の初日を迎えるのです。その中身にも一定の決まりごとができていました。

必ず上演されたのが今は歌舞伎十八番のひとつ『暫《しばらく》』です。これは初世市川団十郎以来の荒事の典型的な作品で、悪玉の公家が自分に敵対する善人たちを処刑しようとするところに「暫く、暫く！」と善玉のヒーロー鎌倉権五郎景政《かまくらごんごろうかげまさ》が現れ、悪玉から善人を救うという単純にして明快、痛快な劇です。

それに加え人気俳優の顔を見せる『だんまり』と言われる黙劇が上演されます。暗闇の中（暗くて見えないという設定ですが、役者の顔がよく見える明るさで演じる）で宝物を奪い合うという芝居です。また所作事《しょさごと》（舞踊劇）も必ず入ります。前にもふれた常磐津『積恋雪関扉』は江戸の桐座の顔見世で、長唄『吉原雀』も江戸市村座の顔見世でそれぞれ初演されたものです。顔見世らしい気分に満ちた名作です。

次は初春狂言で正月興行です。江戸では初春狂言には、曽我五郎・十郎兄弟が親の仇の工藤祐経《すけつね》を討つという、曽我狂言のなかの『曽我の対面』が決まって上演されました。正月の工藤の屋敷で血気にはやる曽我五郎と十郎とが対面し、工藤は討たれる覚悟で、富士の巻狩《まきが》りに参加できる狩場の切手（通行証）をお年玉として兄弟に渡すという芝居です。この作品は一座の役どころが勢ぞろいします。一座のトップ座頭が工藤役、荒事の立役（男優）が五郎、和事の十郎、道化方の朝比奈、立女形（筆頭女形）が遊女大磯の虎御前（十郎の愛人）、若女形が遊女化粧坂《けはいざか》の少将（五郎の愛人）、敵役の梶原父子などです。正月に上演するにふさわしい芝居なのです。これが毎年正月には少しずつ書き換えられ、毎年上演され続けました。まさに歌舞伎は年中行事化したのです。

三月は弥生狂言と言って、御殿に奉公している女中たちが休暇になり宿下り（自宅に帰る）の時期なので、それを当て込んで御殿女中にまつわるお家騒動の芝居が多く演じられました。

五月の皐月《さつき》狂言では、曽我物語の後日譚や仇討物が登場しますし、盆狂言の七、八月になると、本物の水を使った水狂言、怪談ものや早替わり、宙乗りを駆使したケレンの芝居が上演されました。秋狂言はお名残り狂言とも呼ばれ、顔見世から始まった一年の最終興行でした。

このように歌舞伎は江戸の庶民の生活に密着した演劇だったのです。顔見世の旧暦十一月は冬至の時期に相当します。最も日照時間が短く太陽が衰弱する時期であり、古来より人々がその再生、復活を願い祈る時期でもありました。新しい一年を踏み出すにふさわしい時期なのです。

生世話物の誕生

「このなけなしのそのなかで、餓鬼まで産むとは気が利かねえ」

これは鶴屋南北作『東海道四谷怪談』の民谷《たみや》伊右衛門が、産後の肥立ちが悪い妻のお岩に向かっていうセリフです。色悪《いろあく》という色気と悪人が同居した役を演じたのは名優七代目市川団十郎。なんという男でしょう。

このあと裏切られいたぶられたお岩の面相が醜く変化し、髪を梳くと毛がごっそり抜け、それを絞ると血が滴り落ちるという凄絶《せいぜつ》な髪梳きの場面があり、ついに幽霊になって伊右衛門に取り付くという名高い怪談です。

民谷伊右衛門は主君塩冶《えんや》判官《はんがん》の刃傷事件によりお家断絶、浪人となって、傘張りの内職仕事。

同じく元塩冶《えんや》藩士、四谷左門の娘お岩は夫伊右衛門の不行状ゆえに実家に返されています。伊右衛門は左門に岩との復縁を望みます。しかし公金横領の罪を左門に知られていて許されません。伊右衛門は辻斬りに見せかけて左門を殺害。お岩の妹お袖に横恋慕する薬売り直助も、お袖の夫佐藤与茂七を殺害していたのです。実はこの与茂七は別人でした。そこへ岩と袖がやってきて、父左門と与茂七の死体を見つけます。伊右衛門と直助は悲嘆にくれる女たちに仇を討ってやると偽り、お岩は伊右衛門とよりを戻し、直助と袖は形ばかりの夫婦として同居します。民谷家に戻った岩はお産のあと寝込んでいます。ここで冒頭の伊右衛門のセリフが吐かれるのです。

隣家の高師直《こうのもろなお》の家臣伊藤喜兵衛は、孫の梅が伊右衛門に恋患いをし、それを叶えたい一心で伊右衛門を婿にと望みます。岩が重荷の伊右衛門は、高家への仕官を条件に承知します。按摩の宅悦と岩が不義密通をしたことにし離別を画策。喜兵衛から贈られた薬により容貌が崩れた岩を見て脅えた宅悦は伊右衛門の計画をお岩に白状。岩は悶え苦しみ、恨みを残して死にます。さらに伊右衛門は家宝の薬を盗んだ咎で小仏小平を惨殺。伊右衛門はお岩と小平の死体を戸板の前後ろに打ち付け、川に流すのです。そのあと伊右衛門はお梅と祝言をし床入り、幽霊を見て恐れ錯乱し、梅と喜兵衛を切り殺し逃亡します。その戸板が隠亡堀《おんぼうぼり》に流れ着き、釣りに来た伊右衛門の針にかかり、伊右衛門を苦しめます。戸板が回転するとお岩と小平の二役の三代目尾上菊五郎が早替わりを見せる仕掛けです。場面は変わり、お袖は宅悦に姉の死を知らされ、仇討ちを条件に直助に身を許すが、そこへ死んだはずの夫与茂七が帰ってきます。結果的に不貞を働いたお袖は与茂七、直助二人の手にかかり死にます。お袖の最後の言葉から、直助は袖が実の妹だったことがわかり自害して果てます。蛇山の庵《あん》室で伊右衛門は岩の幽霊と鼠に苦しめられて狂乱する。そこへ真相を知った与茂七が来て、舅と義姉の仇伊右衛門を討ち、与茂七は高師直の仇討ちに出で立ちます。

あらすじだけでも凄まじく生々しい生世話《きぜわ》物という新ジャンルです。文政八（一八二五）年七月江戸中村座で『仮名手本忠臣蔵』と交互に二日掛かりで上演。一日目は『忠臣蔵』の大序（発端）から六段目（勘平腹切り）までを見せ、『四谷怪談』の「隠亡堀」（戸板返しの仕掛の場面）までを上演。二日目は「隠亡堀」から始まり、『忠臣蔵』の最後の仇討ちの一一段目を除く後半部分が続き、さらに『四谷怪談』の後半の佐藤与茂七が仇討ちに出発するまでを上演、最後に『忠臣蔵』の討入りで終わりました。

『忠臣蔵』の忠義と『四谷怪談』の不忠義とが戸板の裏表のように繋がれ、互いに批評しあう形で上演されたのです。南北は忠義、不忠義という価値観の中で翻弄される人々を活写したのです。

南北から黙阿弥へ

前項で南北の『東海道四谷怪談』が『仮名手本忠臣蔵』と交互に上演され、民谷伊右衛門は七代目市川団十郎が演じ、相手役の三代目尾上菊五郎がお岩と小仏小平の早替わりを見せたと書きました。菊五郎はその他にも、お岩の妹お袖の夫佐藤与茂七の役も勤め、『忠臣蔵』では大星由良之助・早野勘平・加古川本蔵の女房戸無瀬との三つの大役を勤めました。「歌舞伎舞踊の展開」(三一三頁)で三代目坂東三津五郎と三代目中村歌右衛門が競い合って変化舞踊を作ったと書きましたが、彼らがともに活躍した江戸末期の文化文政の時代は、名優であることは、さまざまな役柄を兼ね、早替わりもできることが大事な要素でした。時代が、観客がそれを求め、南北は作者としてもそのような芝居を書いたのです。

その南北を受け継ぐのが幕末から明治にかけて最後の歌舞伎作者ともいわれる河竹黙阿弥(一八一六―九三)です。坪内逍遥は黙阿弥のことを「江戸演劇の大問屋なり」と書きました。江戸の歌舞伎の多様性を集大成したのです。その最大の特徴は七五調の流麗なセリフにあります。

「月も朧《おぼろ》に白魚の　篝《かがり》も霞《かす》む春の空　冷《つめ》てえ風もほろ酔いに　心持ちよくうかうかと　浮かれ烏《からす》のただ一羽　ねぐらへ帰る川端で　竿《さお》の雫《しずく》か　濡れ手であわ　思いがけなく手に入《い》る百両

ほんに今夜は節分か　西の海より川の中　落ちた夜鷹は厄落とし　豆だくさんに一文の　銭と違って金包み　こいつぁ春から　縁起がいいわえ」

これは『三人吉三《きちさ》』と呼ばれる芝居で、和尚吉三、お嬢吉三、お坊吉三と名乗る盗賊の因果応報の物語。節分の夜、大川端庚申塚《おおかわばたこうしんづか》で、夜鷹（最下級の娼婦）を川に突き落とし百両を奪ったお嬢吉三のセリフです。声に出すと、自《おの》ずから気持ちよく歌い上げる調子になっていきませんか。

「知らざあ言って聞かせやしょう　浜の真砂《まさご》と五右衛門が歌に残せし盗人の種は尽きねえ七里ヶ浜……」

これも盗賊物で『白浪五人男』の女姿の弁天小僧菊之助が浜松屋の店先でもろ肌脱いで本性を現し、ゆすりをする場面。これもどこかで聞いたことのあるセリフでしょう。それほどに調子もよく、素人の宴会芸でもよくやられるのです。

南北から黙阿弥が活躍した江戸の末期、歌舞伎は地方都市や農村に大いにひろがっていきます。たとえば現存する最古の歌舞伎小屋といわれる香川県琴平の金丸座は天保七（一八三六）年に完成し、今日も歌舞伎公演が催されています。それ以外にも各地の人々が祭礼の折には農村歌舞伎を盛んに上演し、そのための芝居小屋も全国津々浦々に作られ、その現存数は千棟を超えるといわれます。驚くべき数字です。それらには回り舞台や迫り上げやすっぽんといった都会の劇場に近い機能を備えているものも多くなり、地方が文化の担い手となる時代が始まったのです。

江戸時代は水陸の交通路と流通が整理され、地方の生産物も豊かになり、商品の流通が盛んになります。それに並行して文化も流通し、都会の流行を追うようにもなります。

さて私の出自の高知県に目を転じましょう、高知には古くからの芸能が、神楽から地芝居まで数多く残されています。なかでもひときわ異彩を放っているのが絵金《えきん》（一八一二―七六）の歌舞伎絵です。江戸末期から明治にかけて、南北、黙阿弥の時代と重なる時代の歌舞伎の本質を血みどろの泥絵という形で表現したのが絵金でした。かつてはほとんど人に知られることのなかった絵金の存在を大きく取り上げたのが、やはり土佐出身の優れた歌舞伎研究家の広末保氏で一九六八年のことでした。

絵金の芝居絵

幡随院《ばんずいいん》長《ちょう》兵衛《べえ》「お若えの、お待ちなせぇやし」
白井権八「待てとお止めなされしは、拙者のことでござるかな」
幡随院長兵衛「さようさ、鎌倉方のお屋敷へ、多く出入りのわしが商売、それをかこつけありようは、遊山半分江ノ島から、片瀬をかけて思わぬひま取り、どうで泊まりは品川と、川端からの戻り駕籠《かご》、通りかかった鈴ヶ森、お若えお方の御手のうち、あまり見事と感心いたし、思わず見とれておりやした。お気遣いはございません。まぁ、お刀をお納めなせぇやし」

白井権八「こぶしも鈍き生兵法《なまびょうほう》、お恥ずかしゅう存じまする」

これは鶴屋南北『浮世柄比翼稲妻《うきよのつかひよくのいなづま》』の「御存知《ごぞんじ》鈴ヶ森」と通称される、江戸一番の名うての不良の美少年白井権八と江戸一の男伊達の幡随院長兵衛が出会う場面です。

鈴ヶ森は江戸品川にあった名高い処刑場です。白井権八を捕らえると褒美の金が貰えると聞いたごろつきたちが権八に襲い掛かります。権八は見とれるほどの見事な太刀捌《さば》きで次々とごろつきを斬って捨てるのです。それをじっと見ていた幡随院長兵衛が声を掛けたのです。ぜひ絵を見てください。絵金の代表作ですから見たことのある方も多いでしょう。

インターネットで「絵金」「鈴ヶ森」と検索すると映像が出てきます。画面左半分は、黒い着物を着、まだ血が滴る刀を手にした若衆姿の権八が、右から伸びた長兵衛の手が持つ提灯に照らされ、美しい顔を大きく傾けています。長兵衛は画面右手に仁王立ちして精悍な男盛りの顔を見せています。周りには切り捨てられた血まみれの首や腕、首のない体がごろごろと転がり、幕末の南北作品の血みどろの世界が見事に絵画化されています。

絵金が初めて広く知られることになった画集『絵金』（一九六八年未來社刊）のなかで広末保氏は「闇の中に提灯や裸ローソクで照らし出された台のうえの歌舞伎絵をみていると、緊張したドラマの瞬間の動きをそのまま静止させて、彼岸と此岸の境に永久に立ち続けているような不安におそわれる」と書き、さらに「歌舞伎の歴史という点からいえば、歌舞伎の可能性は、絵金の歌舞伎絵という新しいジャンルのなかに再生された」とも書いています。まさにこの「鈴ヶ森」の絵はその世界です。

この画期的な本を手にした当時十八歳の私は東京に出たばかりの頃で、赤岡（現・高知県香南市）という祖母の出自の地にこのような世界があったのかと衝撃を受けたものでした。

絵金は偽絵事件で御用絵師の地位を剝奪されて、高知城下を所払いとなり、叔母の住む赤岡の酒蔵で芝居絵を書いたと言われています。エリートとしての狩野派御用絵師から傾《かぶ》き者の世界に身を沈めたのです。しかしそれがなかったら、幕末の庶民の地芝居の世界がこのように類を見ない芝居絵として残ることはなかったでしょう。赤岡の須留田八幡宮には、拝殿が舞台に早変わりする回り舞台があり、そこで地芝居が演じられていたといいます。ここにも地方の力がみなぎっています。

絵金画『双生隅田川　人買惣太自害』

もう一枚、絵金の代表作『双生《ふたご》隅田川――人買惣《ひとかいそう》太《た》自害』を見てみましょう。

この作品は能『隅田川』の世界を下敷きに、近松門左衛門がお家騒動を絡めた人形浄瑠璃で、歌舞伎化されたものです。

これも強烈な画面です。人買の猿島惣太《さるしまそうた》が主君の子梅若丸を殺したと知って、魔道に入って天狗となり、主君のもう一人の子松若丸を捜し出そうと切腹した瞬間を描いています（次項参照）。諸肌《もろはだ》抜いて血まみれの惣太の腹から黒雲が湧き出て左上に流れ、その黒雲の上に恐ろしい形相の天狗が姿を現しているのです。

『双生隅田川』

『双生隅田川』は、能『隅田川』から始まる「隅田川もの」といわれる大河のような作品群の重要な中継点となった作品です。

吉田少将行房《ゆきふさ》はお家横領を企む悪臣百連《ももつら》の策略にかかり天狗に悩まされ、正妻を誤って殺してしまいます。愛妾班女《はんじょ》との間に生まれた双子の松若丸、梅若丸の二人のうち、松若は天狗にさらわれてしまいます。梅若は悪臣にそそのかされ、天子から預かった掛け軸の鯉の絵に目を画《え》き入れます。鯉はたちまち生きて絵から抜け出し池に入って暴れます。これを見て梅若は恐れ出奔、行方不明になります。行房も百連に殺されてしまいます。梅若は隅田川の川辺に住む人買い猿島惣太のもとに売られ、惣太に折檻され死んでしまいます。そこに昔の同輩が尋ねてきます。惣太はもとは行房の家臣で、かつて主君から掠《かす》めた一万両の金を返すために人買いをしていたのです。その同輩から主君の死と松若が天狗にさらわれたことを知らされ、先ほど折檻して殺した子供が主君の子梅若であったと知ります。惣太は切腹し、はらわたを摑んで天に投げ上げ、その一念で魔道に入り天狗と化しさらわれた松若を捜し出すと言い、壮絶な最期を遂げます（ここが絵金が絵にした場面）。班女は狂女となり、乞食坊主法界坊《ほうかいぼう》に守られ隅田川にたどり着きます。惣太の妻の女船頭から梅若の最期を聞き、班女はその墓に泣き崩れます。念仏をするうちに天狗が松若を連れてきて班女と再会させるのでした。やがて悪臣は討たれ家の再興が実現します。切腹した惣太の一念が、法界坊となり天狗となって吉田家を守ったのです。

これが『双生隅田川』の物語です。能から出発しながら、近松はお家騒動の話を導入しました。能に出てくる子供は梅若丸だけなのですが、これを双子にしたことで物語が複雑になります。人買い惣太が実は家臣であり、知らずにとはいえ主君の遺児を手に掛けたと知って切腹し、天狗となって家の再興を手助けするという、近世ならではの物語に変えられています。いまから見れば荒唐無稽に見えますが、当時の民衆や民俗の中には因果応報や天狗の怪異譚がまだ信じられていたのです。

この作品から『隅田川続俤《ごにちのおもかげ》』（奈河七五三助《しめすけ》作）や、『隅田川花御所染《はなのごしょぞめ》』（鶴屋南北作）が作られていきます。そして人買い惣太や法界坊という人物がさらにさまざまな趣向を加えられ、法界坊だと双面《ふたおもて》と呼ばれる男と女が合体した役が作られていきます。

これまでもたびたび触れてきたように、近松は中世の能の世界を近世の浄瑠璃・歌舞伎の世界に変革し、橋渡ししていったのです。

本書第I部では芸能の始まりから能、狂言までを書き、第II部では能、狂言から始まって近松を経て江戸の終わりの鶴屋南北、江戸の歌舞伎を明治に渡した河竹黙阿弥まで見てきました。そして高知の絵金がその幕末の浄瑠璃・歌舞伎の世界を独創的な絵の世界として残したことを書きました。芸能の始まりから中世、近世そして近代から現代への大きな流れ、芸能の大河を「隅田川もの」で見通してみましょう。

まずその最初は能『隅田川』です。この作品は世阿弥の息子観世元雅《かんぜもとまさ》(一三九五?―一四三二)が作りました。それまでの、祖父の観阿弥や父世阿弥がつくりあげた、わが子を失い物狂いとなってさまよい、最後は子供と再会しめでたく終わるというパターンの物狂い能から、本物の悲劇としての能を作りました。これは画期的なことでした。

世阿弥と元雅の論争

観世元雅作の能『隅田川』は、春の物狂いの能の代表作です。

ここは東国隅田川。向こう岸では大念仏の供養が催されています。隅田川の渡し守が客を待っています。東国から来た商人がこの舟に乗ります。その商人の来た後が騒がしいので渡し守が聞くと、都の女が面白く物に狂うので人だかりができているというのです。

愛するわが子をさらわれ、狂乱の態となった母親が登場します。面白く狂って見せたなら舟に乗せるという渡し守に、狂女は『伊勢物語』に描かれているように、隅田川の渡し守ならば「日も暮れぬ、舟に乗れ」と言うべきものだと言い、「名にし負はばいざ言問《こと と》はん都鳥　我が思ふ人はありやなしや」（都という名をもつ鳥ならば、都のことは知っているでしょう、都鳥よ、私の恋しい人の安否を教えてほしい）と業平が妻を慕う和歌を引き、いとし子を想う気持ちも同じだと船頭に訴え、舟に乗せるよう迫ります。渡し守もさすがに同情し、狂女を舟に乗せます。舟が出ると川向こうで念仏の法要が催されています。渡し守がその訳を物語ります。人《ひと》商人《あきんど》にかどわかされ、一年前にこの地まで連れて来られた少年が、ここで病に伏し捨てられたのです。土地の人々の介抱もむなしく、昨年のちょうど今日、少年は死に、その弔いの大念仏なのです。舟が向こう岸に着きます。しかし狂女は舟から下りようとしません。その少年梅若丸こそは、母が捜し求めるわが子だったのです。渡し守は母を墓前に案内します。

「この土を返していま一度、この世の姿を母に見せさせ給へや」と母は慟哭するのです。勧められるままに母は鉦鼓《しょうこ》を打ち、人々とともに念仏します。その念仏のうちにわが子の声が聞こえ、姿が現れます。母は追いすがりますが、全ては幻。白む空とともにわが子の姿は消えうせ、草茫々《ぼうぼう》として墓があるばかりなのです。

祖父観阿弥や父世阿弥にとっての物狂い能は、親子や男女が再会を果たすまでの多彩な狂いの面白さを見せるというものでした。元雅作の『隅田川』の世界は、それを一変させました。物狂いの面白さを見せることに主眼はなく、わが子の死という決定的な事実が用意されているのです。

それだけでは元雅は終わらせません。母が祈りに加わった後で、その念仏の中に子供の声を交えさせ、幻の姿を見せます。この効果は絶大で、母の哀傷をさらに深くさせます。そこに元雅の劇作の主眼がおかれていました。悲劇の誕生です。

父世阿弥と元雅はこの演出をめぐり論争します。『申楽談儀《さるがくだんぎ》』という世阿弥晩年の聞き書きの中に、世阿弥がこの能の子方（子役）は母親が幻として見るのだから梅若丸の亡霊は実際に出さなくてもよい、という意見を言ったことに対し、元雅は即座にそれではこの能は上演できないときっぱりと拒否したというのです。世阿弥は元雅のこの態度にいささかひるむように、「このようなことは実際に演《や》ってみて良い方をとればいい」ととりなしているのです。元雅の思いはもっと違った所にありました。晩年になって、優れた芸能理論を著述し、美意識、芸論が深化していくのと裏腹に、現世的には世阿弥は不遇となり孤立していきます。そんな父親に対して、時代の違いや新たな主張を打ち出したいというのが息子元雅の本音でした。父親の夢幻能の世界観ではなく、もっと直接的に人の心に訴える亡霊の存在、子方の演技を必要としていたのです。時代も未曽有の戦乱、応仁の乱の足音が聞こえてくる時代でした。新時代を告げるこの子供の登場のさせ方は、その後、浄瑠璃、歌舞伎の中に取り入れられていきます。

歌右衛門の『隅田川』

能『隅田川』を源流とする「隅田川もの」と呼ばれる大きな水脈、作品群が生まれ、多彩な変奏を繰り広げます。その重要な最初が前々項で書いた近松門左衛門の『双生《ふたご》隅田川』でした。能『隅田川』を骨子に、仮名草子『角田川物語』(一六五六年)を脚色し、それまでの隅田川ものの集大成となりました。

一方、舞踊劇では能『桜川』と『隅田川』をないまぜにした長唄『八重《やえ》霞《がすみ》賤機帯《しずはたおび》』が創られ、明治時代になって清元の舞踊劇『隅田川』が創られます。

この作品は能『隅田川』の原点に戻った優れた歌舞伎舞踊作品であり、六代目中村歌右衛門の名演で海外でも多く上演され、「動く大使館」といわれるほどに、言葉を超えた感動と文化交流を実現したのでした。

イギリスの作曲家ベンジャミン・ブリテンは一九五六年に来日、能『隅田川』を見て感動し、オペラ『カーリュー・リバー』を作曲しました。能『隅田川』を西洋の文脈に置き換え、キリスト教会の奇跡劇に仕立て直したのです。日本の古典芸能が西洋の現代芸術家に深いインスピレーションを与え、自国の古典である、教会の奇跡劇の再生を促したのでした。『戦争レクイエム』という優れた曲を作ったブリテンであるからこそ、日本の能という鎮魂の芸能に感動しえたのでしょう。

これこそが古典の持つ力です。芸能の原点に遡る力は、二十世紀には見失われがちであった鎮魂としての歌、芸能の力を呼びさましたのでした。

隅田川ものの大河は、河が海に流れ込み空に戻って雨となり、大地に降り注いで再び大河の流れとなるように世界を巡ります。

一九七一年一月来日したジョン・レノンとオノ・ヨーコは歌舞伎座で中村歌右衛門の舞踊劇『隅田川』を見て落涙するほど感動し、楽屋に歌右衛門を訪ねました。ジョン・レノンは母のない子であり、その思いを一九七〇年の大ヒット曲『マザー』に込めていました。一九六八年には最初の妻と離婚して息子と離れ、オノ・ヨーコと結婚します。自分が受けた同じ苦しみを息子に与えたのです。それも『隅田川』の感動を深くさせた理由でしょう。その後、歌右衛門の『隅田川』がロンドンで上演されたとき、ジョン・レノンはその公演を後援したのでした。

これも芸能の力であり、『隅田川』が文化交流に寄与し、動く大使館といわれる理由なのです。こんにちまで、これらの能や歌舞伎舞踊、オペラが現代人に深々とした感銘を与えてくれるのは、母と子という濃密な関係が、あるいは死によって断ち切られる痛みが、余すところなく表現されているからです。それゆえに言葉や国境を越えて、あらゆる人々の感動を呼びさまします。

現代に人さらい、人商人《ひとあきんど》はいないと思いますか。果たしてそうでしょうか。二〇一三年のアルジェリアのガス田施設での国際テロ組織による拉致と殺害はグローバル化した人さらいです。現代でも愛する子供を戦乱や理不尽な理由で奪われた母がどれだけ多くいることでしょう。それだけではありません。子供にとって両親が離婚し、どちらかの親に引き取られることは増え続けています。これも子供にとっては理不尽に親を失うことには変わりがありません。

子供は「Mama don't go（ママ　行かないで）, Daddy come home（ダディ　戻ってきて……）」（ジョン・レノン『マザー』より）と訴え続けているのです。

芸能・芸術は戦乱の前では無力です。しかし愛する子供を失った母親の悲しみに感動する人々こそが、争いの連鎖を断ち切る力となるのでしょう。それこそが芸能の力なのです。

楽劇『新曲浦島』

芸能という大河の流れは明治という大きな節目を迎えます。西洋文明、西洋音楽、西洋演劇と出会うことになります。以来丁髷《ちょんまげ》や丸髷《まるまげ》を捨て、散切《ざんぎ》り髪に洋服の暮らしが始まります。哲学、法学、医学、科学と西洋文化圏から文物が一気に流れ込み、今の私たちの暮らしと密接に結びついています。

現代の一般的な日本人にとっては、歌舞伎や三味線音楽や能・狂言、囃子《はやし》（音楽）を含む邦楽よりも、オペラやミュージカルなどの洋楽を見たり聞いたりする機会のほうが多いでしょう。

外国の影響ということで言えば、わが国ははるか昔から中国を中心とするアジアからの文明を受け止め、咀嚼し、日本独自のものを創り上げてきた歴史があります。根源には大和言葉に漢字という中国の言語を融合させ、漢字からカタカナ、ひらがなを創り、さらにそれらを融合させながら自国の言語を作ってきました。芸能においても大陸から渡来した伎楽《ぎがく》や雅楽（舞楽）を保存し、その音楽理論に従って新しい作品を創り出して来ました。そうした渡来の楽器を長い時間をかけて日本独自のものにしたのが能・狂言の芸能でした。

近世でもアジアから来た三味線を日本化し、義太夫節や、能の囃子と融合させて歌舞伎の音楽を作ってきました。そこへ明治の開国によってまったく新しい西洋音楽、西洋演劇が入ってきたのです。「舞と踊」（三一一頁）で、舞踊という言葉は坪内逍遥が明治三十七年に書いた『新楽劇論』で使った新造語だと書きました。これは日露戦争の真っ最中に書かれた、西洋に拮抗する自国の楽劇を作るべきだという論であり、その見本が『新曲浦島』という作品でした。その論旨は、日本は「戦争では第一等の強国」となったが、「文芸ではまだまだ未開国程度」であり、西洋の楽劇であるオペラ（歌劇）に比べると、浄瑠璃の太棹《ふとざお》三味線と太夫の語りでは「花の巴里《パリ》の大宴会のお返しに牛込あたりの会席に案内する」ようなものだというのです。

逍遥は能楽が楽劇の第一期であり、江戸の「竹本楽劇（義太夫節による人形芝居）」が第二期であり、明治の今は第三期として新しい楽劇が作られるべきであり、それには古代ギリシャから西洋の楽劇も咀嚼し、日本の楽劇の「振事劇《ふりごとげき》」を中心にして新たに作るべきであるという主張です。

とはいえその「振事劇」は歌舞伎界と遊郭という狭い世界で創られたものであるから、世界には通用しない。題材としては万国共有の神話世界を題材として選ぶべきだと考え、浦島と竜宮の乙姫との純愛をテーマにした曲を書いたのが『新曲浦島』だったのです。

指定された音楽は能・狂言・義太夫節、長唄、清元、一中、洋楽と実に多岐にわたり、日本の楽劇と西洋の楽劇との融合が意図されてはいたのですが、実際の上演は最初から困難な作品でした。

結局、この作品は冒頭の序曲の部分が長唄の名曲として今も演奏され、踊られているほかは、大正時代に第二幕を六代目尾上菊五郎が上演しただけで、全曲の通し上演は実現しなかったのです。

『新曲「浦島」』
（坪内逍遥：坂東三津五郎。東京藝術大学奏楽堂、2007年9月13日。撮影：鈴木薫）

『新曲浦島』が書かれてからおよそ一〇〇年後、二〇〇七年に東京藝術大学創立一二〇周年の企画として、初めて全曲が上演されました。そのおり私は演出として参画し、音楽監督の諸先生方と相談して台本を上演可能な長さに短縮し、十世の坂東三津五郎さんが作者の坪内逍遥役として登場する台本を書き加え、原作坪内逍遥『新曲「浦島」』として上演しました。美術学部も含め、藝大が総力を挙げ延べ二〇〇人近い演奏家、実演家の出演する大作となりました。

坪内逍遥は生前、この作品の全曲上演がままならず、時代とのずれを実感し「浦島は私だ」と語ったといいますが、この上演により少なくとも逍遥の意図は達成されました。

六　現代へ

「うた」の大河

初めて聞いた「うた」は何ですか？　母の歌う子守唄でしょうか、それとも鳥の鳴き声とか川のせせらぎという天然自然の音楽ですか？　あるいはもっと遡れば母の胎内で聞いた鼓動になるのでしょうか。フランスの詩人ポール・ヴァレリーは散文を歩行に、詩を舞踊にたとえました。それにならえば、日常の「ことば」が拍子や旋律に乗って飛躍したものが「うた」になるのでしょう。

大和言葉の「うた」の語源は「拍《う》つ」の名詞形であろうというのが白川静『字訓』の説です。一定の拍子をつけて歌うからです。ほかにも声をあげて心情を「訴える」からという説もあります。漢字では歌、詠、詩、謡、唄、唱、謳――実にたくさんの文字があります。

歌という文字を遡ってみましょう。歌は可が原型。可は∀《さい》という神への祈りの言葉を入れた聖なる器を、曲がった丁《か》という木の枝で叩き呵責《かしゃく》して、祈りを神が認可し実現することを願うことでした。その祈りの声が認可されるとその祈りが実現し、可能になるという意味を持ちます。その呵責するときの声が可であり歌となるのです。歌は可を二つ重ね、欠という人が口を開けて言葉や歌を発する姿の文字とを組み合わせ、より可が強調された文字。謡の旁《つくり》のもとは缶《よう》で肉を祭壇に捧げ神の意思を問う呪歌のことです。このように根源的には歌も謡もともに神に訴え祈りを叶えるための声技だったのです。

新たな命の誕生は歓喜の歌になり、最愛の人との別離は鎮魂の歌となります。歌はさらにそれが体の動きをともなって舞や踊になります。能の謡は能の舞を生み、長唄や清元の音楽は歌舞伎舞踊を生みます。さまざまな歌を取り込んで義太夫節ができたように、歌はその時代の流行も取り込み変化していきます。

明治になれば洋楽の楽器や旋律も取り入れられます。まさに歌は世につれ世は歌につれです。明治の自由民権運動で政治批判を歌に託したものが演説歌でした。川上音二郎の名高い『オッペケペー節』では「貴女に紳士のいでたちで、うはべの飾りは好いけれど、政治の思想が欠乏だ、天地の真理が分らない、心に自由の種を蒔け、オッペケペ　オッペケペッポー　ペッポーポー」と歌われたのです。演説歌が省略され演歌になり、歌う内容も政治批判から哀愁漂う世態人情の世界に変わっていきます。

その演歌の頂点に立ったのが美空ひばりです。「今様、婆娑羅、傾奇」（二〇一頁）で美空ひばりの『東京キッド』（一九五〇年）もその時代の今様だったと書きました。彼女の歌唱は日本の歌謡の精神と技法のすべてが流れ込んで結実している今様であるといっても過言ではないでしょう。読者の皆さんにもそれぞれ忘れがたい美空ひばりの歌がおありでしょう。彼女の十八番といわれ、それも親しい人の前でしかめったに歌わなかった『唄入り観音経』（美空ひばり『唄入り観音経』一九五一／一九七五—とネットで検索するとユーチューブで見られます）を聞くと、十四歳で技法的には完成され、三十八歳の歌唱では年輪を重ねた魅力が進化していることがわかります。

五二年の生涯で最後のシングル曲であり大ヒットとなった『川の流れのように』（作詞秋元康、作曲見岳章）のための記者会見で、「これからの私。大海へスーッと流れる川であるか、どこかへそれちゃう川であるかっていうのは誰にも分からないのでね。だから『愛燦燦《さんさん》』とはまた違う意味のね、人生の歌じゃないかなって思います」と、自分の生涯に歌を重ね合わせて語っています。まさに「うた」の大河のなかに生まれ、その流れのなかでひときわ輝いた歌姫でした。

アウシュヴィッツにて

二十世紀の「負の遺産」であり「記憶の場」であるアウシュヴィッツに行って来ました。二〇一四年六月半ば、ポーランドの古都クラコフ、そしてカトヴィッチ（アウシュヴィッツの近郊の工業都市）の劇場で新作能『調律師――ショパンの能』と『鎮魂――アウシュヴィッツ・フクシマの能』のハイライトシーンを上演し、ワルシャワ郊外に残るショパンの生家では、ノクターン八番のピアノ演奏でショパンの姿をした観世銕之丞師が、ショパンの生まれた部屋で舞いました。

鎮魂と祝言をその根源とする日本の古典芸能が現代に生き、新たな題材で創作がなされているというレクチャーと実演を見せるのが目的です。一行は日本から観世銕之丞師（銕仙会主宰）、柴田稔師、そして私の三人と、ポーランドからは前駐日ポーランド大使ヤドヴィガ・ロドヴィッチ（能研究者で上記二作品の作者）、ヤクブ・カルポルク、陽子夫妻（能研究者・通訳）、マグダレーナ・リサク（ピアニスト）の四人です。

この公演には日本とポーランドの長い文化交流の歴史が刻まれています。ヤドヴィガさんは、日本に留学し、能を東大の大学院で学び、実技を先代の観世銕之亟師に学びました。そして大使として日本在任中の二〇一〇年度がショパン生誕二〇〇年記念であり、ショパンイヤーとしてさまざまな催しがなされました。そのときに書いた新作能が『調律師』であり、観世銕之丞師がショパンを演じ、私が演出、二〇一一年の二月にワルシャワのテアトロ・ステューディオと、聖十字架教会（ショパンの心臓が安置されている）、日本の国立能楽堂で、ショパンイヤーのメイン公演のひとつとして日ポ国際共同企画により上演されました。

この公演は魂の深奥を表現する演劇である能と、魂の歌であるショパンの音楽との出会いでした。ショパンの姿で現れた銕之丞師がノクターンの七番（作品27―1）を舞うのです。この上演を見たポーランドの世界的映画監督アンジェイ・ワイダ氏は「能は驚異的な演劇だ。日本人が私の作品『地下水道』や『灰とダイヤモンド』をポーランド人以上に深く理解してくれたように、能はショパンの音楽の精神を深く表現した」といってくれました。今回クラコフでこの公演を招聘してくれた日本美術技術博物館（通称マンガセンター）は、ポーランドの貴族のヤシェンスキーが十九世紀末にパリで浮世絵を中心とする日本美術に魅せられて収集した膨大なコレクション（その中に葛飾北斎の「北斎漫画」があり彼のペンネームはマンガでした）の展示館です。ワイダ監督が若き日にこのコレクションと出会い感動し影響を受けたお返しに、このコレクションを恒久的に保存展示する施設として、ワイダ監督の京都賞の賞金を基金に作られた建物です。設計は磯崎新氏で劇場も組み込まれています。このマンガセンターにも日本とポーランドの文化交流の長い下地があるのです。

もうひとつの『鎮魂』は、二〇一一年に私が『調律師』の上演でワルシャワを訪れたときに、多くの人々が無残な死を遂げたアウシュヴィッツの悲劇は、能という鎮魂と再生を願う芸能によって上演されるべきだと私がヤドヴィガ大使に提案し、彼女が書いた新作能です。この二つの能を来年か再来年に日本とワルシャワとアウシュヴィッツで上演する計画が進行中です*。その前に今年（二〇一四年）の十月十三日（祝日）には新宿御苑森の薪能三〇周年記念特別公演として小山実稚恵さんのピアノ、鍈之丞師のシテで上演されます（この公演はデング熱の蚊のため御苑が閉苑となり中止）。

伝統が新しい題材や音楽を取り込み新たな創造の地平を目指すことこそが、芸能が現代に生きることの証なのです。

*二〇一六年十一月一日、アウシュヴィッツ聖ユゼフ平和教会にて奉納公演。四日、欧州文化首都

ブロッワフにて国際演劇祭シアター・オリンピックに参加上演。十四日、国立能楽堂にて天皇・皇后（当時）のご臨席により上演された。

「君死にたまふことなかれ」

「あゝをとうとよ君を泣く／君死にたまふことなかれ／末に生まれし君なれば／親のなさけはまさりしも／親は刃をにぎらせて／人を殺せとをしへしや／人を殺して死ねよとて／二十四までをそだてしや」

これは与謝野晶子（一八七八―一九四二）が明治三十七（一九〇四）年九月『明星』に発表した、日露戦争に従軍した弟を詠んだ「君死にたまふことなかれ――旅順口包囲軍の中に在《あ》る弟を歎《なげ》きて」の第一連です。この歌が発表されたとき歌人・文芸批評家の大町桂月はこの詩を「詩歌も状況によっては国家社会に服すべし」という立場から「乱臣なり賊子なり、国家の刑罰を加ふべき罪人なり」と激しく非難し、晶子は「歌はまことの心を歌うもの」と静かに反論しました。旅順の二〇三高地の攻防は日本軍に多大な戦死者を出し、やっと旅順が陥落した折は提灯行列が出て日本中が沸きかえりました。夏目漱石は『三四郎』のなかで日露戦争で勝利に沸く日本を、「滅びるね」と予見しました。この後日本は第一次世界大戦、第二次世界大戦と参戦し、第二次大戦で敗戦国になりました。旅順陥落からわずか四〇年後のことです。

第一次世界大戦は約一一〇年前に始まりました。昭和二十（一九四五）年に第二次世界大戦が終結してまもなく八〇年になります。アウシュヴィッツが解放されたのが一九四五年一月二十七日で、この日はホロコースト（ナチスによるユダヤ民族大量虐殺）記念日です。第一次世界大戦は二十世紀における悲惨な戦争の始まりであり、軍人で約一千万人、民間人で約七〇〇万人の戦死者が出たといわれます。第二次世界大戦では軍人・民間人を合わせ数千万人以上の死者数といわれます。日本人では軍人二三〇万人、民間人八〇万人。ユダヤ人はアウシュヴィッツだけで一一〇万人以上が殺戮されたといいます。これらの数字には不確定の要素が多いとはいえ、驚異的な数字です。

私たち芸能に携わるものは数字で人の命を考えません。一つの命は一つの宇宙に匹敵します。この数の一人一人に親、兄弟、子供、親族の嘆きがあるのです。アウシュヴィッツ博物館が「記憶の場」と名づけられているのは、あのナチスが民主主義的な選挙によって合法的に信任され、悪魔的な変貌が知らぬ間になされ、悲惨な結果を招き、誰もそれを止められなかったことを忘れないための展示の場だからです。隠すことではなく思い出し、記憶し、そこから歴史の教訓を受け取るべきなのです。

『鎮魂』という新作能もそのために上演されなければならないのです。

「毒死列島身悶《もだ》えしつつ野辺の花」という強烈な句を石牟礼道子さんは詠みました。第Ⅰ部の最後に石牟礼道子さんの新作能『不知火《しらぬひ》』の上演のことを書きました。海の女神不知火と弟の常若《とこわか》が海と陸の毒を一身に背負って死んで再生するという、神話的な能でした。この能も必ず再演しなければなりません。石牟礼さんは福島の原発事故はかつての水俣事件と同じように隠し続けられているといいました。実際、放射能はたれ流され続けています。『不知火』の上演はいよいよ時宜にかなっています。

また石牟礼さんは島原の乱の天草四郎を主題にした新作能を書きました。そこには「土を耕す人々は、来世への小路を迷うことなくたどり行ける人々にて、その胸に、草の花々めく、ほの灯りあり」という美しい詞章があります。英雄像ではなく、名も無き植物が花を咲かすように、無名の人々の心の花を一番に描きたいと作者はいうのです。これも「まことの心の歌」です。「まことの心を歌う力」こそが芸能の原点であり、芸能史を貫く真実なのです。

おわりに

二〇二〇年から、人類の乱開発も大きな要因といわれる、新型コロナウイルスに世界中が苦しめられ、更に二〇二二年二月からはロシアのウクライナ侵攻により、戦争状態が泥沼化し、今も多くの戦闘員が戦死し、多くのウクライナ市民が爆撃によって命を失っています。世界は分断され、かつての冷戦時代に後戻りしたかのような様相を呈しています。鶴見和子さんの和歌の如く「暴力に暴力をもて報いるほか知恵なきものか我ら人類」という絶望。それに加え、人災ともいうべき異常気象による自然災害は、世界的な規模で末期的な様相さえ見せています。

このような状況の中で「芸能の力」と言っても無力感にさいなまれます。

しかし、だからこそ与謝野晶子のように「君死にたまふことなかれ」という「まことの心」をいい続けることが大切であり、愛する人を、我が子を失った悲しみに共鳴する心が、戦の連鎖を断ち切る力となるのです。全一二〇回の連載を書籍にまとめる作業を終えた今、いかに無力に思えても、それこそが「芸能の力」なのだと考えています。

本書第Ⅰ部は二〇〇五年五〜七月（全60回）、第Ⅱ部は二〇一四年一〜七月（全60回）、ともに『高知新聞』に連載したものです。

第Ⅰ部の連載を終えたときに「連載を終えて」と題して同新聞に寄稿した文章では、戦後六〇年の節目に放送された東京大空襲の番組を見て心揺さぶられたことを書きました。

東京の下町は猛烈なB29による焼夷弾攻撃によって焼き尽くされ、一〇万人の市民が亡くなりました。火焔に追われた人々の一部は隅田川に逃れました。そのなかに乳飲み子を背負った夫婦がいました。三月の水は冷たく、子供を背負っていた妻は川のなかの大八車のわずかな隙間に引き上げてもらい、夫はその大八車に寄り添って立っていたのですが、いつの間にか妻は意識を失い、気づいた時には背中の幼子は亡くなり、立っていた夫は行方不明。テレビカメラの前で当時九〇歳の老女は、亡き幼子が着ていた紫色の美しい着物を愛おしげに撫でさすり、おんぶしていた子供のお陰で自分の背中が濡れずに生き延びたこと、着物の裏地の破れを見せて、我が子が命の際に苦しみ足掻いたせいで破れたのだと語ります。一夜にして夫と我が子を失った女性は、そののち戦争孤児の施設で孤児たちを我が子と思って育ててきたのでした。

彼女は戦後の六〇年をどのような思いで生きてこられたのでしょう。私たちが能『隅田川』を上演する時、はたしてこの無名の女性の深い悲しみにこたえることが出来るのかと自問します。その人たちの抱えた深い嘆き、悲しみに量り合えるのかという思いで書き、戦争がもたらした多くのこのような深い傷と悲しみを忘れてはならない、と思い続けてきました。

もう一つ、「隅田川もの」にも関係し、国境と時代を超える芸能の力の普遍性の証しを最後に書いておきます。それは二〇一五年ギリシャの世界遺産エピダウロス古代円形劇場で上演された新作能『冥府行―ネキア』(ホメロス作『オデュッセイア』第十一章「冥府行」による)です。この新作能の能本をシテの梅若玄祥(現桜雪)師の委嘱により私が書きました。

トロイア戦争から帰還が叶わず、一〇年の流浪を余儀なくされたオデュッセウスは、無事帰還すべく冥府の預言者テイレシアスに占いを受けに冥府に行きます。その死者の国で、息子の帰還を待ちわびて死んだ母アンチクレアの亡霊と会います。オデュッセウスは母を抱きしめようとしますが、三度とも亡霊を抱くことが叶わず、嘆く場面が書かれているのです。能『隅田川』で、梅若丸の亡霊を母が抱き締めようとしてすり抜けてしまうのと同じ場面が、紀元八世紀に書かれた『オデュッセイア』にも書かれているのです。ギリシャ神話と『古事記』神話に共通の構造・説話があるように、人類の神話的、原初的な思考の同一性とはいえ、感動的で、驚くべきことです。

「命には終わりあり、能には果てあるべからず」

これは世阿弥晩年の言葉です。

芸能について思う時、まずこの言葉を思い起こします。如何なる人であれ、如何なる仕事であれ、生涯その道を歩んできた人は、その道で学び生きてきたこと、自分なりにその道で何事

かをなし、何らかの痕跡を残し、さらには自分が死してもその道は大河のように流れ続けてほしいと考えます。歌人与謝野晶子が
「劫初《ごうしょ》よりつくりいとなむ殿堂にわれも黄金《こがね》の釘一つ打つ」

と詠んだように、人それぞれの釘を打つのです。

私は理想の演出は、演ずる役者のなかに肥しとなり成長をもたらし、同化し消えていくことだといい続けてきました。役者の本来持っている地金、木地に同化して、たとえば木造建築ならばその痕跡が残らない木釘でありたいと望みます。

私は歌舞伎研究者今尾哲也氏に師事し、歌舞伎の八世坂東三津五郎丈の著作の助手をするようになり、その縁から能の仕事をするようになりました。以来、私は果てのない芸能の大河の渦中にあって考え、一歩を刻み、さらに次の一歩を刻む作品創り、演出活動と並行して、これらの文章を書き継いできました。

私の残された時間の限りを尽くし、さらなる一歩を重ねていきたいと思っています。


この本が形になるまでには、多くの方々のお力添えをいただきました。

『高知新聞』での二期にわたる連載中は、担当者の方々のお世話になりました。とりわけ最初の連載時から今日にいたるまで池添正氏には一貫してご配慮いただき、本にまとめるにあたっても過去のデータの照合にもご協力いただきました。

能楽研究者で演劇評論家の小田幸子さんは、本文に丁寧にお目通し下さり、目次の構成にもアドヴァイスをいただきました。

野村幻雪師の舞台写真は後継者の野村昌司師、坂東三津五郎丈の舞台写真は後継者の二世坂東巳之助丈のお許しをいただき、私が編みました写真集『野村幻雪の風姿』（撮影・鈴木薫氏）から再録させていただきました。ほかにもご所蔵の貴重な図録の掲載をお許しいただきました各機関、組織に感謝いたします。

石牟礼道子さん、多田富雄さん、鶴見和子さんに関わる仕事をご一緒させていただいています藤原書店社主藤原良雄氏、編集者の刈屋琢氏の手によって本書は産まれました。深謝いたします。

各章の扉の絵は、連載時に毎回挿絵を描いてくれた、亡き妻伊藤蕗子の作品の一部を収録しました。

二〇二三年六月

笠井賢一

本書関連年表（612—2005年）

西暦	和暦	芸能関連事項
612		百済人の味摩之が日本に帰化し、伎楽を伝える。
7C後半～8C		『万葉集』成立。
712	和銅5	『古事記』成立。
720	養老4	『日本書紀』成立。
752	天平勝宝4	東大寺大仏開眼供養に唐散楽も参加。
782	延暦1	散楽の芸人養成の機能を果たした散楽戸が廃止。
806	大同1	空海が唐から帰国、真言声明をもたらす。
810	弘仁1	弘仁年間（810‐824）に雅楽を宮廷行事に用いることが規定される。大歌所が設置され、雅楽寮で外来音楽、大歌所で日本固有の歌舞を管轄。
1007	寛弘4	この頃、『源氏物語』成り、滑稽さを意味する「さるがうがまし」の語。
11C半ば		藤原明衡『新猿楽記』成立。
1096	永長1	京都で風流田楽が大流行、貴賤の群衆が仮装して踊り狂う（永長の大田楽）。
1136	保延2	春日若宮祭始行。田楽・猿楽も祭礼の行列に供奉する。
1179	治承3	平清盛、田楽を見る。『梁塵秘抄』成る（建久3年説あり）。
1185	文治1	平家滅亡。源平の争いと平氏の盛衰は後年『平家物語』として成立、また能の素材となる。
1283	弘安6	春日若宮臨時祭に、興福寺僧らにより翁猿楽が演じられる。

1333	元弘3	鎌倉幕府滅びる。大和猿楽の観阿弥、この年に出生。
1336	延元1	足利尊氏、室町幕府を開く。
1349	貞和5	春日若宮臨時祭に、巫女が猿楽能二番を、禰宜が田楽能二番を演じる。
1356	延文1	『菟玖波集』成る。以後、連歌流行し、連歌師は謡曲の作詞に関与。
1358	延文3	足利尊氏没し、義詮が第二代将軍に任命。
1363	貞治2	この年か翌年に世阿弥出生。観阿弥この頃に結城座（観世座）を創立か。
1365	貞治4	祇園会の車上で曲舞行われる。この頃、観阿弥が『白髭』の能に曲舞の曲節を採り入れる。
1369	応安2	足利義満、第三代将軍に任命。
1371	応安4	平曲の明石覚一検校没。
1372	応安5	この頃、観世父子、醍醐寺で7日間の勧進能を興行。
1375	永和1	この年か前年かに今熊野での観世父子の能を足利義満が見物し、猿楽が世に出る。二条良基、世阿弥に藤若の幼名を与え、その美童ぶりを絶讃。
1384	至徳1	観阿弥、駿河の浅間神社で演能し、その地で没する。52歳。
1394	応永1	足利義満、将軍職を譲り、義持が第四代将軍となる。
1398	応永5	世阿弥の弟四郎の子、音阿弥出生、観世三郎元重。
1400	応永7	世阿弥の最初の著述『風姿花伝』第三まで成る（第六・第七の成立は応永10年代か）。
1413	応永20	この年より応永30年まで、田楽新座の増阿弥、足利義持の後援を得て毎年勧進能を興行。
1422	応永29	世阿弥出家し、長男十郎元雅、観世大夫となる。
1424	応永31	世阿弥、醍醐寺清瀧宮祭礼猿楽の楽頭となる。また『花鏡』を著す。
1428	正長1	足利義持没し、弟義教、第五代将軍となる。
1430	永享2	世阿弥、『習道書』著述。『九位』『五音』『五音曲条々』もこの前後に成立。次男元能は『申楽談儀』を編んで出家し、元雅は天河社に尉面を寄進。

西暦	和暦	芸能関連事項
1432	永享4	観世大夫元雅、伊勢で早世し、世阿弥、追悼文『夢跡一紙』を著述。
1433	永享5	元重（音阿弥）、観世大夫となり、義教後援のもとに糺河原で盛大な勧進能を興行。
1434	永享6	世阿弥、佐渡に配流される。
1441	嘉吉1	将軍足利義教、赤松満祐邸で観能中に暗殺される（嘉吉の乱）。
1443	嘉吉3	この頃、世阿弥没。
1453	享徳2	将軍足利義成、義政と改名、この頃より観世元重（音阿弥）を後援。
1467	応仁1	応仁の乱始まる(文明9年まで)。音阿弥没し、金春禅竹は翌年までは生存。
1470	文明2	大乱のため四座の困窮甚だしく、薪猿楽の装束にも事欠く。
1562	永禄5	この頃、琉球より堺へ三味線（三弦・三絃）渡来。
1571	元亀2	この頃以後、観世宗節父子、徳川家康を頼り、遠州浜松に滞在。
1573	天正1	足利幕府滅亡。
1578	天正6	観世宗節、この頃浜松にて家康所持の越智観世家伝来の世阿弥伝書を書写。
1592	文禄1	豊臣秀吉、九州名護屋の陣中に四座や素人の役者を呼び寄せ、演能させる。
1593	文禄2	秀吉、禁中で前田利家・徳川家康らとともに演能、また四座に配当米を支給する。
1595	文禄4	この頃、天王寺の楽人が正式に宮廷楽人となり、京都・奈良と合わせた三方楽所が成立。この頃、浄瑠璃と人形芝居結合、人形浄瑠璃誕生。
1597	慶長2	秀吉、諸大名に命じて四座の能役者への配当米を分担させる。
1603	慶長8	徳川家康、将軍に任ぜられ江戸幕府を開く。二条城で三日間将軍宣下祝賀能。出雲の巫女お国、京都で歌舞伎踊りを演じる。
1608	慶長13	京の四条河原で女歌舞伎が興行される。
1610	慶長15	観世大夫身愛、家康の梅若びいきに立腹してか駿府を出奔し、高野山に籠居。

1619	元和5	江戸幕府、猿楽配当米の制度を定める。
1624	寛永1	初世猿若勘三郎が江戸に猿若座（のち中村座）を創設。
1629	寛永6	女歌舞伎、女舞、女浄瑠璃の禁令が出る。
1634	寛永11	村山又三郎が江戸上堺町に村山座（のちの市村座）を創設。
1642	寛永19	岡村小兵衛が江戸木挽町に山村座を創設。井原西鶴出生。
1644	寛永21	松尾芭蕉出生。
1652	承応1	若衆歌舞伎の禁止。
1653	承応2	「物まね狂言尽し」として歌舞伎再興行許可。近松門左衛門出生。
1660	万治3	狂言方大倉弥右衛門虎明、『わらんべ草』を著述。同年『狂言記』刊行。森田太郎兵衛が江戸木挽町に森田座創設。
1661	寛文1	江戸で堺町・葺屋町・木挽町以外の地での歌舞伎興行を禁止。
1682	天和2	井原西鶴『好色一代男』刊行。
1684	貞享1	竹本義太夫が大坂道頓堀に竹本座を創設。
1685	貞享2	道頓堀において宇治加賀掾の宇治座と竹本義太夫の竹本座の競演。宇治座は西鶴作『暦』、竹本座は近松改作『賢女手習並新暦』で竹本座が好評。第二戦、宇治座は西鶴に『凱陣八島』を書かせて再挑戦、義太夫は、近松の新作『出世景清』で互角の戦い。宇治座は出火し京都に帰る。この近松の『出世景清』以前の浄瑠璃を古浄瑠璃と称する。
1687	貞享4	宝生大夫友春、江戸本所で勧進能を興行。将軍綱吉は能を溺愛し、宝生流を後援し、大勢の能役者を士分に取り立てる。
1693	元禄6	井原西鶴没。
1702	元禄15	松尾芭蕉『おくのほそ道』刊行。
1703	元禄16	竹本座で近松の『曽根崎心中』上演、初の世話浄瑠璃。豊竹若太夫が道頓堀に豊竹座創設。
1714	正徳4	江島生島事件により山村座廃絶、以後江戸の大芝居は中村座・市村座・森田座の三座となる。

西暦	和暦	芸能関連事項
1715	正徳5	近松門左衛門作『国性爺合戦』初演大当たり。
1719	享保4	近松門左衛門作『平家女護島』初演。
1720	享保5	近松門左衛門作『心中天網島』初演。
1723	享保8	心中物の脚色・上演禁止。
1724	享保9	近松門左衛門没。翌年、穂積以貫の次男成章出生、後年、近松門左衛門に私淑し近松半二を名乗る。
1734	享保19	『芦屋道満大内鑑』初演、初世吉田文三郎が三人遣いの人形を工夫。
1746	延享3	竹本座『菅原伝授手習鑑』初演。この頃、人形浄瑠璃が全盛期を迎える。
1747	延享4	竹本座『義経千本桜』初演。
1748	寛延1	竹本座『仮名手本忠臣蔵』初演、このとき竹本此太夫が人形遣い初世吉田文三郎と衝突し、豊竹座に移る。
1753	宝暦3	初世中村富十郎により長唄舞踊『京鹿子娘道成寺』初演。この頃、女方舞踊の流行。
1758	宝暦8	初世並木正三が回り舞台を工夫。
1765	明和2	観世大夫元章、観世流詞章に大改訂を加えた「明和改正謡本」を刊行（10年後廃止）。この年、豊竹座退転。
1767	明和4	竹本座も退転。
1783	天明3	近松半二没。
1784	天明4	常磐津所作事『積恋雪関扉』初演、初世中村仲蔵の関兵衛。この頃、劇舞踊の流行。
1804	文化1	この頃、植村文楽軒、高津新地に人形浄瑠璃の芝居小屋を開く（文楽座の母胎）。
1808	文化5	江戸森田座で三世坂東三津五郎が七変化『倭仮名色七文字』初演。この頃、変化ものが流行。
1811	文化8	文楽軒の人形浄瑠璃芝居が稲荷境内で興行開始。
1816	文化13	河竹黙阿弥、出生。

1825	文政8	中村座で鶴屋南北作『東海道四谷怪談』初演。
1860	万延1	市村座で河竹新七（後の黙阿弥）『三人吉三廓初買』初演。
1868	慶応4	江戸幕府崩壊し、四座一流の能役者、扶持を離れる。
1869	明治2	旧観世大夫清孝ら、徳川家に従って静岡に移住。清孝は明治7年に帰京。
1872	明治5	大阪稲荷境内の芝居が松嶋へ移転、文楽座と改称する。
1876	明治9	岩倉具視邸で天覧能あり、華族数名と、梅若実・旧宝生大夫九郎が演能。
1881	明治14	能楽社（華族ら62名が社員）、芝公園内に芝能楽堂設立（初の能楽堂建築）。
1883	明治16	二世竹本越路太夫、二世豊澤団平、初世吉田玉造の3人が文楽座櫓下となる。
1884	明治17	大阪稲荷境内に彦六座が開場。9月、大阪御霊社内に文楽座が移転、人形浄瑠璃は両座対抗の時代を迎える。
1887	明治20	外務大臣井上馨邸で初の天覧歌舞伎（九世市川團十郎・五世尾上菊五郎・初世市川左團次ら出演）。
1889	明治22	東京歌舞伎座、初開場。
1904	明治37	坪内逍遥『新楽劇論』及び『新曲浦島』発表。
1909	明治42	吉田東伍校注『世阿弥十六部集』刊行、世阿弥の伝書が世に知られる。
1911	明治44	帝国劇場開場（本邦初の本格的西洋式劇場）。
1925	大正14	歌舞伎座が新築開場。東京新橋演舞場開場。
1945	昭和20	空襲によって都市の能楽堂はほとんど焼失、能楽師の全体的組織として社団法人能楽協会が設立された直後に終戦となる。
1949	昭和24	東京藝術大学に邦楽科設置が決定（翌50年に長唄、箏曲専攻、51年に能楽専攻設置）。
1952	昭和27	法政大学に能楽研究所が設置。
1966	昭和41	国立劇場開場。
1983	昭和58	国立能楽堂開場。

西暦	和暦	芸能関連事項
1984	昭和59	国立文楽劇場開場。
2001	平成13	能楽、ユネスコの世界無形文化遺産に。
2002	平成14	学習指導要領改訂により、義務教育に和楽器が導入。
2003	平成15	人形浄瑠璃文楽、ユネスコの世界無形文化遺産に。
2005	平成17	歌舞伎、ユネスコの世界無形文化遺産に。

＊竹本幹夫「能楽史年表」(『別冊太陽25　能』一九七八年)と山川直治・土田牧子・金子健「日本芸能史年表」(『日本の伝統芸能講座　舞踊・演劇』淡交社、二〇〇九年)を参照して作成。

著者紹介

笠井賢一（かさい・けんいち）
1949年生。銕仙会（能・観世流）プロデューサーを経て、アトリエ花習主宰。演出家・劇作家として古典と現代を繋ぐ演劇活動を能狂言役者や現代劇の役者、邦楽、洋楽の演奏家たちと続ける。多田富雄作の新作能の演出を多数手がける。玉川大学芸術学部、東京藝術大学美術学部の非常勤講師を務めた。
主な演出作品に、石牟礼道子作・新作能『不知火』、多田富雄作・新作能『一石仙人』、東京藝術大学邦楽アンサンブル『竹取物語』『賢治宇宙曼荼羅』、北とぴあ国際音楽祭オペラ『オルフェーオ』、アトリエ花習公演『言葉の力——詩・歌・舞』創作能舞『三酔人夢中酔吟——李白と杜甫と白楽天』など。編著に『花供養』（多田富雄・白洲正子著）『芸の心——能狂言　終わりなき道』（野村四郎・山本東次郎著）『梅は匂ひよ 桜は花よ 人は心よ』（野村幻雪［四郎改］著、以上藤原書店刊）など。

芸能《げいのう》の力《ちから》　言霊《ことだま》の芸能史《げいのうし》

2023年7月30日　初版第1刷発行©

著　者　笠　井　賢　一
発行者　藤　原　良　雄
発行所　株式会社　藤　原　書　店

〒162-0041　東京都新宿区早稲田鶴巻町523
電　話　03（5272）0301
ＦＡＸ　03（5272）0450
振　替　00160 - 4 - 17013
info@fujiwara-shoten.co.jp

印刷・製本　中央精版印刷

落丁本・乱丁本はお取替えいたします
定価はカバーに表示してあります

Printed in Japan
ISBN978-4-86578-391-9

ことばの奥深く潜む魂から“近代”を鋭く抉る、鎮魂の文学

石牟礼道子全集 不知火

(全 17 巻・別巻一)

Ａ５上製貼函入布クロス装　各巻口絵２頁

表紙デザイン・**志村ふくみ**　各巻に解説・月報を付す

〈推　薦〉**五木寛之／大岡信／河合隼雄／金石範／志村ふくみ／白川静／瀬戸内寂聴／多田富雄／筑紫哲也／鶴見和子**（五十音順・敬称略）

◎本全集の特徴

■『苦海浄土』を始めとする著者の全作品を年代順に収録。従来の単行本に、未収録の新聞・雑誌等に発表された小品・エッセイ・インタヴュー・対談まで、原則的に年代順に網羅。

■人間国宝の染織家・志村ふくみ氏の表紙デザインによる、美麗なる豪華愛蔵本。

■各巻の「解説」に、その巻にもっともふさわしい方による文章を掲載。

■各巻の月報に、その巻の収録作品執筆時期の著者をよく知るゆかりの人々の追想ないしは著者の人柄をよく知る方々のエッセイを掲載。

■別巻に、詳伝年譜、年譜を付す。

(1927–2018)

本全集を読んで下さる方々に　　石牟礼道子

わたしの親の出てきた里は、昔、流人の島でした。

生きてふたたび故郷へ帰れなかった罪人たちや、行きだおれの人たちを、この島の人たちは大切にしていた形跡があります。名前を名のるのもはばかって生を終えたのでしょうか、墓は塚の形のままで草にうずもれ、墓碑銘はありません。

こういう無縁塚のことを、村の人もわたしの父母も、ひどくつつしむ様子をして、『人さまの墓』と呼んでおりました。

「人さま」とは思いのこもった言い方だと思います。

「どこから来られ申さいたかわからん、人さまの墓じゃけん、心をいれて拝み申せ」とふた親は言っていました。そう言われると子ども心に、蓬の花のしずもる坂のあたりがおごそかでもあり、悲しみが漂っているようでもあり、ひょっとして自分は、「人さま」の血すじではないかと思ったりしたものです。

いくつもの顔が思い浮かぶ無縁墓を拝んでいると、そう遠くない渚から、まるで永遠のように、静かな波の音が聞こえるのでした。かの波の音のような文章が書ければと願っています。

---

❶ 初期作品集　　解説・金時鐘

664 頁　**6500 円**　◇978-4-89434-394-8（2004 年 7 月刊）

❷ 苦海浄土　第 1 部 苦海浄土　第 2 部 神々の村　　解説・池澤夏樹

624 頁　**6500 円**　**品切**◇978-4-89434-383-2（2004 年 4 月刊）

全三部作がこの一巻に

苦海浄土 全三部

石牟礼道子

『苦海浄土』は、「水俣病」患者への聞き書きでも、ルポルタージュでもない。患者とその家族の、そして海と土とともに生きてきた民衆の、魂の言葉を描ききった文学として、〝近代〟に突きつけられた言葉の刃である。半世紀をかけて『全集』発刊時に完結した三部作(苦海浄土／神々の村／天の魚)を全一巻で読み通せる完全版。

解説＝赤坂真理／池澤夏樹／加藤登紀子／鎌田慧／中村桂子／原田正純／渡辺京二

四六上製　一一四四頁　**四二〇〇円**
(二〇一六年八月刊)
◇978-4-86578-083-3

『苦海浄土』三部作の核心

新版 神々の村

『苦海浄土』第二部

石牟礼道子

第一部『苦海浄土』、第三部『天の魚』に続き、四十年の歳月を経て完成。『第二部』はいっそう深い世界へ降りてゆく。(…)作者自身の言葉を借りれば『時の流れの表に出て、しかとは自分を主張したことがないゆえに、探し出されたこともない精神の秘境』である」

(解説＝渡辺京二氏)

四六並製　四〇八頁　**一八〇〇円**
(二〇〇六年一〇月／二〇一四年二月刊)
◇978-4-89434-958-2

名著『苦海浄土』から最高傑作『春の城』へ！

完本 春の城

石牟礼道子

解説＝田中優子　赤坂真理　町田康　鈴木一策

四十年以上の歳月をかけて『苦海浄土 全三部』は完結した。天草生まれの著者は、十数年かけて徹底した取材調査を行い、遂に二十世紀末、『春の城』となって作品が誕生した。著者の取材紀行文やインタビュー等を収録、多彩な執筆陣による解説、詳細な地図や年表も附し、著者の最高傑作決定版を読者に贈る。**[対談] 鶴見和子**

四六上製　九一二頁　**四六〇〇円**
(二〇一七年七月刊)
◇978-4-86578-128-1

石牟礼道子はいかにして石牟礼道子になったか？

葭《よし》の渚

石牟礼道子自伝

石牟礼道子

無限の生命を生む美しい不知火海と心優しい人々に育まれた幼年期から、農村の崩壊と近代化を目の当たりにする中で、高群逸枝と出会い、水俣病を世界史的事件ととらえ『苦海浄土』を執筆するころまでの記憶をたどる。『熊本日日新聞』大好評連載、待望の単行本化。失われゆくものを見つめながら「近代とは何か」を描き出す白眉の自伝！

四六上製　四〇〇頁　**二二〇〇円**
(二〇一四年一月刊)
◇978-4-89434-940-7

免疫学者の詩魂

多田富雄全詩集　歌《うた》占《うら》

多田富雄

重い障害を負った夜、私の叫びは詩になった——江藤淳、安藤元雄らと作を競った学生時代以後、免疫学の最前線で研究に邁進するなかで、幾度となく去来した詩作の軌跡と、脳梗塞で倒れて後、さらに豊かに湧き出して、声を失った生の支えとなってきた最新の作品までを網羅した初の詩集。

A5上製　一七六頁　**二八〇〇円**
（二〇〇四年五月刊）
◇978-4-89434-389-4

脳梗塞で倒れた後の全詩を集大成

詩集　寛容

多田富雄

「僕は、絶望はしておりません。長い闇の向こうに、何か希望が見えます。そこに寛容の世界が広がっている。予言です。」二〇〇一年に脳梗塞で倒れてのち、声を喪いながらも生還し、新作能作者として、リハビリ闘争の中心として、不随の身体を抱えて生き抜いた著者が、二〇一〇年の死に至るまで、全心身を傾注して書き継いだ詩のすべてを集成。

四六変上製　二八八頁　**二八〇〇円**
（二〇一一年四月刊）
◇978-4-89434-795-3

能の現代的意味とは何か

能の見える風景

多田富雄

脳梗塞で倒れてのちも、車椅子で能楽堂に通い、能の現代性を問い続ける一方、新作能作者として、『一石仙人』『望恨歌』『原爆忌』『長崎の聖母』など、能という手法でなければ描けない、筆舌に尽くせぬ惨禍を作品化する。作り手と観客の両面から能の現場にたつ著者が、なぜ今こそ能が必要とされるのかを説く。

写真多数

B6変上製　一九二頁　**二二〇〇円**
（二〇〇七年四月刊）
◇978-4-89434-566-9

現代的課題に斬り込んだ全作品を集大成

多田富雄新作能全集

多田富雄　笠井賢一編

免疫学の世界的権威として活躍しつつ、能の実作者としても現代的課題に次々と斬り込んだ多田富雄。現世と異界とを自在に往還する「能」でなければ描けない問題を追究した全八作品に加え、未上演の二作と小謡を収録。巻末には六作品の英訳も附した決定版。

口絵一六頁

A5上製クロス装貼函入
四三二頁　**八四〇〇円**
（二〇一二年四月刊）
◇978-4-89434-853-0

生命と科学と美を架橋した免疫学者の全体像

多田富雄のコスモロジー

〈科学と詩学の統合をめざして〉

多田富雄　藤原書店編集部編

免疫学の第一人者として世界の研究をリードする一方、随筆家・詩人、また新作能作者として、芸術と人間性の本質を探った多田富雄。免疫学を通じて「超（スーパー）システム」としての生命という視座に到達し、科学と詩学の統合をめざした「万能人」の全体像。

四六判　二七二頁　**二二〇〇円**
（二〇一六年四月刊）
◇978-4-86578-067-3

白洲没十年に書下ろした能

花供養

白洲正子＋多田富雄

笠井賢一編

白洲正子が「最後の友達」と呼んだ免疫学者・多田富雄。没後十年に多田が書下ろした新作能「花供養」に込められた想いとは？　二人の稀有の友情がにじみ出る対談・随筆に加え、作者と演出家とのぎりぎりの緊張の中での制作プロセスをドキュメントし、白洲正子の生涯を支えた「能」という芸術の深奥に迫る。

カラー口絵四頁

Ａ５変上製　二四八頁　**二八〇〇円**
（二〇〇九年一二月刊）
在庫僅少◇978-4-89434-719-9

「万能人」の全体像

多田富雄の世界

藤原書店編集部編

自然科学・人文学の統合を体現した「万能人」の全体像を、九五名の識者が描く。

多田富雄／石牟礼道子／石坂公成／岸本忠三／村上陽一郎／奥村康／冨岡玖夫／磯崎新／永田和宏／中村桂子／柳澤桂子／浅見真州／大倉源次郎／大倉正之助／櫻間金記／野村万作／真野響子／有馬稲子／安藤元雄／加賀乙彦／木崎さと子／公文俊平／新川和江／多川俊映／堀文子／山折哲雄ほか

［写真・文］宮田均

四六上製　三八四頁　**三八〇〇円**
（二〇一一年四月刊）
◇978-4-89434-798-4

能狂言最高峰の二人の対話

芸の心

〈能狂言　終わりなき道〉

野村四郎（観世流シテ方）
山本東次郎（大蔵流狂言方）

笠井賢一編

同時代を生きてきた現代最高峰の二人の役者が、傘寿を迎えた今、偉大な先達の教え、果てなき芸の探究、そして次世代に受け継ぐべきものを縦横に語り合う。伝統の高度な継承と、新作へのたゆまぬ挑戦を併せ持つ二人の、稀有な対話の記録。

カラー口絵八頁

四六上製　二四〇頁　**二八〇〇円**
（二〇一八年一一月刊）
◇978-4-86578-198-4

〝越境する演劇人〟の全貌

佐野碩——人と仕事 1905-1966

菅孝行編

「メキシコ演劇の父」と称される〝越境する演劇人〟、佐野碩。日本／ソ連・ロシア／ドイツ／メキシコ、および演劇／映画／社会運動など、国境・専門領域を超えた執筆陣による学際的論集と、佐野が各国で残した論考を初集成した、貴重な〝佐野碩著作選〟の二部構成。

口絵八頁
Ａ５上製　八〇〇頁　**九五〇〇円**
（二〇一五年一二月刊）
◇978-4-86578-055-0

ベケットが更新し続けた『ゴドー』の神髄

改訂を重ねる『ゴドーを待ちながら』
（演出家としてのベケット）

堀　真理子

一九五三年に初演され、現代演劇に決定的な影響を与えた戯曲『ゴドーを待ちながら』。ベケット自身が最晩年まで取り組んだ数百か所の台本改訂と詳細な「演出ノート」によって、ベケットが作品に託した意図を詳細に読み解き、常にアップデートされながら、生き続ける作品『ゴドー』の真価を問う。

第28回吉田秀和賞
四六上製　二八八頁　**三八〇〇円**
（二〇一七年九月刊）
◇978-4-86578-138-0

「能」の本質を説く珠玉の随筆と対話を集成

梅は匂ひよ　桜は花よ　人は心よ

野村幻雪（四郎改メ）（観世流シテ方 人間国宝）
笠井賢一編

狂言の家から能楽に転じて、能役者として芸の道を追求、最晩年には伝統ある「雪」号を授与され、惜しまれつつも急逝した著者が書き残した、芸そして自らの生涯をめぐる珠玉の随筆・対談集。

カラー口絵一六頁
四六上製　三三六頁　**三二〇〇円**
（二〇二一年一月刊）
◇978-4-86578-337-7

能狂言最高峰の二人の対話

芸の心
（能狂言　終わりなき道）

野村四郎（観世流シテ方）
山本東次郎（大蔵流狂言方）
笠井賢一編

同時代を生きてきた現代最高峰の二人の役者が、傘寿を迎えた今、偉大な先達の教え、果てなき芸の探究、そして次世代に受け継ぐべきものを縦横に語り合う。伝統の高度な継承と、新作へのたゆまぬ挑戦を併せ持つ二人の、稀有な対話の記録。

カラー口絵八頁
四六上製　二四〇頁　**二八〇〇円**
（二〇一八年一一月刊）
◇978-4-86578-198-4